guide vert

les chiens du monde

guide vert

les chiens du monde

GINO PUGNETTI

SOLAR

Titre original de cet ouvrage :
CANI

Traduction : Chantal JAYAT et Jean CAZET
Supervision : Dr Philippe de WAILLY

ISBN 2-263-00447-5

SOMMAIRE

SIGNIFICATION DES SYMBOLES

chien adapté à la vie en ville

chien adapté à la vie de berger

chien docile

chien bouvier

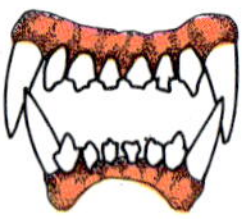

chien manifestant une certaine agressivité

chien de garde

chien pouvant vivre et dormir à l'extérieur

chien de défense

chien devant vivre et dormir dans la maison

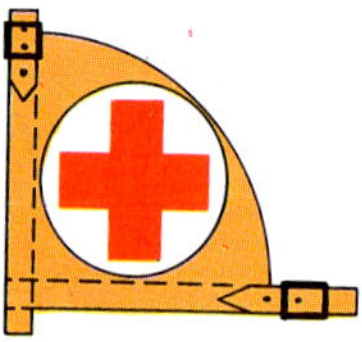

chien-guide pour les aveugles

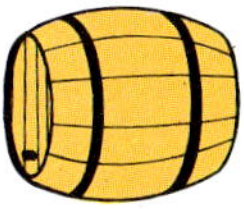

chien pour le sauvetage en montagne

chien de sauvetage dans l'eau

chien de traîneau

chien de trait

chien d'arrêt

chien rapporteur (retriever)

chien courant

chien pour la chasse au renard

chien de chasse en marais

toilettage nécessaire

chien craignant le froid

chien pour la course sportive

INTRODUCTION

Le descendant des loups

Les opinions, en ce qui concerne les origines de l'homme, sont vagues et controversées. Il en est de même pour son ami le chien. Des découvertes archéologiques que l'on peut dater de 25 à 30 millions d'années sont les seuls éléments susceptibles de projeter quelques lueurs sur l'apparition du chien sur la Terre. Nous pouvons toutefois affirmer que, en même temps que les singes primitifs, vivait un animal qui possédait certaines caractérisques des canins. Un nom scientifique (*Cynodesmus*) lui a été donné. Nous savons en outre qu'au cours d'une évolution longue d'environ 1 million d'années, apparut un animal intermédiaire et très semblable au loup nommé *Tomarctus :* il fut l'ancêtre du loup actuel, du renard, du chacal, du coyote, et de tous les canidés. Le premier chien domestique fut sans doute un loup, et il est possible de fixer son apparition à il y a environ 12 000 années, presque simultanément dans toutes les parties du monde. Les restes trouvés dans les Beaverhead Mountains, dans l'Idaho (U.S.A.), et ceux découverts en Europe, en Asie et dans l'Amérique précolombienne appartiennent tous à la même époque.
Cette amitié entre l'homme et le chien est la plus ancienne et la plus durable que nous connaissions. Au cours de toutes les vicissitudes que l'homme a connues, de la guerre à la paix et de la richesse à la misère, il a été accompagné par des chiens.
Récemment, un philosophe anglais, voulant rendre hommage aux mérites du chien, le désignait comme « un être humain honoraire ».

La collaboration avec l'homme

Si l'*Homo sapiens* et le loup sont tombés aussi facilement d'accord, c'est qu'ils possédaient tous deux le même type d'organisation sociale et, en gros, les mêmes « structures mentales ». Le loup vivait en couple, et tout le clan coopérait à la chasse, sous la direction d'un chef. Les tâches et les fonctions étaient clairement distribuées : un loup suivait la piste laissée par la proie, un autre lui barrait la route, le plus audacieux lui sautait à la gorge et, si la proie se déplaçait en groupe, il ne manquait même pas le loup chargé d'isoler la victime. Le chef avait seul le droit de se nourrir le premier, et, sa faim assouvie, concédait aux autres les restes du festin.

A la chasse, les hommes se comportaient vraisemblablement de la même manière, occupant leurs journées à la recherche de la nourriture, tandis que les femmes pratiquaient la cueillette des fruits sauvages, tout en surveillant les proies éventuelles.

Il est probable que l'homme sédentarisé ait lancé des os, ou des restes de repas, à quelque animal famélique qui rôdait autour du village de tentes ou de cabanes. Peu à peu, le loup comprit que l'homme disposait d'un « armement supérieur » pour attraper son gibier : instruments de pierre, flèches et pièges. Percevant sa supériorité à la chasse, il se comporta avec lui comme devant le chef de la meute. Il commença à le suivre à distance pendant les traques, et revint avec lui au village pour obtenir, lui aussi, sa part. Il est alors facile de supposer que l'homme ait accordé un jour quelque intérêt aux petits louveteaux ; qu'il ait pu en adopter

Pages précédentes : un groupe de jeunes loups en train de jouer. L'origine du chien domestique, au-delà de ses ancêtres, est tout simplement le loup.

quelques-uns et qu'après quelques générations il ait réussi à obtenir des sujets capables d'intervenir au cours de la chasse ; non plus comme observateurs, mais en tant que participants dans la traque, ou le rabattage, de la gazelle, afin que l'homme puisse alors la tuer.
Pour parvenir à domestiquer le cheval, le renne, l'éléphant, l'homme a été obligé de les capturer, et par conséquent de les vaincre, de les emprisonner, et de s'imposer par la force. Seul, parmi les animaux, le chien a accepté sans contrainte l'autorité de l'homme. Une amitié est née entre collaborateurs, basée sur l'intérêt réciproque des chasseurs, et dans le but d'assouvir leur faim à tous deux. Une telle forme de coopération pourrait bien avoir été à l'origine des rapports entre l'homme et le chien, et avoir cimenté les affinités entre lui et l'animal.

Gardien depuis 5 000 ans

Pour avoir quelques certitudes matérielles et, avant tout, sociales, sur le chien, il faut attendre que l'homme ait commencé à peindre son image, ou à la décrire dans ses idéogrammes. Depuis les temps les plus reculés de l'histoire des civilisations, l'homme n'a pas manqué de figurer le *Canis familiaris.* Cependant, les peintres de la Préhistoire étaient beaucoup plus volontiers inspirés par les animaux associés aux émotions de la chasse ou de la faim. Ils décorèrent les grottes de cervidés, de bisons, de sangliers, de rennes, alors que le chien en est absent. Il est vraisemblable que l'ami de la maison était si familier, qu'il n'offrait aucune source d'inspiration aux artistes de cette époque. Mais, comme il arrive dans les autres arts, une évolution se produisit, et les peintres commencèrent à peindre le chacal et l'hyène. Aux alentours de 4 500 av. J.-C., apparurent les premières représentations de chiens, naturellement inclus dans les activités de la chasse. Mais la silhouette, pour esthétique qu'elle soit, ne correspond à aucune des races que nous connaissons aujourd'hui. Sur le manche d'un couteau vieux de 5 000 ans environ, on trouve déjà, gravée, la silhouette d'un chien avec un collier. Peut-être est-ce la première preuve que le chien avait été utilisé pour la garde. Pour les cynologues, l'art pharaonique a le mérite de nous avoir légué les premières images de chiens appartenant à des races similaires à celles que nous élevons actuellement. Nous pouvons y voir, en effet, des chiens courants et des Bassets. Successivement, importés de l'Orient, apparurent le Mâtin et, plus tardivement, le Lévrier. Les Phéniciens, qui faisaient commerce de marchandises de tout genre, de l'Europe à la Méditerranée, durent jouer un rôle important dans l'apparition du chien en Égypte, à Athènes et à Rome.

Le chien objet de culte

Les religions, également, ont exprimé leurs croyances sur le chien qui avait si profondément pénétré dans la vie quotidienne. En Égypte, on éleva des tombes aux chiens morts, assorties d'épigraphes larmoyantes. Qui tuait un chien risquait de sévères châtiments corporels, et, en cas de cruauté envers l'animal, la peine de mort pouvait être prononcée. Les Perses considéraient aussi comme un délit le fait de tuer un chien, qu'ils définissaient comme « gardien du troupeau et protecteur de l'homme ». Selon les Grecs, le chien fut créé par Vulcain, et son rôle, dans la mythologie, est abondamment illustré dans leurs poteries, leurs sculptures et leur littérature. Dans l'*Odyssée,* Homère évoque le chien d'Ulysse, reconnaissant son maître de retour à Ithaque après une dizaine d'années d'absence. Dans la culture précolombienne, le chien assumait des fonctions surnaturelles, de telle sorte que, à la mort d'un homme, son chien fidèle était tué et brûlé avec lui.

A l'inverse, les Hébreux n'ont guère montré d'intérêt pour le chien. Ne pratiquant pas la chasse, ils n'ont pas éprouvé pour lui d'attirance particulière. Dans l'Ancien Testament, le chien est considéré comme un être vil et impur. Dans la Bible, on trouve une quarantaine de références, pour la plupart péjoratives.

Si nous nous tournons vers l'Orient, nous n'y trouvons pas de références plus consolantes. S'il est vrai que le « chien de manchon », assez petit pour pouvoir être gardé dans les vastes manches des kimonos, a été élevé en Chine comme animal familier, 3 000 ans avant J.-C., il était également considéré comme un mets délectable, et il ne manquait jamais au menu des repas aristocratiques.

Les premiers documents sur le chien

Que le chien ait aboyé pour maintenir les malfaiteurs éloignés, ou qu'il se soit trouvé utilisé à la chasse, l'homme a cherché continuellement à en améliorer les espèces, créant de nouvelles races, en vue de leur entraînement pour lui fournir sa nourriture. Avant même la période classique, les anciens Grecs possédaient déjà des chiens-loups, ainsi que des chiens égyptiens et des Molosses persans.

Aristote, philosophe et zoologue, énumérait diverses races de chiens, leur donnant le nom de leurs contrées d'origine. Ainsi, nous savons qu'il existait, 300 ans av. J.-C., des chiens venant de Cyrénaïque, des Indes, d'Égypte et de l'Épiro.

A Rome, les chiens de chasse étaient également tenus en haute considération. Le poète Ovide donne des instructions précises sur la manière de s'assurer que les lices (chiennes de reproduction) produiront de beaux chiots. Quant à Varron, il fournit les premiers conseils pour l'acquisition d'un chien. Il conseille en particulier de ne pas faire confiance à un chien nourri de déchets de boucherie, car, dit-il, ce chien accoutumé à lécher le sang finira par attaquer les animaux vivants. Le Grec Oppion, auteur d'une *Cynégétique,* s'intéressa personnellement à la création de petites races de chiens, qu'il considérait plus adaptées à la chasse dans les bois.

Nous pouvons donc affirmer que, il y a 2 000 ans, l'homme portait déjà au chien un intérêt certain, sinon une certaine affection. Des inscriptions telles que *cave canem* (« Prenez garde au chien ») attestent explicitement que le chien était utilisé comme gardien. Ces vigiles étaient en général de féroces Molosses à la taille puissante et à la denture effrayante, qui de jour restaient à la chaîne, et la nuit couraient librement dans la propriété.

Statue d'Anubis, divinité égyptienne mi-chacal, mi-chien, vouée au culte des morts (musée du Caire).
Le chien a souvent tenu une place importante, dans la mythologie comme dans les religions des peuples antiques.

De Rome au Moyen Age

Depuis très longtemps déjà, le chien avait également été utilisé à la guerre. Les Romains, par exemple, en dressaient à l'attaque ou au transport de messages. Le Molosse, avec ses mâchoires comme des tenailles, était muni d'un collier hérissé de lames tranchantes. En face d'une telle apparition, l'ennemi préférait fuir plutôt que de combattre. Le plus infortuné était sans doute le messager : les ordres militaires étaient insérés dans de petits tubes de cuivre qu'on lui faisait avaler, et lorsque le chien arrivait à destination, ne pouvant attendre patiemment que le tube fût expulsé naturellement, les Romains le sacrifiaient pour récupérer le message.

Dans les premières années de l'Empire romain, le chien fut abandonné à lui-même, après l'invasion des barbares. Il régressa ainsi jusqu'à sa Préhistoire. Des hordes de chiens qui avaient suivi les envahisseurs restèrent à errer tristement dans les campagnes, et se réunirent en bandes féroces et dangereuses, à la recherche de nourriture.

En vérité, le chien subissait le même sort triste et trouble que le chat, que la superstition médiévale accusait de sorcellerie. On l'accusait de personnifier le diable et, de ce fait, sa présence était mal tolérée. C'est vraisemblablement de ce temps-là que datent des expressions péjoratives telles que « temps de chien », « nourriture de chien », « crever comme un chien », « vie de chien », « fils de chien », « malade comme un chien », etc. Une fois encore, cependant, son prestige fut sauvé grâce à la chasse. Il ne

Cadavre d'un chien calciné par l'éruption du Vésuve (79 après J.-C.), luttant désespérément pour se libérer de sa chaîne.

s'agit plus, à cette époque, d'un passe-temps de seigneurs, mais d'une question de survie pour tous.
En ces temps de famine, si l'on voulait ajouter quelque chose de consistant à un maigre bouillon de racines, il n'y avait d'autre alternative que d'aller à la chasse. Chacun, riche ou pauvre, se mit à la pratiquer, armé comme pour la guerre : avec des arcs, des arbalètes et des armes blanches de tous modèles, mais sans pièges, ni filets d'aucune sorte. Pour réussir cette entreprise vitale, l'aide du chien se révéla à nouveau nécessaire ; car il était capable de chasser aussi bien dans les épaisses forêts que dans les marécages. A cette époque, la valeur marchande d'un bon chien dépassait celle d'un bon esclave.

Les débuts de la spécialisation

Pendant le Moyen Age, les chiens furent également élevés dans les monastères, non seulement pour procurer une compagnie aux moines, mais également pour leur protection. Le Saint-Hubert fut, comme son nom l'indique, créé dans l'abbaye de Saint-Hubert, dans les Ardennes belges. De même, selon des sources certaines, le Berger Allemand doit son origine à des croisements effectués par les moines allemands qui désiraient un chien capable de les protéger des bandits de grands chemins.
Ce fut à la même époque que commença la recherche de la spécialisation des chiens de chasse. Les Braques étaient destinés à la recherche des proies, les Limiers à débusquer le cerf, les Lévriers à la poursuite du gibier, tandis que les Molosses se

voyaient réserver la chasse au bison et à l'ours. A la même période, apparurent les Beavers ou « chiens-castors », de petite taille, capables de s'introduire dans les terriers des renards, des lièvres et des blaireaux. Ce sont les tout premiers « Terriers ».
Comme s'ils étaient inspirés des récits de Marco Polo racontant comment le Grand Khan de Tartarie partait à la chasse, précédé de meutes de 5 000 chiens, les riches féodaux rejoignirent leurs amis, accompagnés par des meutes de 1 000 à 1 500 chiens.
C'est avec une troupe d'environ 800 chiens que les soldats d'Elizabeth Ire combattirent les rebelles irlandais. D'énormes chiens bâtards harnachés d'armures et hérissés de pointes participèrent à l'occupation espagnole de l'Amérique du Sud. Le chien devint alors de plus en plus important dans la vie civile, militaire et sportive. Déjà on peut trouver des traités sur l'art de soigner les chiens qui recommandaient entre autres choses : de tenir au chaud les meutes qui rentraient épuisées par la chasse ; de maintenir propres les gamelles de bois réservées à leur alimentation ; de les toiletter chaque jour ; on y trouvait également des conseils sur leur alimentation et la manière de traiter les eczémas par des bains d'eau de mer.
Les notions vétérinaires de l'époque étaient plutôt sommaires. Il semble que l'on se servait du chien pour soigner l'homme empiriquement. On croyait que le sang d'un chien blanc pouvait calmer la folie, et que le sang d'un chien noir pouvait assurer aux femmes un accouchement sans douleur. Il faut noter que les premières notions d'art vétérinaire atteignirent l'Europe au travers des savants arabes.

Un luxe de la Renaissance

Peu à peu, au cours du Moyen Age, les habitudes s'adoucirent et, la prospérité se répandant progressivement, l'amour désintéressé pour les chiens se développa. Il apparaît clairement que certaines coutumes cruelles qui survivent encore de nos jours, envers les animaux, semblent un héritage des sombres périodes d'ignorance, de misère et de noire superstition. Si l'on pratiquait toujours la chasse, on prit peu à peu l'habitude d'avoir aussi un chien de promenade et un chien de compagnie. Si un Molosse était réservé à la défense, on organisa des courses de Lévriers où le Greyhound, importé d'Angleterre, triompha dans toute l'Europe. Au seuil de la Renaissance, posséder de très beaux chiens devint une sorte de snobisme. Les femmes, et tout particulièrement celles de l'aristocratie qui ne se sentaient point grand intérêt pour la chasse, reportèrent leur affection sur de tout petits chiens de compagnie qu'elles dorlotaient et décoraient de rubans, créant ainsi la mode des chiens de luxe. Qui voulait entrer dans les faveurs d'une noble dame devait gagner l'affection de son petit favori.

Le chien dans la peinture

Le nombre de races de chiens se mit à croître, et tout particulièrement celui des chiens de chasse. De tous les siècles, le

Une des nombreuses représentations picturales concernant le chien, figurant dans un traité du XVᵉ siècle sur la fauconnerie et la chasse (bibliothèque de Chantilly).

XVIIe fut le plus faste pour eux. Les rois Louis, dans leur ensemble, aimèrent tous la chasse et firent de la vénerie un art royal. De cette époque datent les fameux Chiens Blancs du Roy, élégants, de sang très pur, animaux inimitables.
Échanges, achats et joutes, dans tous les pays d'Europe, répandirent l'admiration et le respect pour ce noble animal, si modeste, si beau et capable d'amitié, incomparable pour sa force, sa fidélité et son intelligence. Il fut jugé digne d'être immortalisé par les plus grands peintres, aux pieds des maîtres les plus raffinés. Pendant plusieurs siècles, la peinture a illustré l'amour que l'homme portait au chien, et, ainsi, nous offre le reflet des qualités que possédaient les races les plus en faveur. Les tableaux de la Renaissance sont généreusement remplis de chiens magnifiques : Dürer, Botticelli, Piero della Francesca, Mantegna, Titien, J. Bosch, Bruegel l'Ancien, Rubens, puis Canaletto, Vélasquez et Goya, la liste en est encore longue... La poésie, le théâtre (Shakespeare, par exemple), ont aussi conservé des échos de cet amour.
Au XVIIIe siècle, la consolidation de la démocratie en Angleterre et le début de la Révolution française transformèrent la vie des chiens comme elles transformèrent celle de l'homme. Les immenses meutes de chiens de la noblesse disparurent, mais non la passion individuelle pour la chasse. Les chasseurs de la petite bourgeoisie se contentèrent d'un ou deux chiens, acquis pour leur rapidité et la finesse de leur odorat. Au-dessus des autres races, le Braque était tenu dans la plus haute estime, et les éleveurs anglais en vinrent à créer le Pointer, ou chien d'arrêt, qui devint rapidement célèbre dans toute l'Europe.

Les premières expositions canines

Les règles nouvelles voulaient que le chien, outre ses qualités intellectuelles, apparaisse esthétiquement attirant et soit physiquement bien adapté aux multiples activités auxquelles on le destinait. Les éleveurs s'attachèrent rapidement, avec intelligence et passion, à répondre à ces demandes. En 1859, à l'hôtel de ville de Newcastle-on-Tyne, en Angleterre, eut lieu la première « exposition » de chiens. On y vit plus de cinquante chiens d'arrêt, Setters et Pointers, pour les seuls chiens de chasse. Normes et généalogie n'étaient alors pas tenues en grande estime, et les amis des chiens considéraient la cynophilie comme un événement sportif sans réglementation particulière. Quatorze ans plus tard, le 1er avril 1873, le « English Kennel Club » (Club anglais des Éleveurs de Chiens) fut fondé à Londres, et la compilation du « Studbook » ou « livre des origines », sur lequel étaient portées les dates de naissance des sujets appartenant à une race spécifique, commença. L'exemple fut suivi dans d'autres pays : en 1884 naquit l'American Kennel Club et en 1898 le Kennel Club italien. La première exposition canine organisée aux États-Unis le fut en 1875. Durant près d'un siècle, à peine une cinquantaine de chiens se trouvaient présentés dans une exposition canine, alors qu'aujourd'hui, il arrive qu'on puisse en trouver plus de 7 000, dans la même manifestation. A la fin du siècle dernier, les mouvements

Présentation d'un concurrent dans une manifestation canine.

zoophiles anglais réussirent à obtenir quelques succès, entre autres, dans le contrôle des pratiques cruelles des entraîneurs de chiens, cela consistant par exemple à tailler les oreilles, opération barbare justifiée dans le passé par le fait que les chiens de combat s'attrapaient volontiers par cette partie du corps. En 1898, cette pratique fut abolie en Angleterre (même pour des raisons esthétiques), et plus aucun chien mutilé ainsi ne fut admis dans les expositions canines.

Cette opération reste cependant nécessaire pour un nombre restreint de races et seulement en ce qui concerne le redressement de l'oreille. Elle doit être effectuée par un vétérinaire lorsque le chien est âgé d'environ trois mois et que ses cartilages ont atteint quelque consistance.

Changement de fortune, dans la paix et dans la guerre

Au début du XXe siècle, la popularité du chien atteignit son plus haut niveau. Outre le rôle joué par le chien dans les exhibitions, dans les familles, dans les unités militaires, dans les domaines plus importants de la défense, de la garde des troupeaux ou des propriétés, et, bien sûr, de la chasse, son image apparut avec bonheur dans les gravures, jouets, cartes de vœux, marques de disques, dans les publicités et jusque dans l'héraldique. Dans cet esprit, il faut se rappeler que, vers la fin du Moyen Age, on trouvait à la place d'honneur, dans les armoiries, leurs effigies, sous forme de Lévriers, de Braques, de Mâtins et de Dogues Allemands. Comme il était déjà advenu dans le passé, la guerre

Que ce soit dans notre pays ou à l'étranger, les chiens sont « interdits de séjour » dans certains lieux publics.

décima l'espèce canine, les périodes de pauvreté et de misère ne permettant pas de nourrir des bouches inutiles. En 1871, lors du siège de Paris, non seulement les chiens, mais aussi les chevaux, les chats, les oiseaux et même les rats disparurent. De même, au cours de la dernière guerre mondiale, beaucoup de chiens perdirent leur foyer ou leur maître. A côté de son utilisation dans l'armée, le chien continua cependant à rester l'ami des plus déshérités, soldats du front et prisonniers. Même pendant la grande débâcle de Russie, en 1943, parmi les flots de soldats qui fuyaient, erraient des bâtards qui n'avaient pas abandonné, dans la captivité, ceux qui leur avaient jeté autrefois une croûte de pain.

Vivisection : renforcement de la loi

On estime aujourd'hui que, dans le monde, vit une population d'environ 120 à 150 millions de chiens. Pour les seuls États-Unis, ce chiffre avoisine les 35 millions. On l'estime de 7 à 8 millions pour la France, de 5 à 6 millions pour l'Allemagne, à 4 millions pour l'Italie, à 1 million pour la Belgique, et à 400 000 pour la Suisse.

Tous les chiens ne vivent pas heureux. Beaucoup d'entre eux sont abandonnés par des maîtres ingrats, sur les routes et les chemins, et à la vivisection (13 millions de chiens et de chats non désirés sont euthanasiés chaque année aux U.S.A. !). Des pages de condamnations vigoureuses de la pratique de la vivisection ont été écrites par des auteurs aussi prestigieux que Goethe, Schiller, Voltaire, Schopenhauer, Tolstoï, Twain, Shaw et Malaparte. Parmi les écrivains contemporains qui défendirent la « condition canine »

On ne trouve plus guère de grandes meutes de chiens de chasse qu'en Grande-Bretagne et en France.

avec le plus d'acharnement, on trouve notamment Jerome K. Jerome, O'Henry, D'Annunzio, Thomas Mann, Jack London, Katherine Mansfield et Steinbeck.

En dépit du fait que l'opinion publique soit résolument contre la vivisection, plus de 100 millions d'animaux, parmi lesquels plusieurs centaines de milliers de chiens, sont sacrifiés chaque année, dans le monde civilisé. Il est donc nécessaire de promouvoir des législations moins ambiguës et un contrôle plus sévère, au sujet de l'expérimentation sur les animaux, prétendument au nom de la science.

Un chien pour chaque genre de chasse

Après ce rapide survol de l'histoire sociale du chien, de sa collaboration et de son amitié avec l'homme, il nous faut examiner plus en détail ses dons psychiques et physiques, qui se sont d'abord manifestés dans la chasse. Bien que nous ne soyons pas tous d'accord à propos de cette activité, il n'est pas de notre ressort de polémiquer ici sur ce sujet. L'homme et le chien se découvrirent et développèrent un respect mutuel, et même un certain amour réciproque, par l'intermédiaire de la chasse. Si la chasse n'avait pas existé, l'association indestructible, au travers des siècles, de l'homme et du chien, n'aurait sans doute jamais pu se révéler ; et nous devons tenir compte de cela, au-delà de toute réserve.

Il existe de nombreuses sortes d'animaux et, partant, de nombreuses manières de chasser, dans les bois et les forêts. Il y a

des animaux prédateurs, et ceux qui volent. Certains sont véloces et d'autres lents. Il en est qui fuient, d'autres qui attaquent. Certains vivent dans des terriers, d'autres dans des haies. Il en est qui se cachent et qui sont mimétiques. Il est reconnu, depuis les temps les plus reculés, que le chien possède, pour la chasse, les mêmes instincts que l'homme. Mais dès lors que le chien a assimilé un certain niveau d'entraînement à la chasse, il devient nécessaire de le spécialiser. Biologiquement et génétiquement, le chien, plus que tout autre animal, est capable d'être modelé et adapté. Non seulement il a toujours été apte à obéir et à apprendre, mais, génération après génération, il a transmis à sa progéniture ce qu'il avait appris. Il a été, dans les mains de l'homme, comme un bloc d'argile qui a pris lentement les formes voulues par les mains de l'artiste.
Par vocation, le chien était avant tout un limier. Son instinct le portait à rechercher et à rabattre la sauvagine dans les bosquets et les sous-bois. Tout cela n'était cependant pas suffisant et l'homme lui apprit d'autres tours. C'est ainsi qu'il a créé le chien d'arrêt. A la fois par aptitude et par dressage, ce chien devait s'arrêter dès l'instant où il percevait la présence du gibier. Durant cette attente, il devait rester immobile comme une statue, une patte levée et le museau pointé, chaque muscle tendu et vibrant. Cette attitude constituait le signal dénommé « arrêt » et qui indiquait au chasseur que la proie se trouvait à peu de distance, dans la direction indiquée par le museau du chien. Parmi les chiens d'arrêt connus aujourd'hui, on rencontre les Braques, les Épagneuls, les Griffons et, entre autres races britanniques, le Pointer et le Setter. L'homme enseigna également au chien à rapporter. Il arrivait parfois qu'un animal blessé par une flèche ou une balle s'échappe et aille se réfugier dans un lieu bien caché. C'est pour cette tâche que furent créés les célèbres *retrievers,* spécialisés dans la recherche du gibier abattu ou blessé, que ce soit dans les fourrés ou dans l'eau des marécages.
Quant au Terrier, chien à pattes courtes, il a été lui aussi spécialisé à forcer les gibiers dans leurs propres tanières. Beaucoup d'animaux des bois et des collines : renards, blaireaux, martres, belettes, ont pour refuge un terrier dans le sol, un trou dans un tronc ou dans la pierraille. Et le Terrier, bas sur pattes, agressif, à la denture acérée, malin et tenace, pénètre dans les petits souterrains où se terre la sauvagine pour lui livrer de dures batailles et l'en expulser.
Au temps des grands rois de France, à l'époque où la chasse fut transformée en événement mondain à l'ample et fastueuse mise en scène, on développa pour la chasse au cerf et au renard (chasse à courre) de grandes et nobles races telles que le Grand Bleu de Gascogne, le Poitevin, le Chien d'Artois, aptes à travailler en meutes accompagnées, au son du cor, par des chasseurs, des rabatteurs et des cavaliers. Sous le règne de Charles Ier de Lorraine, 70 forêts et environ 800 parcs royaux furent créés pour l'entraînement et l'élevage des chiens royaux, sur des terres confisquées.

La plupart des chiens de chasse sont si courageux qu'ils peuvent s'attaquer à des adversaires très forts et très agressifs : ici, deux chiens courants affrontent un lynx réfugié au sommet d'un arbre.

Un chien de berger au travail.

Louis XI, passionné de chasse, était si organisé qu'il programmait toutes ses activités suivant les saisons : la guerre en été et en automne, la chasse au cerf et au sanglier en hiver, et, au printemps, la chasse au faucon. Si grande était sa passion pour la chasse qu'au seuil de la mort, et si malade qu'il ne pouvait plus se déplacer, il passa ses dernières heures à regarder ses chiens capturer des souris dans sa chambre.

Parmi tous les rois fanatiques de chasse, nous ne devons pas oublier Canut le Magnifique, de Danemark et d'Angleterre, qui, vers 1016, promulgua un décret ordonnant de briser les pattes de tout chien appartenant à la noblesse et surpris à chasser sur les terres royales.

La nécessité du dressage

Bien que possédant des instincts innés pour la vénerie, les chiens de chasse doivent toujours recevoir un entraînement. C'est à un âge compris entre six mois et un an que les chiens apprennent le plus facilement. Mais, à partir de l'âge de trois mois, ils peuvent déjà commencer à savoir chasser, en compagnie de leur mère. Ils ont, bien sûr, une très grande envie de jouer, mais ils ne tardent pas à vouloir se comporter comme leurs géniteurs.

Les dresseurs (ou maîtres chiens) doivent utiliser les mêmes commandements et les mêmes gestes à chaque fois, pour un même ordre, et chaque leçon – brève – doit être donnée dans un esprit de jeu, sans contrainte, et doit être répétée jusqu'à ce que la tâche soit bien apprise.

Le dressage, en matière de chasse, a considérablement développé, chez les différentes races de chiens, les capacités latentes de leurs ancêtres. Cependant, les « chasseurs du dimanche » ne tiennent pas toujours compte du fait que, pour chaque type de chasse, il existe un type de chiens spécialisés, adapté à la région dans laquelle il doit travailler. Les croisements avec les chiens d'amis, ou les jeunes animaux obtenus à bon compte, par des connaissances, doivent être déconseillés. En général, il en résulte des sujets d'aptitudes diverses, bons à tout et bons à rien, manquant de personnalité. Une fois la saison de la chasse terminée, le chien de chasse doit devenir pour quelques mois un chien de compagnie. Il doit être protégé et bien nourri, mais sans engraisser. Il faut le faire participer le plus souvent possible à des séances de dressage, de telle sorte qu'il reste en bonne forme pour la prochaine saison.

L'évolution du chien de berger

Depuis des temps très reculés, le chien a possédé d'autres aptitudes que celle de la chasse. Parmi ses instincts latents les plus estimables figurent ceux du gardiennage. Si l'élevage des animaux fournissait des aliments et des peaux, ainsi que des moyens de transport pratiques, il existait toujours la possibilité que le bétail soit attaqué par des prédateurs. Les forêts du Liban, les déserts de Nubie, les bois de la France, les plaines de l'Euphrate étaient pleins de bêtes sauvages, et donc de dangers. De même que le chien était prêt à participer à la chasse, de même il devint rapidement la sentinelle des troupeaux, repoussant les agresseurs, hommes ou bêtes. Les premiers chiens de berger furent de taille massive, courageux, prompts à sauter à la gorge du loup, de l'ours, ou de tout autre intrus.

On suppose que les premiers chiens de troupeau apparurent il y a un millier d'années, au service des bergers nomades asiatiques. Les marchands phéniciens les importèrent alors en Europe, où ils furent croisés avec des races locales, et, au cours des siècles, furent à l'origine des races les plus fameuses. Les premiers bergers préférèrent les chiens à robe blanche, probablement parce qu'il leur était plus facile de les distinguer la nuit, par rapport à la couleur sombre de l'ours ou du loup, et d'intervenir à coups de bâton dans la lutte, sans blesser leurs compagnons. C'est pour ces raisons que nous avons aujourd'hui des chiens de berger à robe claire , comme le Berger des Abruzzes, le Kuwatz, le Tatra, le Chien des Pyrénées et le Bergamasque.

Les Romains répandirent d'excellentes races dans toute l'Europe et, dans tous les pays, en découlèrent des chiens adaptés au territoire, au climat et au type de travail désiré. Pendant des siècles, ils furent utilisés simplement à la défense des troupeaux, avec une spécialisation dépendant uniquement du fait qu'ils surveillaient des vaches ou des moutons. C'est seulement à partir du siècle dernier, avec l'éloignement de la menace des loups et des ours, que les chiens furent affectés à la recherche des animaux perdus et à l'accompagnement du bétail de et vers l'étable ou la bergerie.

Un chien policier et son dresseur.

L'instinct pour la garde et la défense

De même que le chien possède un instinct pour la protection du bétail, s'il se sent responsable, il défendra également le domicile de son maître, comme son maître lui-même. Dans la Grèce antique, on élevait à part certains chiens, descendant probablement des Molosses, pour la garde des lieux sacrés. Plutarque raconte qu'un chien suivit sur une trentaine de kilomètres un voleur qui avait dérobé un objet dans le temple d'Aphrodite. On ne connaît pas de chien, même de nos jours, que son instinct ne pousse à surveiller la maison de son maître.

Les ancêtres des chiens de garde sont des Molosses de grande taille, et d'instinct agressif. Les chiens de garde et de défense sont issus de sélections spéciales réalisées par des éleveurs professionnels. Ils peuvent être dressés à franchir des obstacles difficiles tels que des échelles, des palissades ou des fossés. On doit enseigner aux chiens de garde à surveiller les objets et les lieux, à attaquer sans blesser, à rester indifférents aux bruits de coups de feu, à refuser tout aliment proposé par un étranger, à rester calmes devant les provocations d'un autre animal, à courir longtemps.

Des chiens de garde parfaitement entraînés sont utilisés par la police. Les races sont en général des Bergers Allemands et Belges, des Dobermanns, des Airedales, des Schnauzers géants, des Rottweilers, des Saint-Hubert et des Labradors.

Le dressage a lieu au cours de la première année de la naissance du chien. Une fois dressé, il restera avec son dresseur pendant toute sa vie active qui dure environ six à sept ans.

Dressage d'un chien pour la défense personnelle.

Les chiens de garde « privés » sont également formés dans des écoles de dressage où ils peuvent rester de 4 à 8 mois, selon leurs aptitudes. Évidemment, un dressage peut aussi être réalisé à la maison par le maître du chien, mais seulement en ce qui concerne le comportement général : ne pas aboyer, rester assis, couché, et attendre ; ne pas courir après un autre animal, ne pas sauter après les visiteurs, répondre immédiatement à l'appel et ne manger que dans sa propre écuelle. Naturellement, tout dressage doit être effectué avec patience et énergie, mais sans contrainte, hurlements ou coups. Le chien doit éprouver une certaine joie à effectuer les ordres donnés par son maître et tout dressage ou parfait accomplissement d'un ordre doit recevoir une récompense. Il est cependant préférable d'éviter toute récompense sous forme d'aliments, qui, par la suite, pourraient être acceptés de mains étrangères. La pratique courante, sur certains chantiers ou dans la cour de petites usines, de garder un chien non dressé enchaîné, dans l'intention d'en faire un chien de garde, doit être condamnée. Elle n'aboutit qu'à faire un chien hargneux, bon à rien et malheureux.

On ne doit pas oublier que les voleurs craignent aussi les petits chiens qui aboient rageusement au moindre craquement. Ils sont incapables de sauter à la gorge, ou de mordre les jarrets des malfaiteurs, mais ils peuvent donner résolument l'alarme, et il n'existe pratiquement aucun moyen de les calmer. Alors qu'au contraire un chien de garde, au-dehors, peut être empoisonné ou endormi à l'aide d'une boulette de viande traitée à cet effet. C'est pour cette raison que les chiens de garde doivent être habitués à ne recevoir leur nourriture que des seules mains de leur maître.

Le chien de sauvetage

La chasse, le gardiennage, la garde, la défense, ne représentent que quelques-unes des utilisations auxquelles le chien est affecté par l'homme.

Les premiers chiens de traîneau ont été utilisés il y a plusieurs siècles pour retrouver les traces des sentiers effacés par les tempêtes de neige, et tout particulièrement les pistes qui conduisaient de Suisse en Italie, à travers les Alpes. De plus, les chiens élevés par les moines cénobites de l'hospice du Grand-Saint-Bernard ont été dressés pour retrouver les personnes égarées. Ces Saint-Bernard, qui résultent d'un heureux croisement entre Dogue Allemand et Terre-Neuve, sont souvent représentés avec un tonnelet d'alcool pendu au cou, destiné à réconforter les alpinistes transis ou égarés.

Les sauvetages accomplis par les Saint-Bernard se comptent par milliers et l'histoire de l'un d'eux, nommé Barry, est devenue légendaire : Barry sauva 44 personnes jusqu'à ce qu'il fût tué par la 45e, qui le prenait pour un ours. L'ironie voulait que le nom de Barry vienne du mot *bari,* qui signifiait : ours. Une statue à la mémoire de Barry fut érigée à Paris, et pendant de nombreuses années, les Saint-Bernard furent également connus sous le nom de Chiens Barry.

Aujourd'hui, pour le sauvetage à la suite d'avalanches ou de tremblements de terre, on préfère le Berger Allemand à tout autre. Cependant, pour les sauvetages dans l'eau c'est le Terre-Neuve qui est choisi car il peut intervenir avec succès pendant de fortes tempêtes.

L'utilisation dans la guerre

L'utilisation du chien pour la guerre remonte aux batailles les plus anciennes, comme messager, sentinelle ou éclaireur. Plus tard, ils portèrent des munitions, des trousses médicales, des équipements téléphoniques. Ils furent même dressés à repérer les mines et à localiser les blessés. Au cours de la Première Guerre mondiale, ils furent même équipés de masques à gaz.

Les armées modernes ont toujours donné la préférence à leurs races nationales qui ont été utilisées de manières variées, au cours des batailles ; tout particulièrement les Collies, Dobermanns, Rottweilers, à l'exclusion, bien sûr, des races à la robe blanche, qui pouvaient trop aisément être repérées par l'ennemi.

Au cours de la Seconde Guerre mondiale, l'Allemagne possédait une « armée » de deux cent mille chiens dressés à la garde des camps de concentration nazis. Les États-Unis ont également utilisé des chiens de guerre pour la conquête des îles du Pacifique. Les Soviétiques avaient entraîné des chiens à chercher leur nourriture entre les chenilles des chars d'assaut. Ces malheureux animaux, affamés, portaient sur le dos une charge de T.N.T. qui explosait sous les chars en mouvement.

Un chien d'aveugle.

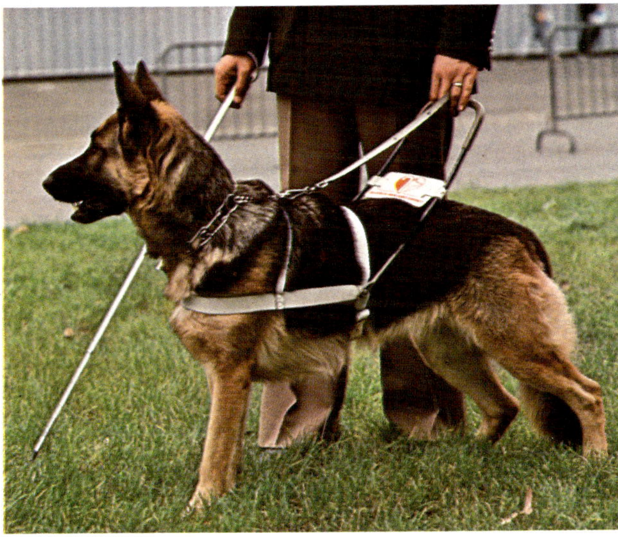

Le chien-guide pour les aveugles

L'un des plus beaux titres de gloire du chien se trouve dans l'expression « chien d'aveugle ». Les premiers centres pour ce dressage humanitaire furent créés plus ou moins simultanément en 1915, en France et en Allemagne. Ils furent conçus pour venir en aide aux blessés des yeux, de retour du front. D'autres centres suivirent immédiatement partout dans le monde.

Le Berger Allemand fut encore une fois choisi, pour être dressé à cette activité, pour son intelligence, son obéissance, sa loyauté, sa précision et la perfection de ses mouvements. De bons résultats ont également été obtenus avec les Bergers Belges, le Labrador, le Boxer et le Collie (tout particulièrement pour les enfants aveugles). Les femelles sont préférées pour leur plus grande obéissance et leur docilité, les mâles étant plus facilement « distraits » par une femelle en chaleur.

Le guidage d'un aveugle, dans le trafic convulsif des villes modernes, est un travail très astreignant que le chien effectue parfaitement après plusieurs mois d'un dressage patient, au bout duquel il doit subir un examen très difficile sur la manière d'éviter les obstacles et de s'arrêter aux feux de croisement. Les chiens sont admissibles à l'entraînement dès leur première année et peuvent être acceptés jusqu'à 2 ans et demi. Après cet âge, ils ne peuvent plus être dressés. Pour devenir dresseur de chiens d'aveugles, il est nécessaire de suivre des études d'une durée de 4 ans.

Meute de chiens de traîneau en Alaska.

L'importance du chien de traîneau

Jusqu'au XVIe siècle, les chiens ont été dressés à tirer des charrettes lourdement chargées. C'était un travail épuisant, mais heureusement des lois furent édictées en leur faveur, contre leur exploitation excessive. Aujourd'hui encore, en Suisse, un peu par tradition, un peu pour le folklore, certains Bouviers de forte constitution sont utilisés pour transporter du lait et des fromages, dans de petites charrettes.

Quant aux chiens de traîneaux, ils restent irremplaçables. Sur les terres gelées ou recouvertes d'épaisses couches de neige, là où l'on ne peut utiliser aucun moyen mécanique, force est d'utiliser le chien de traîneau, seul moyen de parcourir les grandes étendues glacées. Des meutes de Malamutes ont participé à de glorieuses expéditions conduites par Amundsen et d'autres explorateurs des deux pôles. Seuls les traîneaux tirés par ces chiens pouvaient permettre d'emmener le matériel nécessaire et maintenir les liaisons entre les expéditions et les villages habités. Dans les régions arctiques, les Chiens Esquimaux sont attelés au traîneau en éventail, ou en paires, côte à côte. Les Sibériens et les Esquimaux utilisent également différents autres modes d'attelage. Les compétitions de chiens attelés sont très populaires. A Anchorage (Alaska), ont lieu périodiquement des courses, auxquelles participent les célèbres Malamutes, sur une distance de 80 km, qu'il faut parcourir en moins de 8 heures. Bien sûr, les équipages sont changés à des postes préétablis.

Un combat de chiens, en Afghanistan, où ce « sport » est très populaire. La lutte se termine le plus souvent par la mort de l'un ou l'autre des combattants. De très grosses sommes sont misées sur le favori par les spectateurs.

Un sport cruel : le combat de chiens

Pour rester dans le domaine des utilisations plus ou moins sportives du chien, nous devons rappeler les combats célèbres entre chiens et lions, chiens et tigres et entre chiens eux-mêmes, qui étaient organisés dans les arènes romaines. Le chien le plus souvent utilisé pour ces combats était le Molosse de l'Épire, une bête pesant 80 kg, qui réussissait souvent à vaincre les fauves les plus féroces, dans l'enthousiasme des plébéiens et des patriciens qui communiaient ainsi dans la joie du sang. Rome n'était pas le seul endroit où se pratiquaient des sports cruels où parfois des hommes étaient sacrifiés. En Angleterre étaient élevés de puissants chiens de combat connus sous le nom de *Pugnaces Britanniae,* qui étaient parfois vendus à l'étranger. Les Bull-Dogs, par exemple, sont des chiens créés spécialement pour les combats contre les taureaux. Leur nez est écrasé de telle manière qu'ils peuvent continuer à respirer tout en maintenant leur prise et en se déplaçant.

Les combats entre chiens, ou chiens contre animaux sauvages, ont été pratiqués partout dans le monde, jusqu'en Chine et au Japon. En 1689, la Hollande fut le premier pays à promulguer des lois interdisant les combats de chiens, suivie, 150 ans plus tard, par la France et l'Angleterre. Mais, longtemps encore, des combats furent organisés dans des lieux clandestins. Aujourd'hui, le nombre de pays autorisant ce genre de « divertissement » est heureusement réduit.

Un sport civilisé : la course

Les courses de chiens sont certainement un sport plus noble et plus civilisé. Habitués depuis toujours à la course, le Greyhound et le Whippet sont mis en compétition dans des cynodromes et les spectateurs font des paris comme lors des courses de chevaux.
Des courses de chiens étaient déjà organisées dans la Gaule pré-romaine, mais c'est seulement dans l'Angleterre élisabethaine que les règlements furent normalisés, des associations fondées, des pistes construites et des chiens élevés, pour leurs qualités de coursiers. Dans le passé, les chiens étaient lâchés sur un lièvre vivant, et le premier chien qui le capturait était le vainqueur.
Les amis des animaux protestèrent, si bien que, en 1876, on construisit le premier lièvre mécanique. Toutefois, il remplissait mal sa fonction. Il tombait en panne au cours des plus grandes courses, et provoquait de petites émeutes. L'appareil fut perfectionné au début des années 1900 par un ingénieur américain, Owen Smith. C'est à partir de cette époque que l'on vit apparaître, à la fois en Grande-Bretagne et aux États-Unis, les premiers cynodromes, et que le nombre de fanatiques et de parieurs se mit à augmenter.
Les chiens courent sur des pistes sablées, sur des distances variant de 400 à 1 000 m. L'entraînement des chiens commence dès l'âge de 9 mois et, à l'âge de 1 an et demi, l'animal est prêt à courir. Il ne doit pas peser plus de 30 kg et doit être capable de courir le 400 m en 22 secondes. Un Lévrier peut atteindre la vitesse de 70 km/h.
Un bon éleveur doit s'occuper de son champion comme d'un cheval de course, contrôlant son alimentation, et surveiller de près son entraînement. Au moment où le lièvre mécanique est lâché, au cours du sprint, le chien peut risquer d'avoir des crampes musculaires ; c'est pourquoi, avant le départ des courses, on frictionne les concurrents avec de l'alcool camphré.
Certains pays anglo-saxons et espagnols continuent à utiliser un lièvre vivant, non seulement dans les courses ouvertes, où la proie garde encore quelques chances d'échapper à la mort, mais aussi sur les pistes fermées et sans issue. C'est cependant à l'homme et non au chien qu'il faut reprocher la survivance de cette pratique barbare.

Le flair du chien truffier

Le chien a eu et continue d'avoir de nombreux « métiers » au cours de sa longue existence. par exemple, la recherche des truffes dans certaines régions de France et d'Italie. Ce champignon délicieux pousse en symbiose avec les radicelles des chênes, et ne peut être décelé sans l'aide du flair de chiens adaptés à leur recherche. Cette « chasse » ne peut être pratiquée que par certains bâtards ou par des Terriers, qui ne se laissent pas distraire par la sauvagine et vont directement vers leur objectif.
Louis XV se divertissait en allant à la chasse aux truffes dans le parc de la Muette avec des chiens qui avaient été dressés par son grand-père, le roi de Sardaigne.

Un chien truffier vient de découvrir le précieux champignon.

Les ratiers

Ce sont surtout les Terriers, les Bassets et le petit Schnauzer, qui ont été utilisés pour attraper rats et souris dans les marchés fruitiers et les entrepôts alimentaires. Mais la diffusion des pesticides chimiques et la crainte de la contagion des chiens par la leptospirose ictéro-hémorragique (très répandue chez le rat) découragent de plus en plus les utilisateurs de ces chiens.

Apte à mille activités

Au cours des siècles, le chien a été affecté à une infinité de tâches, petites et grandes. Il a fait tourner la roue des moulins en Écosse et les barattes à beurre au pays de Galles, les broches en Europe centrale et les moulins à prières au Tibet. En Hollande et au Danemark, on a utilisé des chiens pour détecter des fuites infimes de gaz, même à plusieurs mètres sous terre. Il a attiré les parasites de ses maîtres, au temps où les bains étaient rares. Il a réchauffé l'estomac de ceux qui avaient une mauvaise digestion, les pieds et la ferveur des fidèles dans les églises glaciales. Il a écarté les moutons des voies de chemin de fer, joué les animaux savants dans les cirques, servi aux recherches médicales, notamment sur le rachitisme et le diabète, et évolué dans l'espace avant l'homme.

La valeur du chien de compagnie

Le chien a pris une grande part dans la vie de l'homme en lui offrant sa compagnie désintéressée. L'homme lui doit une vive

Exhibition de chiens savants dans un cirque.

reconnaissance dans le domaine affectif. Combien de personnes seules ont été aimées d'un petit chien ? Quelle chaleur a-t-il apporté dans une famille affligée ? Des personnes ont échappé au suicide, par la grâce d'un chien. Il a rendu le goût de vivre à des désespérés en leur apportant son dévouement et sa présence vivante.

Beaucoup de chiens de compagnie aujourd'hui à la mode sont issus de races destinées au travail. Ce sont des « ex », comme le Barbet, ex-chien d'arrêt, le Dalmatien, ex-chien de chasse et de garde, le Terrier, ex-chien de chasse. Mais, quel que soit le chien, petit ou grand, de race pure ou bâtard, il sera de bonne compagnie, cordial et honnête.

La plupart des chiens de compagnie sont de taille moyenne, petite ou naine. Certains éleveurs, dans le but d'obtenir des espèces plus gracieuses dénommées *toys* (littéralement : chiens-jouets), ont réduit excessivement leur taille, jusqu'à obtenir de très petits chiens pesant 1 kg et moins, et de complexion délicate et névrotique. Il faudrait se garder de ces pratiques.

Depuis le XVIe, les chiens de compagnie ont connu une vogue croissante. Les rois et les reines, particulièrement en Grande-Bretagne, ont contribué à leur diffusion. Dès qu'un souverain avait acquis un nouveau chiot, il le faisait admirer au public. La presse s'emparant de l'événement, rapidement, la race devenait à la mode, et les éleveurs avaient le plus grand mal à faire face aux demandes.

Les trois principaux protagonistes du premier dessin animé en cinémascope : La Belle et le clochard, *de Walt Disney (1955).*

Le succès des chiens acteurs

Il y a longtemps que les chiens ont fait la démonstration de leurs talents d'acteurs. Plutarque mentionne déjà une sorte de Barbet du nom de Zoppicus qui faisait des tours devant l'empereur Vespasien il y a 2 000 ans. Le chien acteur attrapait un morceau de viande, le mâchait, puis, subitement, ouvrait les yeux tout grands, feignait une crise nerveuse et s'écroulait, comme terrassé par un empoisonnement. Seuls les applaudissements le « ressuscitaient ».

Il y a des chiens pauvres et heureux, accompagnant des saltimbanques, et d'autres qui sont payés comme des divas. Les plus célèbres sont Rintintin et Lassie. Rintintin était un Berger Allemand qui avait fait la Première Guerre mondiale comme porteur de messages. Il fut découvert blessé par un sergent américain nommé Lee Duncan. La guerre terminée, Duncan ramena le chien en Californie. Les toutes premières séances de dressage révélèrent qu'il était extrêmement doué, et, en moins d'un an, il se retrouva à Hollywood. Il y fit une brillante carrière pendant 14 ans, au cours de laquelle il tourna dans 22 films qui bénéficièrent d'un très grand succès populaire. Les producteurs lui faisaient signer lui-même ses contrats, l'empreinte de sa patte droite lui servant de paraphe. Quand le premier Rintintin mourut en 1932, l'agence de presse américaine United Press diffusa ce message sur les téléscripteurs : « le plus célèbre chien du monde nous a quittés pour les réserves de chasses des Champs Elyséens. »

La sympathie entre les enfants et les chiens est spontanée et réciproque.

Lassie fut achetée 5 dollars

En 1941, les feux de la rampe éclairèrent un autre acteur canin : une femelle Collie. Son nom était Pal, et son maître ne pouvait la garder à la maison, en raison de sa vivacité. La personne qui l'acheta pour 5 dollars répondit à une annonce pour sélectionner la vedette d'un film intitulé *Lassie come home.* La chienne à 5 dollars fut choisie parmi 300 concurrents et rebaptisée Lassie. Le film eut un grand succès et fut suivi par d'autres. Lassie menait une vie de star, avec un appartement à elle, un contrat mirifique, pour 7 heures de travail par jour, des semaines écourtées et des rencontres arrangées avec des chiens mâles (elle avait déjà des petits chiots). Outre cela, une doublure était utilisée pour les séquences dangereuses. Quand Lassie mourut, sa succession, assurée par une de ses filles, identique à sa mère, ne fut pas rendue publique, afin de ne pas attrister les enfants qui l'adoraient.

Comme ce fut le cas pour Rintintin, le filon commercial fut exploité un certain temps, avec des sosies plus ou moins ressemblants de la première Lassie.

De grandes stars canines ont également fait les beaux jours des dessins animés et des bandes dessinées. Parmi les plus fameuses, citons les créations de Walt Disney, Pluto et Belle, ainsi que les fabuleux *101 Dalmatiens* et le célèbre Snoopy de Schultz. Autre grande vedette de l'écran, en chair et en os, Benji est un Griffon bâtard, admirablement dressé.

Un aperçu de la psychologie canine

De tous les animaux domestiques, le chien est celui qui s'est le plus aisément habitué à l'homme, à vivre avec lui et à lui obéir. S'il y a compréhension et affection réciproques entre l'homme et le chien, c'est essentiellement dû à l'absence de coercition et à un accord tacite sur le partage du travail, du toit et de la nourriture. Il en est résulté une coopération intelligente et affectueuse et une intégration du chien dans la société humaine. Le chien pourrait difficilement vivre sans l'homme, mais, sans le chien, la vie de l'homme serait singulièrement incomplète.

De quel type de mémoire dispose le chien ? Les psychologues affirment que son « temps de mémorisation » est de courte durée ; mais que, par contre, ses facultés associatives sont réellement surprenantes. Le chien ne se demande probablement pas où est son maître à un moment donné, mais à peine entend-il le bruit de sa voiture, et d'elle seule, que le souvenir de son maître lui revient à la mémoire. En somme, le chien a choisi comme « meute » la société, et comme « chef de meute », son maître, l'homme.

Avec son instinct d'animal hautement socialisé, le chien ressent le leadership de l'homme, « chef de meute » parfait. La maison est son territoire. Quand le chien perd sa maison et son maître, son équilibre est perturbé et il souffre. Le chien abandonné est malheureux. Les chiens mis en pension sont tristes. Le chien privé de maître est vite désorienté et il a besoin d'en trouver rapidement un autre pour recouvrer son équilibre.

En dépit du fait qu'ils sont souvent doués d'une grande force physique et d'une grande richesse sensorielle, les chiens ont toujours gardé un caractère puéril. Peut-être est-ce pour cela que les très jeunes enfants font montre d'une confiance désarmante envers les Molosses du plus féroce aspect, comme par un accord tacite. Un jeune enfant disait à ses parents, en montrant un Bull-Mastiff à l'aspect effrayant qu'ils venaient de lui donner : « Suis-je pour lui, ou est-il pour moi ? ». Le cheval, le chat, l'oiseau et beaucoup d'autres animaux sont plus ou moins soumis ou tolérants, mais ils restent passifs ou de peu d'initiative. Le chien quant à lui aime jouer, simuler, participer. Même des chiens ombrageux supportent toutes sortes de choses de la part d'un petit enfant : ils se laissent tirer la queue ou caresser à rebrousse-poil, par exemple. Cependant, quand les enfants deviennent grands et qu'ils commencent à vouloir montrer leur supériorité d'homme, les rapports changent mystérieusement. Mais, à ce sujet, la chienne ne rejette-t-elle pas ses propres petits lorsqu'ils grandissent ? Une explication possible réside peut-être dans le fait que les bébés comme les chiots ont une plus grande quantité de potassium et de sodium dans leur organisme, ce qui les rendrait d'odeur plus attractive pour les chiens et leur inspirerait une sorte d'indulgence.

L'un des traits les plus évidents du psychisme canin est la jalousie. Elle peut se révéler dans une maison où un chien a été choyé depuis un certain temps, au moment où un bébé vient de naître. Si l'animal semble montrer qu'il souffre d'une trop grande rivalité, il est nécessaire de contrôler ses réactions et de veiller à ne pas le laisser seul avec l'enfant dans une même pièce. Ne renvoyez pas le chien trop longtemps et continuez à le traiter avec une égale affection, jusqu'à ce qu'il accepte la présence du nouveau-né. Lorsque le bébé commencera à marcher, des rapports de bonne compréhension se développeront entre eux. Les enfants doivent cependant être accoutumés à l'idée que les chiens ne sont pas des jouets, mais des êtres vivants. En conséquence, ils ne doivent pas les ennuyer pendant qu'ils mangent ou qu'ils dorment, partager leur nourriture avec le chien, le serrer à l'étouffer même par excès d'affection, ou le laisser les débarbouiller avec sa langue. Il sera nécessaire d'accorder une plus grande attention aux relations avec un vieux chien ancré dans ses habitudes et n'appréciant peut-être pas tellement un compagnon trop remuant.

Comment les chiens communiquent entre eux

Les chiens jouent entre eux, se battent entre eux, ou parfois s'ignorent complètement. Lorsqu'ils se rencontrent, ils observent tout un rituel de mouvements d'oreilles, de battements de queue, d'aboiements, de reniflements. Les chiens qui possèdent une forte hérédité de loup se battent plus rarement entre eux mais ils sont plus disposés à combattre les autres chiens, particulièrement ceux chez qui le caractère « chacal » prédomine.

Nous ne devons pas commettre l'erreur de juger les comportements du chien par rapport au modèle humain, pas plus que nous ne comparerions le comportement d'un oiseau avec celui d'un chien, chacun possédant l'intelligence et les instincts de son espèce respective. Entre l'homme et l'animal, il y a un abîme infranchissable dû essentiellement à l'incapacité qu'a l'animal de penser conceptuellement et logiquement et, par-dessus tout, à l'absence de langage ; ce qui permet aux gens de se comprendre. Mais il existe un « langage chien ». Les chiens s'expriment selon un code constitué d'un ensemble complexe de signes, de perceptions et d'odeurs qui leur permet de se comprendre entre eux. Ainsi, les oreilles basses expriment la crainte ou la préoccupation, les oreilles dressées l'attention ou l'intérêt, les oreilles orientées vers l'avant, l'alerte ; une queue érigée et battante, la joie et la sécurité ; une queue entre les pattes, la crainte ; une queue raide et horizontale, l'insécurité ; les babines retroussées dans un rictus : l'intimidation. Le chien qui donne souvent la patte est soit immature, soit en état d'insécurité, s'il ne le fait pas sur commande. Celui qui se couche sur le dos est passif ou se rend à une trop grande autorité, ou bien encore, par paresse, il demande une alliance. Comme on l'a déjà dit, le chien, comme le loup, vit en meute, et reconnaît l'ordre hiérarchique, et, en conséquence, se soumet à un chef de meute. Cependant, s'il perd l'estime qu'il éprouvait pour son maître, par suite de mauvais traitements, par exemple, il ne tardera pas à renier sa supériorité. Le chat n'obéit pas à l'homme et accepte difficilement d'être dressé et cela parce qu'il n'a jamais vécu en meute dans le passé, sa vie étant celle d'un animal solitaire. Il ne reconnaît aucun autre chat ou être humain en tant que chef.

Deux comportements typiques de chiens.
Ci-dessous : un chien de traîneau faisant acte de soumission envers un compagnon de meute.
En bas : manifestation d'agressivité.

Chez les chiens, uriner a essentiellement pour fonction de marquer les limites du territoire.

La défense du territoire

Beaucoup d'êtres vivants essaient de s'arroger le contrôle d'un territoire : de nombreux animaux sauvages délimitent le leur en griffant l'écorce des arbres et en déposant leurs déjections à des endroits stratégiques. Les loups circonscrivent leur territoire et en marquent les limites avec leur urine pour en proclamer la possession. Ce rituel a été conservé par le chien. Lorsqu'il se trouve dans la rue, pour assouvir certains besoins hygiéniques, il laisse, au cours de sa promenade, de nombreuses cartes de visite « odorantes », dans des endroits variés, en guise d'avertissement et de proclamation à ses semblables.

Lorsqu'il a délimité un territoire, le chien le défend. Ayant fait sien le territoire de son maître, il le défendra de même, avec une passion égale, contre tout étranger.

S'il s'agit d'un chien enchaîné, personne ne peut entrer dans l'aire qui lui est délimitée par la chaîne. Il en est de même s'il se trouve dans un chenil, personne ne doit l'approcher et il faut passer calmement à distance.

Avant de se coucher pour dormir, le chien tourne plusieurs fois sur lui-même. Il s'agit d'un rituel hérité des anciens chiens sauvages qui délimitaient ainsi leur couche en aplatissant l'herbe.

La nécessité du jeu

De tous les animaux, le chien est le plus joueur, qu'il soit chiot ou adulte. Cela provient de son origine prédatrice, et, précisément, ces animaux pouvaient se permettre le luxe de jeux innombrables

Pour grandir et vivre en bonne santé, les chiens ont besoin de beaucoup de mouvement et d'air pur. En conséquence, il est indispensable de les faire jouer.

du fait qu'ils ne craignaient pas les attaques d'autres animaux. Les herbivores et les autres espèces non agressives doivent rester en alerte permanente et ne peuvent se permettre aucune distraction. On verra des lions jouer, mais pas des gazelles.

Le chien, quant à lui, a un instinct ludique très développé. Le manque de jeu et d'activité peut provoquer chez lui des troubles du comportement. Ce qui peut affecter ses capacités de chasseur, sa combativité et même ses instincts sexuels.

En hiver, même lorsqu'il fait froid ou qu'il neige, le chien a besoin de distraction et d'exercice. Entre ses promenades hygiéniques, il doit pouvoir jouer à la maison. Il faut choisir des jouets appropriés : ni trop petits, afin qu'il ne puisse les avaler ; ni trop aigus, afin qu'il ne puisse se blesser. Les objets idéaux devraient être en caoutchouc solide et en forme d'os ou de morceau de bois, par exemple.

Les petites balles de jeu pour les enfants sont à éviter, car, avec le temps, elles se déchirent et le chien risquerait d'en avaler de petits morceaux, ce qui pourrait provoquer chez lui des troubles intestinaux ou même une obstruction. Une pomme est aussi un très bon jouet pour un chien, car la pulpe nettoie ses dents.

Les normes de la vie civilisée

Les chiens doivent être dressés : il leur faut, en effet, apprendre les bonnes manières de la vie avec des gens civilisés, à savoir ne pas salir la maison, n'aboyer que lorsque la situation le demande, s'habituer à la laisse, rester seul quelques heures, ne pas sauter

après les invités, ne pas sauter sur les sièges et les lits, obéir aux ordres. Dans le processus de l'éducation, il faut se rappeler que la répétition est à la base du succès. Deux éléments sont essentiels dans l'apprentissage du jeune chien : la récompense et la punition. La première peut consister en un éloge affectueux, une caresse, éventuellement un biscuit. La seconde peut consister en un reproche fait d'une voix sévère ou une claque sur l'arrière-train avec un journal plié.
Mais la règle fondamentale veut que la punition doit être donnée sur-le-champ, ou très peu de temps après la faute ou l'erreur commise. On ne devra jamais punir un chien un long temps après qu'il a commis la faute, car, alors, il ne saura plus faire le rapport entre la bêtise et la punition et prendra surtout peur de la main de son maître.
Le chien est heureux d'obéir. Il manifeste du reste sa joie lorsqu'il a exécuté les ordres de son maître. Il y a bien sûr des chiens de caractère difficile, récalcitrants, mais ils sont plutôt rares. Les chiens s'accordent bien avec l'homme, mais il n'en est pas toujours de même avec leurs semblables. Il y a des chiens qui mordent les chiots ou les autres chiens, ou qui font preuve d'une véritable aversion envers les chevaux, les oies ou les jouets à ressorts. Il est indispensable, à ce propos, d'éduquer le chien au moment approprié, en le mettant rapidement en contact avec d'autres animaux, en l'attrapant par la peau du cou dès qu'il fait montre de la moindre mauvaise intention et en le caressant dès qu'il se tient tranquille. Débarrasser un chien adulte de son agressivité envers un animal est beaucoup plus difficile, car, à ce moment-là, la mauvaise habitude est déjà bien ancrée.
Si tous les chiens étaient bien dressés, leurs maîtres n'auraient pas à faire face à autant d'interdictions. La présence des chiens n'est pas tolérée dans les magasins, et souvent chez les amis. Cela est bien souvent la faute de leurs maîtres qui n'ont pas su les éduquer correctement. En Grande-Bretagne, les chiens sont généralement bien dressés et dans ce pays on trouve des clubs qui tolèrent les chiens, mais non les enfants (considérés à juste titre comme « l'animal » le moins discipliné). Le dressage doit commencer dès que le chien entre dans ce qui sera sa maison. Il faut garder à l'esprit que, dès l'âge de 3 mois, il commence à comprendre que les claques qui lui sont données avec un journal plié sont une punition, par exemple pour avoir sali la maison au lieu de faire ses besoins dans la rue. Il est nécessaire, pour obtenir de lui un comportement civilisé, de le sortir tout de suite après ses repas.
Dès que le chien a assimilé les premiers éléments du dressage, il ne les oubliera plus et les mettra en pratique toute sa vie durant. Évidemment, certains chiots ont des capacités innées pour apprendre les bonnes manières et d'autres ont besoin d'une insistance longue et patiente pendant de plus longues périodes.

Deux types de comportements

Il existe deux types de comportements chez le chien : l'un hérité génétiquement (par exemple, le fait d'enterrer un os qui pourra servir à calmer sa faim un jour prochain) et l'autre appris (par

Gros plan d'un chiot de Berger Allemand mettant la « truffe » en évidence.

exemple le fait de changer de chemin parce qu'un jour quelqu'un lui aura jeté une casserole d'eau par la fenêtre).
Ainsi, les instincts du jeu ou de la chasse et l'agressivité font partie du comportement inné du chien. Cependant, pour se manifester, ils doivent être développés par la vie sociale. Alors que son intelligence lui permettra d'apprendre plus rapidement, il pourra encore être davantage stimulé par des félicitations et des récomponses.

Le flair est son guide

L'odorat est le sens le plus développé chez le chien. L'existence même de l'animal est fortement orientée et conditionnée par les odeurs.
Pour lui, le monde est composé de dizaines d'odeurs et de fumets qui se croisent, se mêlent ou se transforment. Dans une telle confusion de bonnes et de mauvaises odeurs, le chien reconnaît parfaitement des effluves que l'homme est incapable de distinguer. A titre d'exemple, il peut percevoir l'odeur d'une goutte de sang diluée dans cinq litres d'eau, et identifier, au fumet seulement, la viande de porc, de bœuf, de cheval, de mouton, de lapin, etc., même si elles sont très proches l'une de l'autre. De la même manière, il peut distinguer les odeurs respectives de différentes personnes, parfois aussi semblables que celles de deux jumeaux.
Certains experts pensent que le fait d'agiter la queue chez le chien lui sert à dispenser des « signaux olfactifs » de joie.

Le chien est doué d'un extraordinaire sens de l'orientation, qui lui permet de retrouver sa maison après avoir accompli un trajet très important.

Sur une piste, un chien peut suivre la trace d'un individu, homme ou animal. Si l'homme, à un certain point de son trajet, a enfourché une bicyclette, le chien continuera à suivre sa piste sans hésitation. En revanche, si, à un moment quelconque, il a emprunté un téléphérique qui l'a soulevé seulement à quelques centimètres du sol, le chien perdra la piste à cet endroit. Il en est de même si la piste est interrompue par une masse d'eau. On peut en déduire que l'odeur isolée de l'homme (ou de l'animal) ne peut suffire à guider le chien, sans l'aide de la terre ou de l'herbe qui a été foulée.
Ces supports gardent pendant plusieurs heures les odeurs de la proie et leur combinaison constitue ce que l'on appelle communément « une piste fraîche ».

Un sens de l'ouïe très développé
L'ouïe est également très développée chez le chien, qui peut même percevoir les ultrasons, vibrations à très hautes fréquences que l'oreille humaine ne peut entendre. A la guerre, ou dans les activités de douane et de police, l'homme a souvent recours à des signaux ultrasoniques émis à l'aide d'un sifflet spécial. Ces signaux constituent des ordres aux chiens dressés, et l'ennemi, qui ne les perçoit pas, ne peut connaître leur signification. En outre, un son léger que l'homme peut tout juste percevoir à 4 m sera perçu et localisé par un chien à plus de 25 m. Tout aussi remarquable est la faculté du chien de distinguer des sons, même ceux dont les différences sont pour nous imperceptibles. Un bon

exemple est sa capacité d'identifier de loin le son de la voiture de son maître, entre dix bruits de moteurs de même marque et de même cylindrée.

Un univers en noir et blanc

Le chien est doté d'une bonne vision, bien que certains affirment qu'il ne perçoit que le mouvement des ombres, et distingue mal les couleurs. Nous nous bornerons à dire que le chien voit le monde comme un film en noir et blanc. Cependant, la sélection a amélioré la vision du chien, particulièrement chez certaines races. Il est clair que le chien dispose d'une meilleure vision nocturne que l'homme. Un chien de berger possède un champ visuel de 180 ° et peut nettement comprendre les gestes de son maître à une centaine de mètres de distance. De même, le Lévrier, habitué à chasser à vue, dispose d'une excellente vision.

Prédominance de l'odorat sur le goût

De toute la physiologie du chien, ce que nous connaissons le moins bien est son sens gustatif. Le goût et l'odorat sont étroitement reliés, mais chez lui, l'odorat prédomine nettement sur le goût. Il est facile de le constater : lorsque l'on donne quelque chose à manger à un chien, il le flaire avant de le prendre dans sa gueule. En réalité, le chien ne goûte pas sa nourriture ; il l'ingurgite sans mastiquer. Pour apprendre à un chien à ne pas accepter d'aliment d'une main étrangère, il suffit de lui faire donner par un inconnu un morceau dans lequel on aura mis du poivre ou du piment. Ce désagrément lui servira amplement de leçon. De même, pour un chien habitué à voler les œufs dans les poulaillers : il suffira de lui faire prendre dans la gueule un œuf brûlant, ce qui le dissuadera pour l'avenir.
Lorsqu'un chien a l'habitude de manger de la terre, du gravier ou des fientes, cela signifie que son instinct le porte à rechercher des sels minéraux ou des vitamines dont il a besoin et qui font défaut à son organisme. Dans ce cas, il est sage de lui administrer les éléments nécessaires, sous le contrôle d'un vétérinaire.

Les sens mystérieux du chien

Si nous nous référons au toucher et à la sensibilité externe du chien, nous constatons qu'il perçoit les caresses et les coups. Les sensations tactiles, thermiques, douloureuses, sont recueillies par la peau et les muqueuses. Cependant, nos connaissances, à ce sujet, restent rudimentaires. Nous savons qu'il peut percevoir de légers frôlements, car son poil, doté de muscles érectiles, se hérisse. Nous savons également que lorsque la température s'abaisse, son poil peut se gonfler, et que, pour cette même raison, les chiens du Grand Nord peuvent dormir dans la neige sans souffrir. Nous savons encore que les pierres, les graviers aigus et le bitume abîment les coussinets de ses pattes. Mais sur le rôle exact des vibrisses (moustaches similaires à celles du chat), nous ne savons encore que peu de chose, de même en ce qui concerne les modifications du pelage et de la peau.

Chiots tétant leur mère. L'allaitement des chiens dure environ 2 mois.

Une autre énigme, qui reste encore à résoudre, est la faculté que possède le chien, perdu très loin de sa maison, de la retrouver au bout de longues semaines de souffrances physiques et psychiques. Cela serait explicable si le chien pouvait repérer la route qu'il a déjà parcourue, mais lorsqu'il retrouve une maison située à plusieurs centaines de kilomètres, en foulant des routes qui lui sont totalement inconnues, cela reste encore un mystère pour la science.

L'affection parentale

Le chien mâle semble avoir un instinct paternel quasiment nul. Habitué, depuis des siècles, à compter sur l'assistance de l'homme, il a peu à peu perdu le sens des obligations familiales. La chienne, au contraire, est pleine de tendresse envers ses petits et, pendant toute la période où ils resteront des chiots, elle les allaitera, les léchera et les éduquera jusqu'à ce qu'ils soient capables de mener une vie indépendante. Par la suite, elle peut devenir indifférente aux chiens adultes que seront devenus ses enfants. Néanmoins, le chien mâle fait preuve d'une certaine bienveillance vis-à-vis des chiots. Il les respecte, les attaquera très rarement et sera même prompt à les défendre en cas d'agression étrangère.

La décision d'acheter un chien

L'acquisition d'un chien doit être sérieusement pesée. Souvent, le désir d'avoir un chien est le résultat d'une impulsion passagère, ou

Une femelle de Dogue Allemand et son petit.

due au snobisme et à l'envie d'obtenir un prix dans les expositions canines, soit encore à une carence affective, pour laquelle on recherche un substitut. Pire encore, beaucoup de gens achètent un chien pour faire plaisir à leurs enfants. Mais un chien n'est pas un jouet mécanique ou semblable à une paire de chaussures qu'on peut rendre parce qu'elles sont trop étroites. En décidant d'acheter un chien, les gens imaginent trop souvent l'hypothétique plaisir d'avoir un chiot gracieux à la maison. Mais presque tous ont tendance à oublier les sacrifices et les contraintes que cela peut représenter. Ils se fatiguent aussi vite du petit chien qu'ils se sont précipités pour l'acheter. Ils s'en débarrassent alors en l'abandonnant lâchement.

Heureusement, beaucoup d'autres personnes, lorsqu'elles achètent un chien, savent le garder et l'aimer toute sa vie. Il s'agit d'un animal qui exige une certaine hygiène, qui peut être sujet à la maladie, et dont le tempérament est sensible, et qui ne raisonne pas comme un homme. Ils savent que son entretien est coûteux, qu'il nécessite des soins préventifs chez le vétérinaire (vaccinations, par exemple), et qu'il a besoin d'accessoires (collier, laisse, muselière, niche). Son acquisition doit faire l'objet d'une sorte d'examen de conscience de la part de toute la famille dans laquelle il devra vivre et une décision purement impulsive et sentimentale doit être évitée.

Ce préambule peut sembler un peu pessimiste, mais il est préférable de modérer un enthousiasme insuffisamment enraciné. Les exemples sont trop fréquents de personnes qui, peu de jours après l'acquisition d'un chiot, sont dégoûtées parce qu'il salit les tapis et ronge les pieds des chaises. Il faut se rappeler que le jeune chien aura tendance à faire des saletés partout et à mordiller les chaussures et le bas des meubles pendant plusieurs mois. Seuls ceux qui savent comment dresser patiemment le jeune animal pourront passer facilement ces délicats moments. Cette période de rodage sera vite terminée et alors ils seront maîtres d'un chien obéissant, sans complexes, intelligent, affectueux et qui pourra alors leur apporter beaucoup de joie.

Les difficultés du choix

En dépit de ses préférences personnelles, le futur possesseur d'un chien doit prendre en considération ses capacités d'adaptation à son futur environnement ou à certaines personnes. Ainsi, un Boxer conviendra... mal à une personne âgée et un petit Basset ne saura pas défendre la propriété de son maître, alors qu'un Chien Esquimau souffrira dans un climat chaud. Il y a des chiens de toutes les tailles. Le Lévrier Irlandais, lorsqu'il se dresse sur ses pattes de derrière, est plus grand qu'un homme. Le Saint-Bernard est l'un des plus lourds, le Chihuahua, le plus petit et le plus fragile. Il y a des chiens à poil ras, à poil long et à poil raide. Certains ont besoin de beaucoup d'activité, d'autres se contentent de courtes promenades. Il en est qui aiment la chaleur, d'autres préfèrent le froid. Certains sont vifs, d'autres silencieux et placides. Toutes ces considérations doivent avoir autant d'importance que l'aspect esthétique, lorsqu'il s'agit de choisir un chiot. Le fait, par exemple, d'adopter un chien de chasse pour vivre en appartement nécessitera de longues promenades quotidiennes et, deux fois par semaine, des courses en liberté pour éviter qu'il ne devienne trop gras, paresseux et qu'il perde sa vivacité naturelle. Parmi les chiens de chasse les plus susceptibles de s'adapter à la vie en appartement, signalons le Cocker et le Teckel, les Terriers, les Barbets et les Bassets. Les chiens de grande taille, comme les Bergers Allemands, les Boxers, les Bergers Belges, en plus de leurs promenades quotidiennes, ont besoin de l'espace d'un jardinet ou d'une terrasse. A titre de référence, voici une courte liste des chiens qu'il est facile d'acquérir en Europe. Elle peut être utile pour faire un rapide tour d'horizon des tailles, par rapport aux races :

Chiens de petite taille : Affenpinscher, Dachshund, Bichon Bolognais, Bassets, Barbets, Carlin, Chihuahua, Corgi, Dandie-Dinmont, Fox-Terrier, Griffon Belge, Yorkshire, Bichon Maltais, Pékinois, Levrette d'Italie, Pinscher, Schnauzer nain, Sealyham-Terrier, Skye-Terrier, Scottish-Terrier.

Chiens de taille moyenne : Barbet moyen, Caniche moyen, Basset Artésien-Normand, Beagle, Bedlington, Bull-Dog, Bull-Terrier, Chow-Chow, Cocker-Spaniel, Épagneul, Griffon, Kerry-Blue, Schnauzer moyen, Irish-Terrier.

Chiens de grande taille : Airedale-Terrier, Saint-Hubert, Danois, Boxer, Braque, Dalmatien, Dobermann, Grand Bouvier Suisse, Labrador, Lévrier Afghan, Lévrier Barzoï, Berger Belge, Berger Bergamasque, Berger des Abruzzes, Collie, Berger Allemand, Schnauzer géant, Pointer, Rottweiler, Saint-Bernard, Setters.

Des enfants observant de jeunes chiots, devant la vitrine d'un magasin spécialisé.

Bâtards dans un chenil.

Les chiots en quête de maître

Les chiots doivent être acquis à l'âge de 2 à 3 mois, après le sevrage. Les femelles sont par nature plus affectueuses, mais, deux fois par an, elles sont perturbées par les « chaleurs ». Dans ce cas, la décision sera purement subjective pour préférer, comme chien unique, un mâle ou une femelle.

Il est également possible d'acquérir un jeune chien de 6 à 8 mois qui a déjà été vacciné. Les chiots et jeunes chiens provenant d'un élevage sont en attente d'un maître à aimer et ne présenteront pas de problèmes pour leur insertion dans leur nouvelle vie. Se procurer un chien est facile. Ils sont vendus par des éleveurs (qu'on peut rencontrer dans les expositions canines), par les marchands d'animaux, par des particuliers et même sur des marchés publics. On peut également en obtenir gratuitement à la fourrière ou dans les refuges de la S.P.A. (Société protectrice des animaux). Il n'existe aucune loi qui oblige à posséder un chien, mais par contre il en existe, souvent oubliées ou malheureusement trop peu sévères, qui condamnent la pratique de mauvais traitements envers les animaux.

Pur de race ou bâtard, titré ou d'obscure naissance, le chien vient au monde pour devenir un compagnon fidèle et pour donner son affection sans compter. A son tour, il demande à son maître compréhension et protection, espérant que celui-ci ne prêtera pas une attention excessive à une robe triste ou à une queue trop longue. Le bâtard, lui, est sympathique, intelligent, et sans prétention, mais seul le hasard lui accorde la protection d'un maître. La plupart d'entre eux finissent misérablement dans les rues, dans les chambres à gaz, les laboratoires de vivisection, ou dans le meilleur des cas dans des refuges pour animaux.

Le pedigree, garantie de pureté

Pedigree est un terme anglais signifiant arbre généalogique. Il est utilisé pour indiquer la liste complète des ascendants paternels et maternels d'un animal de race pure, qu'il s'agisse d'un chien ou d'un cheval. Le pedigree sert à individualiser l'animal, de telle manière qu'au seul examen du nom du chien, un éleveur puisse connaître sa lignée, et le propriétaire, avoir l'assurance et la garantie de posséder un chien de race pure.
Tous les chiens enregistrés dans les différents élevages sont identifiés par le nom de l'éleveur qui correspond grosso modo à une sorte de prénom, et par un nom propre. Le nom s'intègre rapidement à la personnalité du chien. Il est cependant nécessaire d'habituer le chiot à obéir immédiatement à l'appel de son nom, sans attendre qu'il soit devenu adulte. Toutefois, les chiens possédant des noms compliqués provenant d'élevages sont souvent appelés par un surnom de deux ou trois syllabes qu'il leur est beaucoup plus facile de reconnaître. Le jeune chiot doit apprendre rapidement qu'il a un nom, ce que ce nom représente, et que, dès qu'il l'entend, il doit prêter attention. Le dressage doit être associé à son nom, de telle sorte qu'il soit perçu comme signifiant compliments, caresses, jeux, promenades et friandises. Aussi, au début, faudra-t-il éviter d'appeler le jeune chien par son nom pour le punir après une bêtise.

Le standard est le modèle idéal

Pour chaque race, les éleveurs ont établi un modèle idéal, vers lequel les éleveurs font tendre leurs produits. Ces modèles sont appelés canons ou standards et, au moyen de chiffres, mensurations, adjectifs, qualifications et considérations, le type est décrit de la manière la plus circonstanciée. Ces standards doivent d'abord être mis au point et affinés par les éleveurs spécialisés d'une race particulière jusqu'à ce qu'ils puissent mettre en évidence, développer et stabiliser les différentes caractéristiques et qualités exigées par la spécialisation au travail du chien. Si, autrefois, les éleveurs considéraient ces données comme indispensables, ils ont actuellement institué une possibilité de variation des standards tenant compte des exigences et des orientations esthétiques nouvelles concernant chaque race.
Un artiste et humoriste américain décida un jour de représenter un chien de race et de réaliser son portrait uniquement à partir des indications, informations et mesures servant à le décrire. Il en résulta un animal monstrueux auquel il manquait seulement une trompe et des ailes. Cela signifie que, si les juges sont guidés dans leurs sélections par les paramètres des standards, leurs décisions sont également le reflet de leurs évaluations personnelles, car on ne peut faire entrer la composante esthétique dans un ordinateur.
Le rôle principal des expositions canines consiste à contrôler la continuité de la race, à attribuer une évaluation à chaque chien,

jusqu'aux titres de champions qui seront décernés à ceux qui devront participer à sa perpétuation. Les livres généalogiques et les expositions, faisant la preuve du travail accompli, sont utilisés pour cette raison par de nombreux clubs d'éleveurs, pour améliorer les élevages de chiens de race, réglementer les usages et augmenter leur valeur commerciale.

La « maladie de Carré »

Le chien est un animal fondamentalement sain, mais sa période la plus vulnérable est constituée par les premiers mois, puis, lorsque le temps aura fait son œuvre, il aura également besoin, dans sa vieillesse, de soins particuliers.

Il y a trois maladies graves susceptibles de devenir mortelles pour le chien : la maladie de Carré, la leptospirose et l'hépatite contagieuse. Pour le défendre contre ces risques mortels, il faut le vacciner dès que cesse l'allaitement, car à ce moment il n'est plus protégé par les anticorps que sa mère lui transmet. C'est donc au vétérinaire de le faire.

La maladie de Carré est due à un virus proche de celui de la grippe humaine, et qui a été importé d'Asie dès le XVIIe siècle. Ce virus ne peut contaminer l'homme, mais il peut toucher des espèces différentes comme le loup, le chacal, le renard, l'hyène, le vison, l'hermine et la belette.

Ce virus est transmis par les voies respiratoires ou digestives. Il reste quelques jours en incubation et se diffuse ensuite dans tout l'organisme, mais surtout dans les voies respiratoires et digestives, puis dans le système nerveux. Les symptômes sont les suivants : frissons, abattement, yeux rouges, toux, température élevée. Mais, avant que se présente un tableau aussi dramatique, on peut espérer que la vaccination immunisante aura été effectuée.

Le danger de la leptospirose

La leptospirose a été décrite dès 1886 : elle est due à des bactéries en forme de ressort à spirale auxquelles elle doit son nom bizarre. L'infection peut être transmise par le rat ou par ses urines (leptospirose ictéro-hémorragique), ou encore par les eaux stagnantes. Elle touche essentiellement les chiens de chasse, ou ceux qui vivent à la campagne. Dans ce cas encore, on remarque un abattement général, une fièvre élevée, des vomissements incoercibles, de la diarrhée, et une soif intense. La vaccination contre cette maladie doit être effectuée dans les premiers mois de la vie.

L'hépatite contagieuse

La troisième maladie contagieuse grave du chien est l'hépatite contagieuse virale. Elle atteint seulement le chien et le renard, et de préférence les sujets jeunes. Chez le chien infecté, l'ultravirus est présent dans les urines, les selles, les larmes et la salive. La contagion est donc assez facile, spécialement pour les animaux qui ont l'habitude d'uriner au coin des rues. L'infection peut être également répandue par des animaux infectés et apparemment en bonne santé, ou « porteurs » chroniques. Le virus de l'hépatite se localise dans le foie et provoque des douleurs abdominales, des diarrhées jaunes, des convulsions et de la fièvre. On évite l'infection, tout comme pour la maladie de Carré et la leptospirose, en faisant une injection de vaccin antihépatite au jeune chiot dès l'âge de 2 mois.

La vaccination antirabique

La maladie de Carré, la leptospirose et l'hépatite sont des maladies qui ne se transmettent pas à l'homme. La société se préoccupe davantage de la rage, dans la mesure où elle peut contaminer d'autres mammifères que le chien, et surtout l'homme. Elle se transmet par les morsures d'animaux infectés. Le porc, le bœuf et le cheval n'en sont pas exempts. En passant dans le sang, au cours d'une incubation de quelques semaines, l'ultravirus de la rage s'installe dans le cerveau où il provoque une dégénérescence cellulaire. Il est également à l'origine d'une hydrophobie (refus de l'eau) due au fait que sa langue étant paralysée, le malade est empêché de boire. La vaccination contre la rage est obligatoire dans de nombreux pays. Elle est également l'objet de décrets communaux, spécialement si les chiens risquent de se trouver dans des régions où ils peuvent rencontrer des renards, principaux véhicules de la rage. Dans d'autres pays, comme les États-Unis, la Suède, le Danemark et la Grande-Bretagne, la rage a été complètement vaincue, car les animaux en provenance de l'étranger sont soumis à une quarantaine rigoureuse.

Échinococcose et tuberculose

Une autre maladie transmissible à l'homme par le chien est l'échinococcose. L'infection se transmet à partir de larves du *ténia échinocoque,* et l'homme peut se trouver contaminé par de la viande douteuse, par de l'eau impure, ou en faisant lécher ses assiettes ou ses plats par des chiens dont l'alimentation n'est pas sévèrement contrôlée.

Le chien est également sujet à la tuberculose et même, si son maître n'est pas déjà infecté, il peut être contaminé par la respiration ou par la voie digestive. Le bacille de la tuberculose résiste quatre mois dans la viande congelée, un mois à la putréfaction, trois mois à la dessiccation, un mois à la salaison et à l'enfumage (jambons et fromages), un mois dans le beurre, une minute à 90 °C et quelques heures à la lumière du soleil. Ces bactéries sont détruites par les médicaments utilisés par l'homme, et le chien devra donc être traité à la streptomycine.

Outre la vaccination, le maître du chien, chiot ou adulte, devra toujours observer la plus grande hygiène possible, le débarrasser des puces et tiques et prendre soin de sa toilette, particulièrement au cours des mois chauds.

Notions de premier secours

En plus des vaccins nécessaires pour éviter au chien de contracter la maladie de Carré, la leptospirose et l'hépatite, qui doivent être

Un chiot victime d'une fracture.

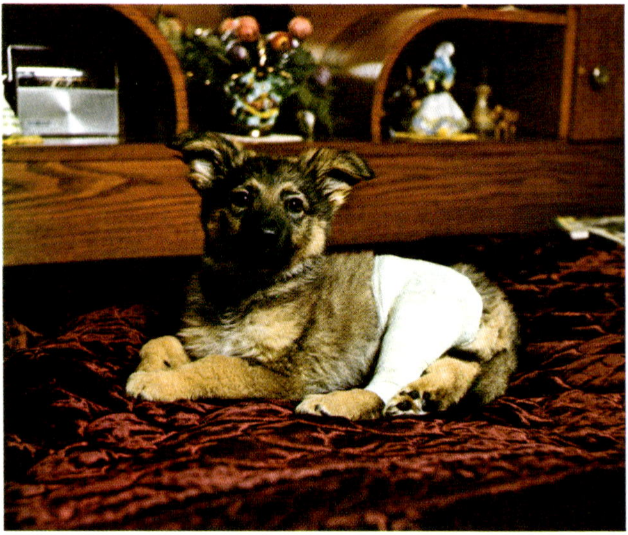

exclusivement effectués par un vétérinaire, en temps opportun, il est utile, pour le maître d'un chien, de posséder quelques connaissances lui permettant de soulager les indispositions plus courantes de l'animal.
Il faut avoir à la maison une trousse d'urgence avec les matériel et produits nécessaires au premier secours du chien. Elle devra contenir : une seringue jetable en plastique, avec son aiguille, un désinfectant comme l'alcool, de l'eau oxygénée, de l'antibiotique en poudre ; du coton hydrophile et hémostatique, de la gaze, une paire de ciseaux, une pince, une poire à lavements, un collyre, des bâtonnets pour curer les oreilles ; et enfin, un garrot et un thermomètre.
En cas de blessure, qu'elle soit superficielle ou profonde, de taille ou par morsure, on devra toujours découper les poils autour de la blessure, la désinfecter à l'alcool et la panser. Si la blessure est importante, elle devra être suturée par le vétérinaire. En cas de perte de sang abondante, on devra arrêter l'hémorragie par la pose du garrot, au-dessus de la blessure. Si le chien est choqué par l'accident et tente de mordre, il faut lui passer une muselière ou en improviser une avec un lien quelconque. Le chien blessé lors d'un accident doit bouger le moins possible, et on ne doit pas lui donner à manger ou à boire avant d'être arrivé chez le vétérinaire.

Médicaments et vaccins

Chez le chien, la température normale se situe aux alentours de 38,5 °C. Elle est de 39 °C chez le chiot et de 38 °C chez le chien

Les chiens ont besoin de soins vétérinaires particuliers.
Ci-dessous : une piqûre intramusculaire.

âgé. Elle se mesure par la voie rectale, comme pour l'homme, mais il faut, pour cela, tenir fermement l'animal.

Le maître du chien doit savoir comment administrer les médicaments à son chien, et savoir lui faire des piqûres intramusculaires. Les médicaments liquides doivent être administrés aux jeunes chiens, à la commissure des lèvres (babines), avec une petite cuillère ou une seringue en plastique (s'il la mord, il ne se blessera pas). Comprimés et gélules doivent être mis rapidement dans le fond de la cavité buccale. Si le chien se montre réticent, on pourra administrer les médicaments solides dans une petite boulette de viande. Dans tous les cas, il faut s'assurer que la pilule n'a pas été rejetée.

Les pommades, pour qu'elles puissent atteindre le fond des blessures, doivent être étendues et légèrement massées sur des régions préalablement tondues. Pour éviter que le chien ne lèche sa blessure et n'enlève la pommade, on peut recouvrir la zone avec une gaze épaisse protégée par une chaussette. Dans les cas extrêmes, imposer la muselière.

La région la plus commode pour faire une piqûre intramusculaire est la partie interne de la cuisse, où il y a peu de poils, pendant que l'animal est maintenu allongé. Mais elle peut aussi être faite dans les muscles de la croupe ou sous-cutanée, sous la peau des flancs. La peau doit toujours être désinfectée, avant et après la piqûre suivie d'un léger massage qui hâte la diffusion et l'absorption du liquide injecté. Il est nécessaire d'être deux pour cette opération, l'un tenant l'animal, l'autre faisant la piqûre.

Les poisons

Parmi tous les accidents qui peuvent arriver à un chien, il faut citer les empoisonnements qui peuvent provoquer des dommages graves à l'appareil digestif, circulatoire et nerveux. En dehors des appâts pour les rats et les taupes, peuvent provoquer des empoisonnements : les doses excessives de médicaments, les insecticides, les désherbants, les aliments avariés, les produits d'entretien. Naturellement, il y a aussi les boulettes délibérément empoisonnées. Le chien a tendance à vomir dès qu'il a absorbé une substance toxique. S'il ne le fait pas, son maître devra veiller à provoquer des vomissements avec un émétique, avec de l'eau et du bicarbonate de soude, avec des blancs d'œufs battus, ou en lui introduisant deux doigts dans le gosier. Il faut également voir le vétérinaire immédiatement.

Les chiens de chasse peuvent se faire mordre par une vipère. On peut s'en apercevoir au comportement de l'animal qui jappe plaintivement, frotte sur le sol la région mordue, généralement le museau ou les membres. Inutile de perdre du temps à désinfecter la blessure. Il faut injecter immédiatement le sérum antivenimeux que le chasseur devrait – aussi bien pour son chien que pour lui-même – toujours avoir dans son carnier. Si cela est possible, poser un garrot au-dessus de la morsure.

Les maladies communes au chien et à l'homme

Les tumeurs sont assez fréquentes chez le chien. Elles peuvent être bénignes ou malignes. Plus le diagnostic est précoce, plus le traitement (opération chirurgicale ou radiothérapie) sera efficace. Les cancers affectent le chien, le chat ou l'homme, mais sont plus rares chez les ruminants et les équidés. L'alimentation joue un rôle important dans leur apparition et leur évolution.

Enfin, le chien est sujet à des maladies humaines : le rachitisme, le diabète, l'arthrose et l'ostéoporose, entre autres.

La lutte contre les parasites externes

Nous appelons parasites tous les êtres vivant sur un autre organisme, qui s'y nourrissent, et produisent des dommages, sans rien donner en échange. Les chiens sont particulièrement sujets aux parasites internes et externes. Les externes sont les puces, les poux, les tiques, les acariens de la gale, tandis que les parasites internes sont désignés sous le vocable de « vers ».

La puce est un insecte sauteur qui se nourrit en suçant le sang, en piquant son porteur. La puce du chien, *Pulex serraticeps,* n'infeste pas l'homme qui vit avec des chiens, mais, à l'occasion, elle ne dédaigne pas le sang humain. L'homme, lui, est victime de l'espèce *Pulex irritans.* Les puces peuvent pondre une cinquantaine d'œufs et rester plusieurs mois sans nourriture. L'unique remède consiste à baigner l'animal soigneusement, museau compris, et à l'asperger d'un antiparasitaire spécifique indiqué par le vétérinaire, qui détruit l'insecte et ses larves. La désinfection doit être étendue aux lieux fréquentés par le chien, comme le chenil, la niche, les tapis, le balcon et les endroits où il a coutume de faire halte.

Les poux sont moins courants que les puces, mais ils infestent

tous les chiens entretenus dans une ambiance sale. Dans ce cas il est nécessaire de désinfecter l'animal par des pulvérisations de produits adaptés, et, dans les cas graves, la tonte de l'animal est conseillée.
Les tiques sont des parasites assez fréquents chez le chien, particulièrement ceux qui vivent à la campagne, dans des régions à moutons. La tique est un arthropode, qui ressemble à une graine de pastèque. Avec son rostre minuscule, il perce la peau de l'animal pour en sucer le sang. Comme la tique ne saute pas et reste bien en évidence, son élimination est assez facile. D'abord tamponner le parasite avec quelques gouttes d'essence ou d'eau très salée, et ensuite l'enlever très doucement avec une pince à épiler. Il faut éviter de l'écraser, ce qui pourrait libérer les œufs, mais plutôt le brûler ou l'immerger dans du pétrole. Les tiques transmettent une maladie grave : la piroplasmose.

Les parasites des oreilles
Un autre parasite nuisible pour le chien est l'acarien qui provoque la gale sarcoptique. La peau se couvre de macules rouges qui dégénèrent progressivement en vésicules. Il est nécessaire de tondre l'animal et de consulter le vétérinaire, qui prescrira pommades et autres médicaments. Un autre type de gale se cache dans les conduits des oreilles. Dans ce cas, le chien secoue continuellement la tête, se gratte souvent et gémit sans cesse. Il faut recourir au plus tôt au vétérinaire, car cette gale peut provoquer une otite grave.
Une autre sorte de parasite végétal qu'il ne faut pas sous-estimer est la mycose connue sous le nom de teigne. Ce champignon microscopique infeste le poil, le détruit, tandis que la peau se recouvre d'un exsudat. Les parties atteintes doivent être rasées et lavées avec un savon au soufre. Il peut y avoir également une otite pour laquelle l'intervention d'un vétérinaire est nécessaire.

Divers types de vers
Parmi les parasites les plus communs du chien, nous trouvons les vers intestinaux. Il en existe diverses espèces qui peuvent provoquer des occlusions intestinales, des pneumopathies chez les chiots, des intoxications, des inflammations, de l'asthénie générale, et, en outre, la perte d'appétit (ou la boulimie dans le cas du ténia), des vomissements, de la diarrhée, des attaques épileptiformes ou du prurit généralisé. On peut vérifier la présence de vers en examinant les selles de l'animal. Dans les cas douteux, un examen de laboratoire devra être effectué sur conseil du vétérinaire.
On peut éviter que le chien ne soit infesté par les vers en supprimant tout contact avec des selles d'autres animaux, en l'empêchant de boire des eaux polluées, de manger ou lécher la terre, d'avaler des aliments avariés. Il faut aussi prendre l'habitude de bien nettoyer quotidiennement l'écuelle et le bol dans lesquels il mange et boit. Malgré toutes ces précautions, le chien peut quand même attraper des vers. Beaucoup de propriétaires de chiens ont l'habitude de vermifuger régulièrement leur animal, qu'il

présente ou non des signes d'infection par les vers. Il faut savoir qu'il existe différentes espèces de vers intestinaux (trichines, ankylostomes, etc.). Les expériences médicales ont montré qu'un produit qui peut tuer les ascaris ne peut pas éliminer le ténia, par exemple. Dans ce cas encore, c'est le vétérinaire qui prescrira les médicaments correspondants.

Chaleurs et accouplement

La période la plus indiquée pour le premier accouplement du mâle se situe vers l'âge de 1 an et demi, quand sa constitution physique est bien développée, tandis que, pour la femelle, il est conseillé d'attendre la deuxième ou la troisième chaleur, afin que son utérus ait atteint les proportions adultes. Les chaleurs apparaissent et se répètent tous les 6 mois, mais pour les chiennes des villes, elles peuvent apparaître tous les 5 mois. Le stimulus sexuel est toujours actif chez le mâle, à l'inverse de la femelle ; il est exalté par les sécrétions émises par les femelles en période de chaleurs. La meilleure période pour obtenir un accouplement fécond est le 11e jour des chaleurs, au moment où la femelle est le plus disposée à accueillir le mâle, et où il y a ovulation. Si l'on veut avoir une certitude quasi totale de fécondation réussie, on peut répéter la saillie 24 ou 48 heures plus tard.

L'attirance entre les deux sexes est provoquée par les hormones sexuelles produites respectivement par les testicules, pour le mâle, et les ovaires, pour la femelle. La fertilité s'affaiblit avec l'âge.

La meilleure manière de provoquer un accouplement est de faire en sorte que les petits naissent au printemps, pour qu'ils puissent jouir de la meilleure saison pour se développer. Ainsi le sevrage et l'éducation à la propreté pourront se dérouler pendant les journées de soleil.

Interruption de grossesse

Le moyen le plus sûr d'éviter l'accouplement consiste à tenir la femelle à l'écart des mâles pendant toute la période des chaleurs. Il existe dans le commerce des produits qui, pulvérisés au voisinage des voies génitales de la femelle, réduisent les effets des sécrétions génitales et affaiblissent les ardeurs des mâles. Mais ce système ne donne pas de résultats très sûrs. Aussi l'imposition du port d'une culotte spéciale (bambinette de chasteté), si elle n'évite pas les pertes vaginales, empêche le coït. Si un accouplement indésirable se produit, il est possible de tenter d'interrompre la grossesse au moyen d'une injection de substances hormonales par le vétérinaire, afin de provoquer le détachement de l'ovule fécondé. La chienne peut encore être castrée (ovariectomie). C'est une intervention courante aujourd'hui, pratiquée sous anesthésie générale par le vétérinaire. Mais, évidemment, la chienne restera définitivement stérile.

La durée de la grossesse est de 50 à 60 jours. Les primipares – les chiennes qui ont des petits pour la première fois – portent peu de chiots mais, par la suite, il pourra naître 4 à 6 chiots en même temps, jusqu'à un maximum de 12.

Prélude à l'accouplement entre un Pinscher nain et une chienne bâtarde. La différence de race et de taille ne constitue pas un obstacle.

Le moment de la mise bas

Les symptômes signalant l'approche de la mise bas sont : l'inquiétude manifestée par la chienne, le manque d'appétit, la température qui s'abaisse à 37 °C, les mamelles gonflées. A cette période, la parturiente rassemble des vieux chiffons pour préparer une sorte de couche. On peut l'aider utilement en lui proposant une caisse ou un grand carton où elle pourra s'installer, mais il vaut mieux, néanmoins, lui laisser faire ce qu'elle désire. Il est important de disposer, dans le lieu qu'elle a choisi, un petit tapis, et un essuie-main propre qui sera renouvelé dès qu'il sera sali. Au moment de l'accouchement, la chienne gémit sous les poussées de douleur, elle se met sur le côté, et se contorsionne quand les douleurs se font plus fortes, jusqu'au moment de l'expulsion des petits. Dans un accouchement normal (les plus courants), la mère extrait elle-même les nouveau-nés de la membrane fœtale, libère leurs narines du mucus, sectionne le cordon ombilical, lèche les chiots pour leur donner de la vitalité et une ambiance propre.
Si les chiens adultes montrent une grande diversité de poids (un Pinscher nain pèse 1,5 kg et un Danois 77 kg), les chiots nouveau-nés présentent peu de différence de poids.

Comment grandissent les chiots

Selon les avis autorisés, pendant cette période, il faut que les chiots commencent à s'habituer à la main de l'homme, ce qui améliorera leurs aptitudes à la socialisation. Pour une insertion équilibrée dans la société humaine, le chiot devra être séparé de

Ci-dessous, et à droite, le chien a une denture de carnivore, mais son régime doit être varié et comprendre du riz, des légumes et à défaut du pain.

sa mère entre la 7e et la 8e semaine. La période d'allaitement dure normalement 2 mois, mais elle peut être réduite à 40-50 jours. De toute façon, la mère procédera elle-même au sevrage dès que les dents de lait des chiots commenceront à blesser ses tétines. Elle diminuera le nombre des tétées et initiera ses petits à laper le lait ou le bouillon que leur maître leur donnera dans une écuelle. Les petits chiens s'habitueront ainsi peu à peu à vivre sans le lait maternel et à goûter les aliments des adultes.

Consignes pour l'alimentation

Une règle importante consiste à donner les repas à heure fixe, au même endroit, et dans la même écuelle. S'il s'agit d'un chien de garde, il est conseillé que ce soit toujours la même personne qui lui donne ses repas. Ainsi, il acceptera plus difficilement de la nourriture d'une personne étrangère. Les jeunes chiots doivent manger quatre fois par jour, puis, après un certain temps, trois fois seulement. Le chien adulte aura droit à un ou deux repas, donnés dans ce dernier cas à un intervalle d'au moins 8 heures, pour que la digestion soit complète. Si le chien n'a pas mangé son repas, ou en a laissé la moitié, le repas suivant sera réduit de moitié. La pâtée devra être servie à peine tiède. Si elle est trop chaude, elle pourrait irriter les muqueuses. Si elle est trop froide, sortant par exemple du réfrigérateur, elle pourrait bloquer la digestion et occasionner des coliques.

L'alimentation devra être variée. Il n'est pas raisonnable de ne proposer au chien, pendant toute sa vie, que de la viande hachée mélangée à du riz. Il est recommandé d'alterner de la viande, du mou, du foie, du cœur, du poisson, du fromage, des aliments en boîte, du raisin, du lait, des pâtes, des légumes mélangés avec du riz et le pain sec (ce dernier contenant d'importants principes nutritifs). Accompagnant les soupes et la viande hachée, le pain dur, ou rassis de quelques jours, se révélera utile et aussi beaucoup plus digeste. On trouve dans le commerce des boîtes de biscuits pour chiens et des granulés à base de viande et riches en vitamines. Les aliments en boîte ont désormais atteint une certaine qualité et une diffusion justifiée. Les chiots eux aussi aiment à mâchouiller du pain dur sur lequel ils peuvent affermir leurs jeunes crocs.

Le chien étant un animal fondamentalement carnivore, un repas complet doit contenir au moins 25 % de viande, de bœuf ou de cheval. Elle doit être donnée crue ou à peine cuite, et généralement coupée en petits morceaux. On devra enlever toutes les arêtes aux poissons et jeter les os de poulets et de lapins. Parmi tous les aliments déconseillés, il faut citer la viande de porc et par conséquent toutes les charcuteries, ainsi que les graisses, les sucreries, les glaces, les fruits secs, le pain frais, les choux, les navets, les pois, les haricots secs et les féculents (comme les pommes de terre) qui pourraient provoquer dans son intestin très court une fermentation excessive.

Un chien en attitude d'invitation au jeu, devant sa niche rustique.

Le contrôle du régime

Le chien d'appartement, qui se dépense relativement peu, a besoin de manger moins que le chien qui vit en plein air et qui court toute la journée. Pour avoir un chien robuste et en bonne santé et lui éviter eczéma, carie dentaire, néphrite, intoxication, yeux chassieux, troubles digestifs, etc., il est nécessaire de surveiller son régime. Un chien meurt plus facilement d'indigestion que de manque de nourriture et, si vous lui faites sauter un repas, il ne vous en tiendra pas rigueur.

A chaque affection correspond un régime particulier. En cas de gastrite, par exemple, le chien sera mis à la diète totale pendant 24 heures, avec l'absorption de quelques cuillerées de thé tiède. On fera de même en cas de diarrhée. Si l'animal souffre de constipation, on lui donnera un régime riche en légumes et un peu de lait. Pour une maladie de foie, éliminer les graisses et les aliments épicés ; pour les maladies cardiaques et rénales, il faudra éliminer le sel.

Il est nécessaire de lui donner de l'eau propre et fraîche deux fois par jour, et d'en laisser toujours à sa disposition, particulièrement en été. Il se peut que le chien éprouve une soif excessive, soit à la suite d'une indigestion, soit à cause d'une trop grande chaleur, ou d'une maladie. Plutôt que de le priver d'eau, il sera préférable d'y ajouter un peu de thé non sucré ; ainsi, il ne boira que lorsque la soif se fera trop impérieuse, ce qui lui évitera de se remplir inutilement l'estomac.

Un petit manteau constitue une excellente protection contre le froid.

Deux phases du toilettage.

Comment protéger le chien du froid

Certains chiens sont capables de supporter les rigueurs hivernales, y compris certaines races de bergers, comme le Saint-Bernard, le Chow-Chow ou le Husky Sibérien. Ces animaux tomberaient malades s'ils étaient contraints de vivre dans la tiédeur d'une maison. Il existe un précédent fameux : le chien Boss, un Husky qui, en raison de ses capacités et de son courage, resta chef de meute pendant 12 ans et fut adopté ensuite par une Française. Mais le vieux seigneur des glaces s'embourgeoisa et mourut deux ans plus tard pour être sorti imprudemment par une nuit pluvieuse.

La majorité des chiens de compagnie dorment habituellement à la maison. Un chien peut être heureux dans un coin quelconque, un corridor, une cuisine ou un réduit, dès qu'il a à sa disposition une couverture ou un coussin. Les propriétaires de sujets de grande taille préfèrent laisser leurs chiens à l'extérieur, sur une terrasse ou dans un jardin. L'endroit où l'on installe la niche doit être situé à l'abri de l'humidité et du vent. L'abri devra être proportionné à la taille de son habitant et lui permettre de s'y tenir facilement debout et de s'y retourner commodément.

La technique du bain

Il n'existe aucune règle déterminant la fréquence des bains. On peut dire cependant qu'il faut brosser le chien très fréquemment et le baigner environ une fois par mois.

L'eau devra être tiède. On commencera à laver le chien à partir des membres postérieurs en remontant vers la tête. Il est

Un chien de compagnie chez le « coiffeur ».

recommandé de mettre un tampon de coton dans les oreilles et d'éviter de mettre de la mousse dans les yeux. Immédiatement après le bain ou la douche, il est bon de faire courir le chien dans un endroit sec et d'éviter de le faire sortir. Il est déconseillé de baigner les femelles à partir du premier mois de grossesse, et les petits chiots avant l'âge de 12 semaines.

La propreté du pelage

Les chiens pour lesquels il n'est pas prévu de standards de toilettage ne doivent pas être tondus. Cela risquerait d'ondommager la peau, et, en plus, faciliterait les piqûres d'insectes. Les instruments de toilettage sont variés : brosses douces et dures, peignes à dents longues et écartées, ciseaux et pinces diverses. Les races à poil lisse devront être « étrillées » avec un gant de crin, ou avec une brosse métallique souple. Celles qui possèdent un poil long ou ébouriffé, lorsque les standards le prévoient, devront être soumises au « stripping », qui élimine les peaux mortes et confère au chien la « juste forme », et au « trimming » qui concerne la totalité ou seulement des zones particulières du pelage de l'animal, pour des raisons qui sont toujours esthétiques. Ces opérations sont le fait des spécialistes du toilettage, mais elles peuvent aussi être effectuées à la maison si le maître du chien dispose du temps nécessaire.

Les oreilles, les yeux, la bouche

Toutes les races de chiens ont besoin de soins réguliers. De temps à autre, il faut instiller un collyre doux ; chaque semaine, il faut

Six chiots pour autant de maîtres.

nettoyer les oreilles avec des coton-tiges, qui seront à peine humidifiés avec de l'alcool ou de l'éther. La bouche requiert une attention particulière de la part du vétérinaire qui enlèvera éventuellement le tartre qui, en s'accumulant sur les dents, provoquerait leur chute prématurée. Les ongles, s'ils ne sont pas usés suffisamment par les promenades, devront être taillés avec des pinces spéciales, sans blesser les parties vives. La région anale devra être nettoyée en cas de prurit et les glandes vidées par le vétérinaire.

La longévité

Du stade du jeune chiot, le chien passe rapidement aux stades ultérieurs. La durée de sa vie varie en fonction des facteurs ambiants, de la race, de son état de santé, des conditions d'hygiène, de ses possibilités de mouvement et de son alimentation. Certaines races ont une grande longévité comme le Fox-Terrier, et peuvent atteindre 18-20 ans, tandis que le Boxer ou le Berger Allemand sont déjà vieux à 12-13 ans.

Il n'est pas tout à fait exact d'affirmer qu'il faut multiplier par 7 l'âge du chien pour obtenir une correspondance avec l'homme. Il faut en effet rappeler qu'une chienne est en état de procréer à l'âge de 1 an, alors qu'une fillette de 7 ans est encore loin d'être nubile. Il peut être utile de disposer d'une table de correspondance, pour établir un rapport plus acceptable entre le chien et l'homme. Tout en tenant compte de l'état de l'animal, on doit multiplier son âge par un coefficient variable pour obtenir un « âge humain ».

CHIEN	*COEFFICIENT*	*HOMME*
2 mois	7	14 mois
6 mois	10	5 ans
8 mois	12,5	9 ans
12 mois	14	14 ans
18 mois	13,3	20 ans
2 ans	12	24 ans
3 ans	10	30 ans
4 ans	9	36 ans
5 ans	8	40 ans
6 ans	7	42 ans
7 ans	7	49 ans
8 ans	7	56 ans
9 ans	7	63 ans
10 ans	6,5	65 ans
11 ans	6,5	71 ans
12 ans	6,3	75 ans
13 ans	6,2	80 ans
14 ans	6	84 ans
15 ans	5,8	87 ans
16 ans	5,6	89 ans

Cette table confirme qu'un chien, en moyenne, ne dépassera pas de beaucoup l'âge de 12-13 ans, et rarement celui de 15 ans.

La nature, dans son cas, a été avare, quand on sait qu'un perroquet peut vivre 100 ans, un canari 20 ans, une grenouille géante 16 ans et une tortue géante 115 ans.

Le chien atteint la plénitude de sa forme entre 3 et 5 ans. A ce moment, il est parfaitement développé et sa vigueur est à son apogée. A partir de 7-8 ans, il commence lentement à décliner. A cet âge, un chien de compagnie cherchera davantage la tranquillité, dormira davantage et, l'hiver, se rapprochera davantage des radiateurs.

La manière dont il aura été élevé dans sa jeunesse, et dont il aura été soigné depuis, par son maître, aura beaucoup d'importance. S'il a eu beaucoup de mouvement et bénéficié de l'air pur, d'un bon régime, de bons soins de propreté, d'une bonne protection contre le froid, de contrôles vétérinaires fréquents, il aura une vieillesse sans trop de problèmes.

Un vieux chien a besoin de beaucoup d'attentions. On doit le laisser plus tranquille, lui procurer des aliments plus digestes (plus de soupes, moins de viande), éviter de le laisser engraisser. Il faudra lui donner du mouvement, mais ne pas le fatiguer. Sa mort est souvent sereine. Quelquefois, à cause d'une maladie douloureuse ou irréversible, il est nécessaire de recourir à l'euthanasie : la mort est provoquée par le vétérinaire à l'aide d'une injection indolore. Cela cause beaucoup de chagrin mais c'est une preuve d'amour, quand il devient certain que l'ami cher ne peut plus être sauvé.

Lorsque votre bon vieux compagnon vous a quitté, il paraît impossible de l'oublier. Mais pensez qu'il y a déjà, quelque part, un jeune chiot qui attend votre tendresse !

LES CHIENS D'UTILITÉ

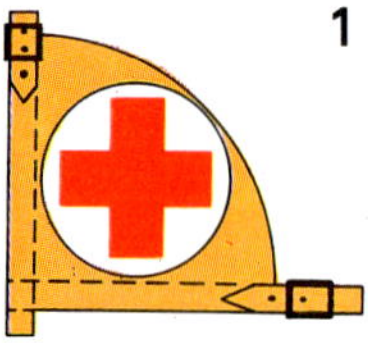

1 BERGER ALLEMAND

Deutscher Schäferhund

Nationalité Allemande.

Origines Il existe diverses théories sur l'origine du Chien de Berger Allemand. Est-il né de croisements de diverses variétés de chiens de troupeaux existant en Allemagne ou est-il issu d'un croisement du chien de berger s'accouplant spontanément avec le loup ? Comme pour la plupart des races canines, leur origine se perd dans la nuit des temps. La seule chose que l'on puisse affirmer avec certitude est que les premiers sujets de Bergers Allemands à poil long furent présentés à Hanovre en 1882, et les premiers sujets à poil court, à Berlin en 1889.

Standard Hauteur idéale comprise entre 60 et 65 cm pour les mâles et 55 à 60 cm pour les femelles. Il doit avoir une silhouette légèrement allongée, une musculature robuste, une ossature solide mais élancée, une structure assez puissante. Ses organes sexuels doivent être bien évidents. La tête doit être proportionnée au corps, le front un peu convexe, la mâchoire en ciseaux puissants, avec une forte denture ; les oreilles larges à la base, mais pointues et orientées vers l'avant (les chiots de 6 mois peuvent avoir les oreilles légèrement tombantes) ; les yeux en amande, et non saillants, de couleur sombre. La queue est touffue, arrive jusqu'au jarret et reste pendante quand le chien est au repos. Les pattes avant et les épaules sont musculeuses, les cuisses larges et robustes. L'extrémité des pattes est arrondie, avec des coussinets fermes. Couleur de la robe : noir ou gris fer, gris cendré, unicolore ou avec le ventre, la tête et l'intérieur des pattes plus ou moins marron, jaunes ou gris clair. Il existe des variétés à poil dur, à poil long et dur, à poil long.

Personnalité Vif, gai, obéissant, équilibré, loyal, affectueux envers ses maîtres, tolérant avec les autres animaux, ami des enfants, apte au dressage.

Aptitudes A l'origine, chien de troupeau, en raison de son intelligence et de ses hautes qualités morales, il a été utilisé comme chien de guerre (porteur de messages sous le feu et au travers de champs de mines), de sauvetage (dans l'eau, en montagne, dans les incendies), comme policier (pour rechercher et suivre des traces, même vieilles de plusieurs jours), comme guide d'aveugles (en choisissant de préférence les femelles, plus patientes). Mais le Berger Allemand est surtout incomparable comme chien de garde et de défense, spécialités dans lesquelles il met en évidence la qualité de ses réflexes et la fulgurance de ses attaques. Dans chaque situation, il fait preuve d'une grande volonté et de beaucoup d'enthousiasme.

Alimentation Les sujets qui déploient une grande activité ont besoin d'une alimentation carnée (500 à 700 g par jour), avec du riz, du pain et des légumes cuits.

Remarque Dans une ambiance à faible luminosité (appartement), les chiots peuvent être sujets au rachitisme. Dans les 6-7 premiers mois, il est bon de leur administrer du calcium et des vitamines.

2 GRŒNENDAEL

Berger Belge à poil long

Nationalité Belge.

Origines C'est un chien très ancien et la race a été sélectionnée dès 1891 par le professeur Reul de l'École vétérinaire belge. Les Bergers Belges ont été subdivisés en variétés à poil court, à poil long, et à poil dur. Par la suite (1907), il fut établi que la variété à poil long devait être noire, la variété à poil court, fauve charbonné, et la variété à poil dur, de couleur gris cendre. Le Grœnendael, Berger Belge complètement noir, a été créé par l'éleveur Nicolas Rose qui habitait à Grœnendael, à une dizaine de kilomètres de Bruxelles.

Standard Robe noire, lisse sur tout le corps, plus abondante sur le cou. Hauteur idéale : 62 cm pour le mâle, 58 pour la femelle. Poids voisin de 28 kg ; oreilles érigées, petites, de forme triangulaire ; yeux marron, légèrement en amande ; membres verticaux et musclés.

Personnalité Les sélections successives ont tenté d'éliminer sa timidité excessive. La plupart des sujets sont intelligents et ont une grande mémoire, répondent rapidement aux ordres de leur maître. Ils sont courageux et dociles en famille.

Aptitudes Le Grœnendael est courageux, pour la surveillance des troupeaux, pour la défense des biens et des personnes, comme auxiliaire de police. Il est extrêmement doux avec les enfants.

---

3 TERVUEREN

Berger Belge de Tervueren

Nationalité Belge.

Origines Il s'agit d'une des variétés sélectionnées en 1891 par l'École vétérinaire belge dirigée par le professeur Reul. C'est le plus proche parent du Grœnendael, aussi bien moralement que physiquement. Cela est si vrai que des Tervuerens peuvent naître de deux Grœnendaels et, que, dans une portée de Tervuerens, on peut trouver un Grœnendael, tout noir.

Standard Il se différencie du Grœnendael par la couleur de sa robe qui est fauve et tachetée. Sa taille moyenne est de 62 cm (10 % de moins pour la femelle). Son poids approche les 28 kg. Il a les yeux bruns, légèrement en amande, et les oreilles droites et triangulaires. Le Tervueren est le plus robuste et le plus résistant des Bergers Belges et, pour cette raison, il est souvent utilisé pour renforcer les races voisines.

Personnalité Comme le Grœnendael, le Tervueren est apprécié pour l'acuité de son intelligence, son courage et ses facultés d'apprentissage.

Alimentation Les repas quotidiens doivent être composés de 300 à 400 g de viande, de 200 g de riz et d'une quantité modérée de légumes. L'alimentation du Tervueren doit être surveillée, car son appétit est formidable, mais son poids doit rester modéré et il faut lui éviter d'engraisser.

4 MALINOIS

Berger Belge de Malines

Nationalité Belge.

Origines Il fut sélectionné en 1891 par l'École vétérinaire belge, qui avait l'intention, à cette époque, de mettre de l'ordre dans toutes les races de Bergers existant en Belgique.

Standard C'est le plus rustique des chiens de berger belges. De couleur fauve charbonné, mais de poil court, avec un masque noir, il ressemble physiquement à un Berger Allemand, mais reste légèrement plus petit. Taille inférieure à 60 cm, oreilles droites, yeux de couleur brune et non saillants ; membres antérieurs d'un aplomb parfait.

Aptitudes Le Malinois est robuste et résiste aux intempéries. Il est adapté à des tâches diverses, mais essentiellement comme berger. Il peut aussi être utilisé comme gardien, où il se montre plus énergique encore que le Berger Allemand. Si l'on a l'intention de l'utiliser comme chien de garde, il est vivement conseillé de le faire dresser, afin d'atténuer son agressivité naturelle. Par sa nature, le Malinois, comme ses cousins, le Grœnendael et le Tervueren, a besoin de longues promenades pour rester en forme, et d'une surveillance permanente de son alimentation.

Remarque Le Laekenois, Berger Belge à poil dur et broussailleux, est peu répandu en dehors de son pays d'origine.

---

5 BEAUCERON

Berger de Beauce

Nationalité Française.

Origines Jusqu'en 1889, date où lui furent donnés un nom et un standard, le Beauceron était un chien de berger rustique, courageux et hargneux dans la défense du troupeau. Bien qu'il soit resté fort et résistant aux intempéries, les sélections opérées au XVIIIe siècle l'ont rendu plus doux dans ses contacts avec l'homme.

Standard Sa taille moyenne se situe autour de 70 cm et son poids oscille entre 30 et 35 kg. Sa robe, selon la variété, peut être noire, grise, fauve, ou noir et feu. On a coutume de faire tailler la pointe de ses oreilles. Le Beauceron est encore connu sous le nom de « Bas-Rouge », car les taches fauves qu'il a au bas des pattes lui dessinent des sortes de chaussettes. Il a les yeux sombres et intelligents. Le cou est musclé, mais sans saillie ; les membres sont bien d'aplomb.

Personnalité Les sélections actuelles en ont fait un chien qui écoute bien les ordres et fait preuve d'intelligence et d'équilibre. Connaissant ses antécédents agressifs, il est conseillé de bien le faire dresser. Le Beauceron est plutôt doux en famille, mais il n'est pas toujours conciliant avec les étrangers. Il a besoin de longues promenades et de beaucoup d'exercice.

6 BRIARD

Berger de Brie

Nationalité Française.

Origines C'est un chien connu depuis de nombreux siècles (Charlemagne en possédait). Mais c'est seulement à partir de l'exposition de Paris de 1863 , qu'il a connu la popularité, en raison de son aspect amélioré grâce à des croisements avec le Beauceron et le Barbet.

Standard Son poil est long de 5 à 7 cm. Les couleurs admises sont le noir, le gris, le fauve. La taille, pour les mâles, est de 62 à 68 cm et, pour les femelles, de 56 à 64 cm. Son poids moyen est de 30 kg. Il a des yeux sombres et intelligents, les oreilles taillées en rond (non obligatoire) et l'allure élégante.

Personnalité D'origine rustique, sensible et obéissant, il fut utilisé comme sentinelle pendant la guerre de 1914-18, en raison de son ouïe très fine. Il est débonnaire et gentil, adapté à la cohabitation avec un bébé. Il est heureux s'il peut vivre au grand air.

Aptitudes Certains sujets ont gardé leurs anciens instincts de bergers et de gardiens, mais d'autres, élevés comme chiens de compagnie, sont timides avec les étrangers. Dans l'ensemble, c'est un chien très beau, décoratif, généreux et bon.

Alimentation La plus simple possible : de la viande (350 g par jour), riz et légumes.

---

7 LABRIT

Berger des Pyrénées

Nationalité Française.

Origines Il est considéré comme le plus ancien chien de berger français. Il s'est formé et développé dans les régions pyrénéennes. Cette race fut présentée pour la première fois dans une exposition en 1921.

Standard Chien de taille moyenne (entre 40 et 50 cm), à la physionomie svelte et allègre. Sa tête ressemble à celle de l'ours brun, avec une truffe noire, des yeux marron et des paupières cernées de noir, des oreilles droites. Il possède, en outre, des membres nerveux, des cuisses musclées, les extrémités des pattes ovales plutôt plates. Son poil est long et raide, épais et laineux sur le dos. Il peut être de couleur grise, gris argent, blanc et jaune avec des gradations variées.

Personnalité C'est un chien audacieux, gai, intelligent.

Aptitudes Le Berger des Pyrénées a la réputation d'être rarement malade, résistant non seulement aux intempéries, mais aussi à des maladies comme celle de Carré. En outre, il peut supporter la faim pendant plusieurs jours, en broutant de l'herbe. Utilisé à la guerre pour la recherche des blessés, aujourd'hui il se distingue comme chien de berger. Sa vivacité et sa fidélité en font également un excellent chien de compagnie.

Alimentation Il est adapté à une alimentation omnivore... ce qui ne veut pas dire qu'il ne faut pas lui donner de viande.

8 BERGER DES PYRÉNÉES A MUSEAU RAS

Nationalité Française.

Origines Il a les mêmes origines très anciennes que le Berger des Pyrénées à poil long.

Standard A peu près les mêmes caractéristiques que le Berger des Pyrénées à poil long. Cette variété est dite « à museau ras », car les poils sont rares sur le museau, ce qui ne lui confère pas une grande beauté, mais lui laisse les yeux bien visibles, brillants et pleins de curiosité.

Personnalité Fier, audacieux, intelligent, le plus joyeux des amis.

Aptitudes Depuis plusieurs siècles qu'il est habitué à vivre au grand air, il a acquis une formidable résistance au froid et à la maladie. Hautement estimé comme gardien de troupeaux, il l'est également comme chien de compagnie.

Alimentation Il peut résister plusieurs jours sans rien manger d'autre que de l'herbe et en buvant dans les ruisseaux. Mais cette sous-alimentation doit être occasionnelle et courte, pendant les brèves périodes de pâture.

---

9 BERGER DE PICARDIE

Nationalité Française.

Origines Connu dès la fin du Moyen Age, ce chien a été l'objet d'une grande diffusion dans le nord de la France, mais ne possède pas d'histoire précise.

Standard Chien de taille moyenne à l'aspect rustique et agréable, à la silhouette svelte, il ressemble à un Griffon. Sa taille atteint 60 à 65 cm. Il a le crâne large, le museau fort et la truffe noire, les yeux sombres à l'expression joyeuse, les oreilles droites et larges à la base. Il a une queue recourbée à l'extrémité, des membres à l'ossature bien visible, des cuisses musclées. Sa robe est de couleur grise, gris-bleu, gris-fauve et de nuances variées. Son pelage est mi-long, raide et non bouclé.

Personnalité C'est un chien sans agressivité ni méchanceté, cependant il fait face à ses ennemis avec courage, retroussant ses babines et mettant ainsi en évidence des crocs puissants.

Aptitudes C'est l'un des plus classiques chiens de berger, constant et précis, et un excellent chien de garde, à la campagne comme à la maison. Il résiste à toutes les intempéries, grâce à son manteau naturel, qui ne laisse pas filtrer la moindre goutte d'eau jusqu'à la peau.

10 BERGER CATALAN

Gos d'Atura

Nationalité Espagnole.

Origines Ses caractéristiques physiques et sa personnalité ressemblant à celles du Berger des Pyrénées, on peut penser qu'il a souvent franchi les Pyrénées.

Standard La hauteur du mâle est comprise entre 45 et 50 cm. Poids du mâle : 18 kg, et de la femelle : 16 kg. Museau droit, de forme très conique, denture forte ; yeux expressifs de couleur ambrée ; oreilles pointues ; queue longue, courte ou amputée. Le poil est long et ondulé, de couleur gris-noir avec des extrémités de couleur crème.

Personnalité Intelligent et obéissant, actif, grand travailleur, apte au dressage. Énergique face aux autres animaux, c'est un compagnon très doux pour l'homme.

Aptitudes Réussissant parfaitement dans ses différents « métiers », il dirige bien les troupeaux, se fait respecter des chevaux et du gros bétail. Il accepte le dressage de police, défend les propriétés et, enfin, excelle comme chien de compagnie.

Remarque Il a trouvé son terrain naturel en Catalogne, sur terrain pierreux, avec de grands troupeaux, et des hommes qui ont su tirer parti de son intelligence peu commune.

---

11 BERGER DE HOLLANDE

Nationalité Hollandaise.

Origines Dérivé du Berger Belge.

Standard Taille comprise entre 58 et 53 cm (10 % de moins pour la femelle). Poids : environ 30 kg. Son corps est musclé et symétrique, son museau long ; denture forte et régulière, yeux foncés, légèrement obliques ; oreilles érigées et queue légèrement incurvée. Il y a trois variétés de Bergers Hollandais : à poil ras (très répandu en Hollande), à poil dur (peu courant) et à poil long (rarissime). Sa robe est de couleur jaune ou rouge, ou brune, avec des striures dorées ou argentées (bringé).

Personnalité C'est un animal obéissant et docile, toujours alerte, attaché à sa terre et à son travail. Il a peu d'exigences, et supporte bien la fatigue et les intempéries.

Aptitudes Quasiment inconnu hors de son pays d'origine, le Berger Hollandais est assez estimé pour son habileté à diriger les troupeaux et la promptitude de ses réflexes.

Remarque Dans les portées de ces Bergers naissent parfois des sujets à queue courte et à taches blanches, qui, pour cette raison, ne sont pas admis dans les expositions ; ces « défauts » n'affectent évidemment en rien les qualités de caractère de ce chien.

12 KOMONDOR
Bouvier Hongrois

Nationalité Hongroise.

Origines Descendant des Chiens du Tibet, le Komondor a été importé en Hongrie par les nomades Magyars, il y a plus de 1 000 ans. Sa diffusion mondiale a commencé en 1920, quand cette race a été présentée dans les expositions.

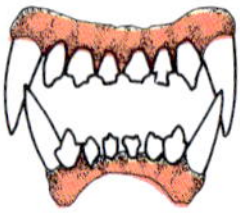

Standard Chien massif de port altier, le Komondor atteint 80 cm et peut peser jusqu'à 60 kg (pour la femelle, ces chiffres doivent être réduits de 10 %). Le corps est totalement recouvert d'une étonnante toison feutrée et cordée longue d'environ 20 à 27 cm et toujours de couleur blanche. Les yeux sont brun sombre ; oreilles tombantes en forme de U ; tête large ; ossature générale massive ; denture très vigoureuse.

Personnalité Obéissant à son maître et le respectant, mais implacable pour les ours et les loups qui pourraient attaquer le troupeau. En quelques minutes, le Komondor peut avoir raison de ses plus forts ennemis.

Aptitudes Chien de berger typique, pour les grands troupeaux dans les régions isolées, sur ses gardes à toute heure du jour et de la nuit. Il est également utilisé avec un grand succès par la police dans les régions enneigées. Récemment, certains éleveurs ont réussi à adoucir son caractère, permettant ainsi de le faire apprécier comme chien de compagnie.

---

13 KUWATZ

Nationalité Hongroise.

Origines Certains auteurs le citent comme étant connu depuis l'époque des Huns. D'autres le décrivent comme chien de berger arrivé à la suite des Turcs réfugiés en Hongrie sous la pression des Mongols. Son nom, en turc, signifie : gardien sûr.

Standard C'est un chien robuste, bien proportionné, pouvant atteindre 75 cm de hauteur et un poids de 50 kg. Il possède une très belle tête au nez allongé noblement vers la truffe. Le stop a une belle courbe. Les yeux sont obliques, de couleur brun sombre, les oreilles recourbées et près du crâne. La queue, normalement portée basse, se redresse sous l'excitation lorsque l'animal est en position d'attente. La robe est blanche ou ivoire. Le poil est court sur la tête et les pattes tandis que, sur le tronc et les membres, il est ondulant et peut atteindre une longueur de 10 à 15 cm.

Personnalité Audacieux, obéissant, docile.

Aptitudes Il eut son heure de gloire au XVe siècle, à la cour du roi Mathias Ier, qui avait coutume de dire qu'il avait plus confiance en ses chiens qu'en ses hommes. Quand ce souverain mourut, le Kuwatz retourna à son « métier » de berger, excellent défenseur des troupeaux contre les loups. Grâce à sa beauté et à sa docilité, il jouit aujourd'hui d'une bonne considération comme chien de compagnie.

14 MUDI

Nationalité Hongroise.

Origines Cette race, qui n'a qu'un siècle d'existence, semble s'être formée spontanément. Elle n'est pas encore très répandue.

Standard De taille moyenne, ce chien mesure entre 35 et 47 cm, et son poids varie entre 8 et 13 kg. Il a la tête allongée et les mâchoires musclées et en ciseaux. Le stop est bien marqué, le crâne convexe, les yeux ovales et de couleur brun sombre. Les oreilles sont dressées, en forme de V renversé. Le dos est court, horizontal et droit, la queue est courte ou amputée. Couleurs de la robe : noir luisant, blanc, poivre et sel.

Personnalité Bien que ce soit un berger de constitution « légère », il est plein de vigueur et de courage, au point qu'il est couramment utilisé à la garde des bovins. Il n'a peur de rien, pas même des sangliers qu'il réduit à l'impuissance après une brève bataille.

Aptitudes Il est assez estimé en Hongrie pour ses multiples activités : berger, gardien, chasseur de petit gibier à poil destructeur de rats et de belettes. Il est très docile en famille et attire rapidement la sympathie : c'est un excellent chien de compagnie, qui, au moment opportun, sait défendre la propriété ou son maître.

---

15 PULI

Nationalité Hongroise.

Origines Il a été amené en Hongrie, en provenance d l'Orient, par des nomades, aux environs du XVe siècle. De fai il ressemble beaucoup au Terrier Tibétain.

Standard Le Puli est le plus petit de tous les Berger Hongrois, comme un frère en réduction du Komondor, c couleur rougeâtre, mais également blanc. Taille optimale : d 40 à 44 cm. De poids variant de 13 à 15 kg. Il a un corps trap et musclé, la tête ronde, des yeux couleur café, au regard v des oreilles retombantes ; la queue recourbée et nc apparente. Le pelage, laineux et feutré, recouvre tout le corps

Personnalité Dynamique pour le travail de berger, il est g et sympathique dans ses rapports avec la famille. Posséda le sens de la propriété, il peut devenir agressif si quelqu'u touche à un objet appartenant à son maître. Il a aussi ur certaine tendance au nomadisme.

Aptitudes En Hongrie, il est assez répandu comme guide troupeaux, énergique, infatigable et curieux. Il aime beaucou l'eau, ce qui pourrait signifier qu'autrefois il était employé à chasse dans les marais.

Alimentation Riz, pain, légumes, avec au moins 300 g viande par jour.

16 PUMI

Nationalité Hongroise.

Origines Il s'agit d'une variété obtenue au XVIIIe siècle par croisements entre le Puli et des chiens de berger français et allemands. Dans ses veines coule probablement le sang de l'ancien Terrier.

Standard De taille moyenne, le Pumi a une hauteur comprise entre 33 et 44 cm et un poids variant de 8 à 13 kg. Il a un crâne large, proportionné au museau, noir et pointu. Les yeux sont couleur café, les oreilles mobiles et en V renversé ; la queue amputée aux deux tiers de sa longueur. Corps trapu, recouvert de poils emmêlés mais non feutrés, de longueur moyenne, dans les couleurs – toujours unies – gris ardoise, gris argent, gris clair, noir opaque, blanc, brun-rouge.

Personnalité Agressif, aboyeur, vigilant, avec une tendance au nomadisme. Il fait preuve d'une vive affection pour son maître, mais ne fait guère amitié avec les étrangers.

Aptitudes C'est, de toute évidence, un chien de berger, vigoureux et résistant, mais il a été utilisé avec succès comme chien de garde et de chasse. Son croisement probable avec le Terrier expliquerait son grand intérêt pour la recherche au terrier du renard et du lièvre, par exemple. Attentif au moindre bruit et vif comme l'éclair, il est le gardien idéal pour une maison isolée ou une usine.

---

17 BERGER D'ANATOLIE

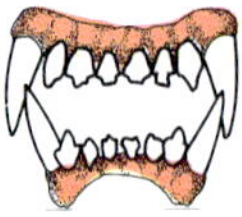

Nationalité Turque.

Origines C'est un chien très ancien, autochtone de l'Asi Mineure, connu depuis longtemps sous le nom de « Chien d garde Turc ».

Standard Stature du mâle : 92-98 cm ; de la femelle : 66 92 cm. Poids du mâle : 45 à 68 kg, et de la femelle : 41 à 5 kg. Il présente beaucoup de ressemblance avec le Pyrénéen e le Kuwatz, mais il est plus subtil et plus agile. Il a le poil raide lisse, épais, blanc ou chamois, et les oreilles et le musea noirs.

Personnalité Intelligent, apte au dressage, patient avec le enfants. Il est avide d'affection, sensible aux reproche possessif en ce qui concerne la maison et la propriété. Il es très suspicieux envers les étrangers et, pour cette raison, il es prudent de lui réserver un enclos dans le jardin.

Aptitudes Pendant des siècles, il a été utilisé à la guerre comme chien de combat, ainsi que pour la chasse. Trè apprécié pour sa capacité de combattre victorieusement le loups, c'est un chien de berger qui ne craint ni la fatigue ni le intempéries. Aujourd'hui encore, il est utilisé comme chien d berger et chien de garde.

18 BERGAMASQUE

Nationalité Italienne.

Origines Il y a plus de 2 000 ans, les commerçants phéniciens ont introduit des chiens de berger à forte fourrure, tout d'abord en Toscane, d'où est originaire le Maremmano, puis dans le nord de l'Italie où s'est organisée la sélection de l'espèce appelée Berger Bergamasque. Son nom lui vient des vallées de la province de Bergame. Ces chiens de berger ont ensuite émigré vers la France et l'Espagne où ils ont été à l'origine de races excellentes.

Standard De volume moyen et d'aspect rustique, le Bergamasque est haut d'environ 60 cm et pèse entre 32 et 38 kg. La longueur totale de la tête est à peu près égale aux 4/10ᵉ de la hauteur totale au garrot, tandis que la longueur du museau est égale à celle du crâne. Les narines, bien ouvertes, sont volumineuses et humides. Mâchoires bien développées et en ciseaux ; yeux marron, avec des gradations en accord avec les nuances de la robe ; oreilles triangulaires et tombantes ; queue grosse et basse, s'amincissant vers l'extrémité. Les membres sont musclés et forts ; les extrémités des pattes ovales, avec des ongles noirs et bien recourbés. La robe du Bergamasque doit être composée de poils abondants et longs, forts, rudes et ondulés. Les boucles partent du dos et retombent le long des flancs, alors que, sur le museau, le poil est moins raide et redescend jusqu'à recouvrir complètement les yeux. Il est de couleur grise, avec des taches de toutes les gradations, ou bien noir opaque, sur tout le corps. Le blanc uni est considéré comme un défaut.

Personnalité Profondément doux, respectueux, fidèle, sage, travailleur, intelligent et doté d'une grande mémoire, courageux et adaptable aux habitats rustiques et à une alimentation frugale. Son entêtement de montagnard suppose une association avec un maître énergique sachant lui imposer son autorité.

Aptitudes De par sa constitution physique et ses qualités morales, le Bergamasque peut être considéré comme étant le Berger par excellence. Il aime les troupeaux et s'impose au gros bétail avec beaucoup d'énergie, résistant à tous les types d'intempéries. De plus, avec un minimum de dressage, il peut devenir chien de garde (spécialement pour les jardins et les usines), de défense personnelle, auxiliaire des pompiers en situation difficile, au cours d'incendies ou de tremblements de terre. Comme chien de compagnie, il se distingue par sa douceur et son affection. En revanche, il s'adapte mal à la vie en appartement.

Alimentation En période de travail, sa nourriture doit être abondante (400 à 500 g de viande par jour, assortie de lait, de pain et de légumes). En hiver, si on le fait vivre dans la cour, ces quantités doivent être réduites, pour éviter les risques d'intoxication.

Remarque Sa robe, ébouriffée et grossière, constitue une excellente protection naturelle contre la pluie et le froid. En conséquence, il ne faut la laver que très rarement, sans vouloir démêler les nœuds qui, en définitive, constituent un élément de la beauté du Bergamasque.

19 MAREMMANO

Berger des Abruzzes

Nationalité Italienne.

Origines Il semble que cette race existe depuis que l'homme a élevé des moutons et a eu besoin d'un gardien pour les défendre, il y a de cela des millénaires.

Standard Jusqu'en 1950, la race était divisée en deux : l'Abruzze, qui était plus montagnard et plus long de corps, et le Maremmano, qui avait un poil légèrement plus court. Le Maremmano a un aspect majestueux et distingué avec une grosse tête qui ressemble à celle de l'ours, des mâchoires robustes avec une denture en ciseaux. Les yeux ne sont pas grands, mais le regard est vif et intelligent. Les naseaux bien droits sont terminés par une belle truffe brune, non saillante. Les oreilles triangulaires pendent latéralement à la tête. Mais la belle allure de ce chien provient essentiellement de la beauté de son poil blanc et raide. Une légère ondulation du pelage est tolérée.

Personnalité Calme, réfléchi, obéissant, intelligent, mais prompt à réagir contre les ennemis du troupeau. Parfois on rencontre des sujets doués d'une certaine férocité et qui ont besoin d'un maître énergique.

Aptitudes Grand chien de troupeau, passionné par son travail, terrible ennemi du loup, aimable pour l'homme, il est tenu en grande estime comme chien de berger, particulièrement en montagne, où il règne dans la neige et parmi les fourrés. Depuis quelques années, le Maremmano a obtenu quelques succès, comme chien de compagnie, grâce aux éleveurs anglais qui ont réussi à obtenir des sujets reproducteurs dotés d'un excellent caractère. En famille, il défend sa maison et son maître, et il est particulièrement vigilant auprès des jeunes enfants. Il faut, en général, éviter de le faire vivre en appartement. Habitué par atavisme aux grands espaces, il a besoin au moins d'un jardinet.

Alimentation Malgré son excellent appétit, il peut se contenter des aliments les plus variés. Accoutumé à boire le lait, il peut être nourri avec du pain, du fromage et des légumes, mais il ne faut pas oublier de la viande dans sa ration quotidienne.

Remarque Ce chien craint la chaleur. Il faut lui ménager un endroit à l'ombre et au frais, et il doit toujours avoir à sa disposition un grand récipient plein d'eau.

20 BERGER DE VALLÉE

Polski Owczarek Niziny

Nationalité Polonaise.

Origines Appartient au groupe des Bergers dérivés des Bergamasques importés par les Phéniciens.

Standard Chien de taille moyenne, fort et musculeux, haut de 43 à 52 cm (40 à 46 cm pour la femelle), il atteint un poids inférieur à 30 kg. Il a la tête bien proportionnée, avec le poil retombant sur les yeux et sur les joues, une truffe grosse et noire ; des mâchoires et des dents puissantes ; des oreilles en forme de cœur ; une queue rudimentaire à la naissance, et souvent amputée. Toutes les teintes sont admises, ainsi que les taches. Un poil frisé est considéré comme un défaut.

Personnalité Possédant une mémoire prodigieuse, il est capable de se rappeler une rebuffade ou une caresse reçue des années auparavant. Mais il est fondamentalement doux, tranquille, propre, adapté à vivre auprès des enfants.

Aptitudes Né chien de troupeau, grâce à son tempérament gai et débonnaire, il est aujourd'hui très apprécié comme chien de compagnie. Il peut, à l'occasion, défendre sa maison et ses maîtres avec l'autorité et la résolution d'un chien de garde.

Remarque A la différence du Bergamasque, il peut être peigné régulièrement.

---

21 BERGER DES TATRAS

Owczarek Podlhalanski

Nationalité Polonaise.

Origines Appartient, en tant que Berger de Vallée, au groupe de chiens descendant du Bergamasque.

Standard La taille du mâle ne doit pas être inférieure à 65 cm et celle de la femelle à 60 cm. Le corps est de forme rectangulaire, la tête bien proportionnée, le museau court et effilé ; les yeux sombres et légèrement obliques ; les mâchoires en tenaille ; les oreilles triangulaires et tombantes et la queue portée basse. La couleur de la robe est blanche ou crème clair. Le poil, court et adhérent sur le museau et sur la tête, est long sur le cou, le corps, les cuisses et la queue.

Personnalité Intelligent, courageux, sage, allègre, dépourvu de nervosité. Un Berger des Tatras irritable peut être disqualifié dans les expositions.

Aptitudes Berger remarquable en terrain accidenté, il est capable de supporter de longs hivers froids et humides et de résister à la maladie. La région des Tatras, en Pologne, accorde depuis quelques années beaucoup d'espace au tourisme, au détriment des troupeaux, qui sont ainsi passés au second rang. C'est pourquoi le Berger des Tatras, pour bien conserver ses qualités originelles, devra être utilisé comme chien de défense personnelle, et comme chien de garde pour les maisons et les chantiers.

22 NORSK BUHUND

Berger Norvégien

Nationalité Norvégienne.

Origines Ce chien, très répandu en Scandinavie au Moyen Age, a été introduit en 874 par les colonisateurs Norvégiens en Islande, où il a été à l'origine de toutes les races locales. Son nom signifie simplement chien (*hund*) berger (*bu*).

Standard Il a le corps court et compact, une taille de 42 à 45 cm et pèse environ 25 kg. Il a une tête large, qui se rétrécit fortement au niveau du stop ; les yeux sombres, au regard énergique ; les oreilles pointues et mobiles ; la queue courte et très retroussée. Le Berger Norvégien est doté d'un poil fourni et raide, court sur la tête et plus long sur le reste du corps. Sa robe est de couleur paille, noire, rouge modéré, sable, toujours unie ou avec des taches symétriques.

Personnalité Courageux, énergique, obéissant, fidèle et infatigable.

Aptitudes Il est adapté à de nombreuses tâches, de la garde des troupeaux à la défense des personnes et des animaux, ainsi qu'à la chasse à la sauvagine. Il est doté d'une ouïe, d'une vue et d'un flair exceptionnels. Au cours des longs mois pendant lesquels son pays reste enfoui sous la neige, il ne cesse jamais d'être actif. En dehors de la Norvège, le Berger Norvégien est aujourd'hui répandu en Grande-Bretagne et en Australie.

---

23 VÄSTGÖTASPETS

Berger Suédois

Nationalité Suédoise.

Origines Selon les cynophiles officiels, il est né et s'est développé de manière autochtone. Bien qu'il ressemble au Corgi Gallois, il ne doit pas être confondu avec des races similaires d'autres pays. Sa reconnaissance officielle par le Kennel Club suédois date de 1948.

Standard Chien musclé aux membres courts, il est vif et énergique. Sa taille atteint 33 à 40 cm, et son poids va de 9 à 14 kg. Il a le crâne plat et le museau pointu avec une truffe noire ; des yeux ovales très sombres ; les oreilles dressées et pointues. Il porte la queue – qui ne dépasse guère 10 cm – horizontale. Le poil est semi-long, fourni, raide, avec un sous-poil dense. La couleur est de préférence grise, plus sombre sur la nuque, les épaules et le dos.

Personnalité Courageux, actif, fidèle, indépendant. Transplanté de la campagne à la ville, il peut éprouver de grandes difficultés d'adaptation à la vie en appartement.

Aptitudes Sa véritable spécialité est la garde des troupeaux. Infatigable, jour et nuit, il est capable de s'imposer même aux bovins. Grâce à sa physionomie comique et sympathique, il est devenu un chien de compagnie très apprécié des enfants.

24 CHARPLANINATZ
Berger d'Illyrie

Nationalité Yougoslave.

Origines Le Berger de Charplaninatz provient de l'Orient, comme la majorité des chiens de troupeaux, devenus autochtones par acclimatation, ou par sélection opérée par l'homme. Sa reconnaissance officielle date de 1930.

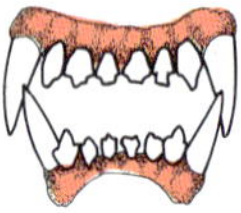

Standard C'est un chien de taille moyenne à forte ossature. Il atteint 50 à 66 cm (50 à 55 pour les femelles). Son poids, pour les deux sexes, est compris entre 25 et 35 kg. Ressemblant un peu à un Collie, le crâne arrondi, la truffe noire bien développée, il a des mâchoires et des dents très fortes. Ses yeux en amande sont très sombres et d'expression mélancolique ; ses oreilles pendent le long de sa tête. Sa queue, recourbée au repos, s'élève, lorsqu'il est en activité, jusque sur son dos. Le poil, long d'une dizaine de centimètres, est gris fer, clair ou sombre, avec, parfois, une tache blanche sur la poitrine.

Personnalité Audacieux, attentif, énergique. D'habitude, il n'obéit qu'à un seul maître, tous les autres sont ses ennemis.

Aptitudes C'est un chien de berger par excellence, très utilisé sur la côte Adriatique yougoslave. Il se bat à armes égales avec le loup qu'il peut encore débusquer la nuit.

---

25 BERGER DE KARST
Kraskiovcar

Nationalité Yougoslave.

Origines D'origine orientale comme la majorité des chien de berger, il est devenu autochtone par la suite.

Standard Chien robuste de taille comprise entre 55 e 60 cm et d'un poids d'environ 30 à 40 kg (10 % de moins pou la femelle). Il a une tête large, des dents très développées ; le yeux en amande, châtains ou brun sombre ; les oreille tombantes, la queue en forme de sabre, qui descen jusqu'aux jarrets. Le poil et le sous-poil sont abondant (14 cm), de couleur gris fer, avec des zones sombres.

Personnalité Doux, joyeux, mais ne tolère pas la moindr rudesse de la part de son maître, ou du bétail.

Aptitudes Il est très estimé comme chien de berger, car sait guider et défendre les troupeaux avec énergie. Il résist aux pires intempéries et se déplace infatigablement sur de terrains impraticables (le Karst est une région rocheuse) ; c n'est pas par hasard qu'il possède des pattes à poil ras et au coussinets solides comme du cuir. En outre, le Berger du Kars est un agréable chien de compagnie, à la différence de so cousin, le Charplaninatz, qui mord plus facilement.

Alimentation Le Karst est un animal sobre, qui peut s nourrir de pain, de soupe et de légumes, mais il est nécessai de lui donner quotidiennement une certaine ration de viande

26 COLLIE A BARBE

Bearded Collie

Nationalité Anglaise.

Origines C'était un chien déjà populaire en Écosse, à l'époque de la conquête romaine, mais il fallut attendre le XVIe siècle pour qu'il trouve des admirateurs parmi les bergers et les nobles, et qu'il soit chanté par les poètes. Selon toute probabilité, il a des liens de parenté avec le Bobtail.

Standard C'est un chien robuste sans avoir l'aspect massif, d'une taille allant de 53 à 56 cm et d'un poids moyen de 30 kg. La tête est grande, avec un museau allongé. Les dents sont longues et blanches, les yeux bien écartés et d'une couleur en harmonie avec la robe, les oreilles plantées haut et pendantes. La queue est portée basse au repos et haute en position d'attente. Le poil est rude et robuste, le sous-poil épais mais moelleux. Sa robe est de couleur ardoise, fauve-roux, de toutes les gradations de gris, de noir, sable, et aussi avec des taches claires.

Personnalité Gai, doux, affectueux.

Aptitudes Depuis des siècles, il a été utilisé comme guide de troupeaux, résistant aux hivers les plus durs, et attaché à son travail. Autant pour son bon caractère que pour la sympathie qui émane de sa montagne de poils, de sa barbe et de son nez en l'air, ce Collie – encore peu répandu en dehors de son pays d'origine – est devenu un chien de compagnie apprécié.

---

27 BERGER D'ÉCOSSE A POIL RAS

Smooth Collie

Nationalité Anglaise.

Origines Il a été obtenu à partir de croisements entre les Collie à poil long et le Lévrier.

Standard La ressemblance avec le Collie à poil long est indiscutable. Il a une taille de 55-60 cm et pèse de 20 à 30 kg ; les yeux, obliques, sont en forme d'amande, les oreilles dressées à la pointe incurvée vers l'avant, la queue portée basse. Le poil n'est long que de quelques centimètres.

Personnalité Intelligent, doux, obéissant, avec un sens particulier du dévouement pour la famille.

Aptitudes C'est un chien répandu en Grande-Bretagne et peu connu ailleurs, uniquement par les passionnés. Il est considéré comme un excellent compagnon, adapté à la vie en appartement mais, auprès du public, c'est son cousin, le Collie à poil long, à la beauté aristocratique, qui obtient le plus souvent la préférence.

Alimentation Il est habitué à manger un peu de tout, mais sa ration quotidienne doit comporter 300 g de viande, du riz, du pain et des légumes.

28 BERGER D'ÉCOSSE A POIL LONG

Rough Collie

Nationalité Anglaise.

Origines Depuis des siècles, c'est un excellent chien de berger, mais ce n'est qu'en 1860 que la race a été définie et présentée dans les expositions. Son nom provient sans doute de *Colley,* variété de mouton écossais à masque et à queue noirs (*coal* = charbon), que le Berger Écossais gardait autrefois.

Standard Il a une taille de 55 à 60 cm environ, et un poids compris entre 22 et 32 kg. Ces chiffres doivent être réduits de 10 % pour la femelle. Le Collie doit donner une impression de beauté et d'harmonie, en même temps que de robustesse et d'agilité. La tête (très importante pour l'évaluation) doit être plate entre les oreilles, tandis que le museau, allongé, se prolonge directement vers le nez qui est toujours noir. Les yeux, allongés, doivent lui conférer une apparence douce et attentive. Les oreilles plutôt petites sont portées vers l'arrière ; droites jusqu'aux deux tiers et retombantes au dernier tiers Le corps est plutôt long, par rapport à la hauteur, et la queue doit retomber jusqu'aux jarrets, la pointe légèrement recourbée. Le poil est très abondant et raide, avec un col ample mais il est cependant court sur le museau et l'extrémité des oreilles. Les couleurs de la robe peuvent être : fauve – toutes les nuances : de sable à acajou –, tricolore (fauve, noir e blanc), bleu merle (semblable à certains marbres).

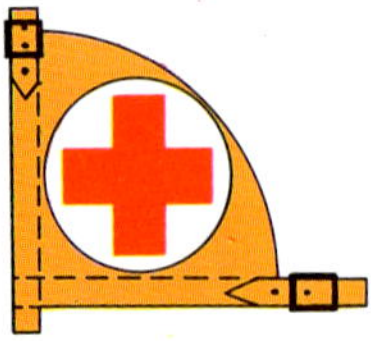

Personnalité Son tempérament présente des aspect contrastés, car, s'il est fondamentalement doux et sensible, peut avoir des moments d'insouciance ou de nonchalance. possède un sens assez développé de la protection de se maîtres, et tout particulièrement des petits enfants et de personnes seules. Aristocratique, intelligent, fidèle, pe agressif, mais soupçonneux envers ceux qui ne lui plaiser pas. Il doit être dressé avec douceur et persuasion, sinon il s refusera à apprendre les choses les plus simples.

Aptitudes Robuste, vigoureux, actif, il est encore utilis comme chien de berger, mais, en raison de son intelligence, mérite d'être utilisé comme chien de garde, pour le sauvetag – dans l'eau et dans les incendies – et comme guide po les enfants aveugles. A cause de son extraordinaire beauté, est devenu aujourd'hui presque exclusivement un chien c compagnie aristocratique et doux.

Alimentation Il ne grossit pas facilement et peut do manger au-delà de sa norme. Ration quotidienne idéale 300 g de viande, 150 g de riz et de légumes.

Remarque De fréquents peignages sont nécessaires po maintenir brillant son beau pelage. Le baigner modérémer Comme il souffre de la chaleur, lui garder un endroit à l'omb

29 COLLIE NAIN

Border Collie

Nationalité Anglaise.

Origines Il descend des chiens gardiens de troupeaux de rennes, introduits en Écosse par les conquérants vikings, et qui furent croisés par la suite avec des Bergers de Vallée.

Standard Taille : pour le mâle, 43-50 cm ; pour la femelle, 40-45 cm. Poids : 13 à 22 kg pour le mâle et 13 à 18 kg pour la femelle. Il existe une variété de Border Collie à poil raide (abondant, droit et long de 8 cm) et à poil lisse (long de 2,5 cm). Couleurs de la robe : blanc, noir, marron, blanc et noir.

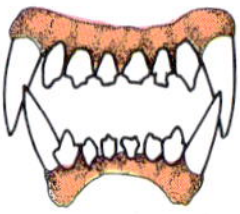

Personnalité Intelligent, équilibré, volontaire, attentif, apte au dressage.

Aptitudes C'est un chien de berger résistant, agile, infatigable, capable de s'imposer à tous les types de bétail. On dit de lui qu'il possède un œil capable d'hypnotiser les bovins. Il n'est pas adapté à la vie en ville. Utilisé comme chien de compagnie, il deviendrait trop nerveux et perdrait sa vivacité et sa lucidité.

---

30 BOBTAIL

Old English Sheepdog

Nationalité Anglaise.

Origines L'origine du Bobtail est très incertaine. D'aucuns le font dériver d'un chien Russe à poil long, appelé le Owtchar importé en Grande-Bretagne par les navires en provenance de la Baltique ; d'autres lui accordent une parenté directe avec le Briard et le Bergamasque et certains le font descendre du Barbet et du Lévrier d'Écosse.

Standard Chien musclé et râblé, entièrement recouvert de poils abondants, à l'allure souple et à la voix harmonieuse, le Bobtail doit avoir une taille située entre 56-58 cm et pese autour de 30 kg. Le crâne est ample et carré. Les yeux sont sombres, les oreilles petites et adhérant à la tête. Toutes les nuances de gris et de bleu, avec ou sans taches blanches forment la couleur de sa robe. Comme son nom l'indique, le Bobtail est un chien sans queue ; autrefois, les bergers la lu coupaient pour éviter de payer une certaine taxe et, un beau jour, on vit naître des chiots sans queue. Dans l'éventualité où aujourd'hui, un Bobtail naîtrait avec une queue, on serai obligé de la lui couper.

Personnalité Intelligent, docile, obéissant, facile à dresser.

Aptitudes Excellent comme chien de berger, le Bobtail es aussi utilisé comme chien de garde, de traîneau, de rapport de compagnie (il est un grand ami des enfants).

Remarque Pour éviter toute formation d'eczéma, il faut l peigner souvent.

31 BERGER DES SHETLAND

Nationalité Anglaise.

Origines Le Berger des Shetland est probablement issu du Collie, amené dans les îles écossaises des Shetland et croisé avec le Yakim, un chien islandais non reconnu. Au XVIIIe siècle, la race des Shetland était déjà bien établie.

Standard Il a été défini comme « le meilleur Collie que l'on puisse voir par le petit bout de la lorgnette », pour dire qu'il est la copie en miniature et quasi parfaite du Collie à poil long. Sa hauteur maximum ne dépasse pas 37 cm et son poids oscille entre 4 et 7 kg. Sa tête est conique, sa truffe est noire. Ses yeux en amande ont un regard doux. Il a les oreilles semi-dressées avec la pointe retombante ; la queue rejoint les jarrets au repos. Le poil est de forte texture, avec un sous-poil doux. La robe est de couleur fauve, bleu merle, noir et blanc ou tricolore (noir, feu et blanc).

Personnalité Très vif, suspicieux envers les étrangers, affectueux en famille, particulièrement avec les jeunes enfants, et entêté.

Aptitudes Est avant tout un berger intelligent, capable de commander de gros bovins, ou de tenir en respect une centaine de moutons. Par sa beauté et la sympathie qui émane de lui, il est également devenu un excellent chien de compagnie.

---

32 CORGI

Welsh Corgi

Nationalité Anglaise.

Origines Il appartient sans doute à la branche d'où est issu le Basset Allemand. On en trouve couramment des traces dans la civilisation des Celtes, qui l'amenèrent en Grande-Bretagne. Il n'a subi aucune « modification » de la part des éleveurs et son standard a été codifié et reconnu en 1934.

Standard Il existe deux variétés de Corgis : le Cardigan et le Pembroke. Toutes deux doivent avoir des expressions de renard, une taille comprise entre 25 et 30 cm et un poids de 8 à 12 kg pour le mâle, et de 8 à 10 pour la femelle. Basset de stature, le Corgi a des mouvements saccadés en raison de ses membres courts. Il a un crâne large et plat, les yeux en forme de noisette, en harmonie avec la couleur de la robe, les oreilles dressées. Le Cardigan est doté d'une longue queue, tandis que le Pembroke en est pratiquement dépourvu. Le premier a un poil court, dur et de plusieurs couleurs mais excluant le blanc. Le second a un poil de longueur moyenne, rouge unicolore, sable, fauve, noir feu, avec des taches blanches sur les pattes, la poitrine et le cou.

Personnalité Vif, affectueux, intelligent, malin, apte au dressage.

Aptitudes Berger infatigable et énergique, il a été utilisé pendant des siècles comme gardien du bétail. Actuellement c'est un agréable et sympathique chien de compagnie.

33 RAFEIRO DO ALENTEJO

Bouvier de l'Alentejo

Nationalité Portugaise.

Origines Il s'agit d'une race autochtone qui a pris le nom d'une région soumise à de fortes chaleurs estivales et à des hivers remarquablement froids.

Standard C'est un chien rustique et puissant, d'une taille de 75 cm environ, d'un poids de 50 kg (10 % de moins pour la femelle) et d'une stature ressemblant à celle du Saint-Bernard, mais avec une tête plus proche de celle de l'ours ; aux mâchoires puissantes, avec des dents fortes. Il a des yeux sombres au regard doux ; des oreilles pendantes et peu mobiles ; un cou court avec un fanon médian ; une queue longue et recourbée à son extrémité. Le poil peut être court ou semi-long, dense et lisse, régulièrement réparti sur tout le corps. Couleurs : noir, fauve, jaune, ardoise, tigré avec des taches blanches.

Personnalité Flegmatique, songeur, apparemment fatigué, mais grand travailleur et grand marcheur.

Aptitudes Gardien attentif, intraitable avec les animaux prédateurs et les gens mal intentionnés ; toujours en contact avec son maître. S'il est dressé, il peut devenir un excellent gardien. Résistant aux intempéries, il peut, si c'est nécessaire, rester plusieurs jours à jeun.

---

34 LAPINPOROKOIRA

Chien de Rennes de Laponie

Nationalité Finlandaise.

Origines C'est un chien autochtone qui s'est créé naturellement en Laponie.

Standard Hauteur du mâle : 49 à 55 cm et de la femelle : 43-49. Son poids ne dépasse pas 30 kg. De musculature forte, il a un museau court et fort, qui s'effile vers une truffe noire, bien développée ; des oreilles droites, dirigées vers l'avant. Le poil, de longueur moyenne, est dur et épais, alors que le sous-poil, dense, est doux. Les couleurs idéales sont : noir avec des nuances rougeâtres, ainsi que des taches blanches à la gueule, à la poitrine et aux pattes.

Personnalité Énergique, travailleur, obéissant, avec une tendance à aboyer souvent.

Aptitudes Par le grand courage dont il fait preuve en affrontant les loups, la rapidité de sa course sur la neige et sa résistance au climat arctique, son instinct de guide du bétail, il est devenu un collaborateur précieux et irremplaçable pour les gardiens de rennes. Il existe une variété à poil long, mais les éleveurs préfèrent la variété à poil court, plus endurante et plus rapide sur la glace et sur la neige.

35 LAPPHUND

Chien de garde des Lapons

Nationalité Suisse.

Origines Répandu en Suisse depuis des siècles, il a été reconnu par les autorités cynophiles en 1944.

Standard Chien de taille moyenne (hauteur maximum 50 cm), il a une tête conique et une truffe très noire, une denture en ciseaux ; de grands yeux de couleur marron sombre ; des oreilles courtes, droites, pointues, ou avec une légère courbure. La queue apparaît naturellement très enroulée sur le dos, mais dans les expositions, il arrive que l'on voie des sujets sans queue, soit de naissance, soit à la suite d'une amputation. Le poil est long, épais, rigide ; court sur le museau, la tête et les pattes. Les couleurs de la robe sont : marron sombre, noir, marron-blanc ; avec des taches blanches au cou, à la poitrine et aux pattes.

Personnalité Discipliné, affectueux, patient avec les enfants, vigilant, il est défiant envers les étrangers.

Aptitudes Né chien de berger, en raison de ses qualités psychiques et physiques, il est utilisé comme gardien de la maison ; pour la défense personnelle, la chasse et la compagnie.

Alimentation Tout particulièrement en période de travail dans les régions les plus froides, il a besoin d'une alimentation correcte, dans laquelle ne doivent manquer ni viande ni poisson.

---

36 TCHOUVATCH SLOVAQUE

Slovensky Cuvac

Nationalité Tchécoslovaque.

Origines Grâce à l'École vétérinaire de Brno, qui a réussi à fixer ses caractéristiques, il a été possible d'établir un standard précis de cette race homologuée en 1964.

Standard C'est un chien d'un bel aspect, de taille imposante, qui atteint une hauteur de 70 cm (65 cm pour la femelle) et un poids de 35 à 45 kg (30 à 40 kg pour la femelle). Son crâne est large et s'amincit au niveau des naseaux à partir de la moitié de la tête. Les mâchoires sont fortes, la denture en ciseaux ; les yeux ovales, sombres, sont vifs ; les oreilles, longues, tombent le long du crâne. Sa queue bien fournie est pendante au repos. La robe est entièrement blanche et le poil atteint 10 cm de longueur.

Personnalité Courageux, attentif jour et nuit, très doux avec son maître, féroce contre le loup et les ours.

Aptitudes Idéal pour la défense des troupeaux, de la maison, des petites propriétés. Très apprécié en montagne, dans la région des Tatras et des Carpates, il résiste aux temps les moins cléments.

Remarque Esthétiquement, cette race ressemble au Kuwatz.

37 BERGER CROATE
Hrvatski Ovcar

Nationalité Yougoslave.

Origines Venu d'Orient, mais autochtone depuis des siècles.

Standard Pour le mâle comme pour la femelle, la hauteur est comprise entre 40 et 50 cm. La tête, de forme conique, est longue d'environ 20 cm. Les yeux sont en forme d'amande, châtains ou noirs, au regard vif ; les oreilles triangulaires et droites ; la queue attachée haut, et portée basse (il est autorisé de la raccourcir à 4 cm). Le poil est long de 7 à 14 cm sur le dos, beaucoup plus court sur les flancs et sur la partie externe des oreilles. Couleur de la robe : noir uni ou avec quelques taches blanches.

Personnalité Attentif, agressif, avec un instinct marqué pour défendre son troupeau à tout prix, il est obéissant et apte au dressage.

Aptitudes D'aspect modeste, il est presque exclusivement utilisé pour le gardiennage des troupeaux et, parfois, des propriétés.

Alimentation Il accepte tous les aliments qui lui sont donnés par son maître et à l'occasion peut supporter de rester plusieurs jours sans manger. Dans les périodes de grand froid ou de grand travail, il est nécessaire de lui donner de la viande à peine cuite.

38 BERGER D'ISLANDE

Nationalité Islandaise.

Origines La race descend directement des chiens accompagnant les colons qui s'établirent en Islande. Presque complètement anéantie par une épidémie de maladie de Carré, elle fut reconstituée par les éleveurs islandais et anglais.

Standard Le Berger d'Islande appartient à la grande famille des Spitz. Il mesure de 33 à 40 cm (30 à 38 pour les femelles) et pèse de 11 à 13 kg (9 à 11 kg pour les femelles). Il possède un museau allongé, une truffe sombre, des membres musclés, une queue recourbée et portée sur le dos. Il a un poil de longueur moyenne, dense, « près du corps », avec un bon sous-poil. Sa robe est marron, fauve, grise, blanc sale, noir avec des taches blanches ou noir total.

Personnalité Vif, affectueux, actif, intelligent, sympathique, ses facultés s'épanouissent pleinement vers 18 mois, mais il a besoin d'un contact étroit avec son maître.

Aptitudes C'est un chien complet, qui peut assumer des activités très variées : berger, gardien, compagnie. Il vit très volontiers en écurie avec les chevaux.

Alimentation Plutôt sobre, en raison de son origine insulaire, il apprécie tout particulièrement le poisson.

39 KELPIE

Nationalité Australienne.

Origines Il descend probablement du Border Collie et du Dingo, auquel il ressemble. Il est connu depuis 1870.

Standard C'est un beau chien ressemblant un peu au renard. Il est vigoureux, agile, d'expression vive et intelligente. Le mâle mesure de 45 à 50 cm, la femelle de 43 à 48 cm. Poids : 11 à 13 kg pour les mâles et 9 à 11 kg pour les femelles. Poil crêpé, épais et court. Couleurs de la robe : noir, noir et marron, rouge, rouge et marron, fauve, brun, gris bleuâtre.

Personnalité Apte au dressage, intelligent, équilibré, obéissant et enthousiaste au travail.

Aptitudes C'est un merveilleux chien de troupeau, résistant, rapide, prompt à répondre au moindre commandement de son maître, même de très loin. Habitué aux grands espaces, il n'est guère adapté à la vie en appartement.

---

40 BERGER AUSTRALIEN

Nationalité Australienne.

Origines Créé à partir de croisements entre Bergers australiens et néo-zélandais, il a été importé en Californie au milieu du XIXe siècle.

Standard C'est un chien de taille moyenne, robuste et rustique. Taille du mâle : de 45 à 58 cm ; de la femelle : 43 à 53 cm. Poids du mâle : 13 à 20 kg ; de la femelle : 12 à 18 kg. Il a la tête bien relevée, les oreilles pendantes, une queue semi érigée. Les yeux sont presque toujours bleus. La robe au poil abondant est noir et rouge, ou blanche avec des taches marron.

Personnalité Loyal, affectueux, courageux, joueur, adapté à la vie en famille.

Aptitudes C'est un chien de berger très actif, qui sait guider tous les animaux de ferme vers les enclos. Les sujets de petite taille sont les plus recherchés, en raison de leur plus grande rapidité, pour ramener les bovins. Lorsque c'est nécessaire, il émet un cri particulier, mi-aboiement, mi-hululement.

41 BOUVIER DES ARDENNES

Nationalité Belge.

Origines Chien autochtone qui s'est probablement formé au XVIIIe siècle à partir de croisements avec des races locales.

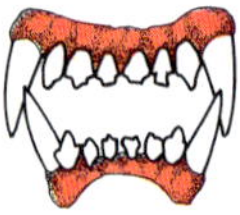

Standard Aspect rustique, hauteur environ 60 cm, poids de 25 kg environ (10 % de moins pour la femelle). Il a une tête massive, un museau court, avec barbe et moustaches, et des mâchoires puissantes ; des yeux sombres et des oreilles dressées ou légèrement repliées vers l'avant. Il a un cou court ; un thorax profond, avec des côtes arrondies. Les membres antérieurs sont droits et les membres postérieurs inclinés. Normalement, le Bouvier des Ardennes naît sans queue ; dans le cas contraire, il faut la lui couper. Son poil est long d'environ 5 cm et buissonnant, avec un sous-poil très épais qui le protège des intempéries. Toutes les couleurs sont admises.

Personnalité Bourru d'aspect comme de tempérament, il est méfiant envers les étrangers, mais très affectueux et très obéissant avec son maître. Il est aussi d'une intelligence remarquable.

Aptitudes C'est le chien de berger rustique type qui vit parfaitement au grand air en toute saison. Bien qu'il soit peu répandu en dehors de son pays d'origine, il est néanmoins très apprécié pour sa résistance à la fatigue et pour la constance avec laquelle il tient les troupeaux de moutons sous surveillance, ainsi que les bovins.

---

42 CÃO DE LA SERRA DE AIRES
Berger Portugais

Nationalité Portugaise.

Origines Cette race centenaire s'est formée dans la Serr de Aires, vraisemblablement avec l'apport du sang de Briard La forme particulière de son museau lui a valu le surnom d « Chien-singe ».

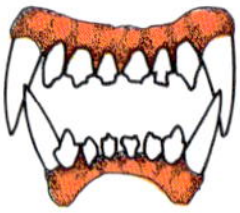

Standard Chien de taille moyenne (42 à 48 cm) et d'un poid compris entre 12 et 18 kg, il a une tête robuste et large, un truffe bien évidente ; des mâchoires fortes avec des dent solides ; des yeux ronds et sombres avec une expressio docile ; des oreilles triangulaires retombantes. Poitrine proé minente, queue pointue retombant jusqu'aux jarrets. Il également un poil long ou peu ondulé, des moustaches et un barbe. Couleurs de la robe : jaune, rouge, marron, gris, fauve loup et noir.

Personnalité Aime uniquement son maître et le bétail, qu défend jour et nuit. Il n'apprécie guère la présence de étrangers. Son intelligence est vive et supérieure à celle d beaucoup d'autres races canines.

Aptitudes Il a toujours donné les meilleurs résultats comm gardien et conducteur de troupeaux de moutons et de bovin de chevaux et de cochons : c'est un berger à tout faire. Il es capable de retrouver les animaux égarés.

Alimentation Il est extrêmement sobre.

43 BOUVIER DES FLANDRES

Nationalité Franco-belge.

Origines Aussi contestées que la nationalité, par les cynophiles français et belges. Cette race est probablement née d'un croisement de Griffon et de Beauceron, mais au cours de la Première Guerre mondiale, elle fut complètement détruite dans les combats sanglants des Flandres. Ce n'est qu'en 1923 qu'elle put être reconstituée, à partir de quelques rescapés.

Standard Ressemblant au Schnauzer Géant, le Bouvier des Flandres atteint une taille de 68 cm et un poids de 40 kg environ. Il a une tête massive, avec une barbe et des moustaches, une truffe allongée, un museau large et puissant, des yeux sombres avec une expression loyale et énergique ; des oreilles dressées, en triangle, partiellement amputées. Il a les membres antérieurs parfaitement droits et musculeux. Le corps est puissant et court, et la queue coupée. Le poil « en fil de fer » est noir, fauve, gris et ardoise.

Personnalité C'est un chien fondamentalement doux, et de ce fait adapté à la vie en famille.

Aptitudes Sa véritable affectation est la surveillance des troupeaux de bovins. Mais en raison de son intelligence et de ses capacités physiques, outre la recherche des blessés sur les champs de batailles, il constitue un redoutable chien de garde.

---

44 BOUVIER D'APPENZELL

Bouvier des Alpes

Nationalité Suisse.

Origines Deux théories distinctes voudraient que cette race remonte à l'âge du bronze ou qu'elle soit issue des Molosses introduits en Suisse par les Romains.

Standard Chien musclé, mais non massif, haut de 48 à 58 cm et pesant de 22 à 25 kg. Il a une tête large et plate et un museau qui s'amincit vers une truffe noire, avec des yeux petits et sombres, des oreilles pendantes. La queue est enroulée sur le dos. Membres droits et nerveux. Poil court, épais, luisant, avec des tons fauves et des taches blanches symétriques. Il ne doit pas manquer une bordure feu sous les yeux.

Personnalité C'est un chien extraverti, bruyant, sympathique, affectueux, aimant beaucoup la liberté et, de ce fait peu adapté à la vie à la maison.

Aptitudes Le Bouvier d'Appenzell, outre qu'il est un magnifique conducteur de bétail, est infatigable de nuit comme de jour. Il ne connaît aucun moment de paresse : quand il ne travaille pas auprès du bétail, il devient un gardien attentif du domicile.

45 BOUVIER BERNOIS

Berner Sennenhund

Nationalité Suisse.

Origines Introduit en Suisse par les soldats romains.

Standard Chien fort et musculeux, haut de 64 à 70 cm et pesant environ 40 kg. Il a une tête courte et massive, des yeux sombres au regard vif, des oreilles en V retombantes et une queue à longs poils, non enroulée. Le poil, abondant, est de couleur noir brillant, avec des bordures feu, souvent avec une tache blanche sur la poitrine.

Personnalité Énergique, attentif, impétueux mais non agressif, il affectionne une seule personne : son maître, et se montre méfiant avec les étrangers.

Aptitudes Les anciens Romains l'ont utilisé comme chien de combat et l'ont envoyé à l'assaut avec un robuste collier garni de pointes de fer. Depuis, il est devenu un excellent gardien de troupeaux, spécialement dans les zones de petite montagne de la Suisse. Infatigable, souvent à la chaîne, résistant aux hivers les plus rudes, il défend parfaitement les étables et la maison. Par ses qualités au dressage, il a déjà été utilisé comme chien de police. Une sélection rigoureuse a permis, sans porter atteinte à ses qualités de bouvier, d'en faire un excellent chien de compagnie.

---

46 GRAND BOUVIER SUISSE

Grosser Schweizer Sennenhund

Nationalité Suisse.

Origines Il est remarqué, dès la fin du Moyen Age, comme chien de guerre et de défense, accompagnant au combat les Confédérés suisses.

Standard Robuste (hauteur : 70 cm, poids : 40 kg) et vif, avec une forte denture en ciseaux ; cuisses larges, pattes courtes et rondes, les yeux sont de couleur variable, allant de marron à noisette, avec une expression attentive et intelligente. Les oreilles sont triangulaires et retombantes ; la queue est portée tombante, mais enroulée. La robe est composée de poil dur, long de 5 cm au plus. Le fond de couleur est noir, avec des taches symétriques, rouge rouille et blanches. La truffe et les babines doivent toujours être noires.

Personnalité Fidèle, courageux, intelligent, sage, ami des jeunes enfants.

Aptitudes Son travail spécifique est celui de bouvier et de gardien d'étable, mais il est aussi utilisé avec succès comme chien de défense et de trait. On dit de lui qu'il ne dort jamais : il est attentif à tout ce qui se passe, nuit et jour, prompt à se dresser au moindre bruit. En raison de son bon tempérament, de sa patience et de sa facilité d'apprentissage, le Grand Bouvier Suisse a obtenu un certain succès comme chien de compagnie. Habitué aux grands espaces, il n'est pourtant guère adapté à la vie en ville ou en appartement.

47 BOUVIER DE L'ENTLEBUCH

Entlebucher Sennenhund

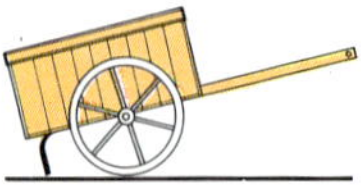

Nationalité Suisse.

Origines Probablement descendant des Molosses romains, il est considéré comme originaire de l'Entlebuch, dans le canton de Lucerne.

Standard De taille moyenne, il ne dépasse pas la hauteur de 50 cm et son poids se situe entre 25 et 30 kg. Il est doté de puissantes mâchoires, de petits yeux marron assez vifs, d'oreilles en V retombantes. La queue est coupée à la naissance et jamais supérieure à 10-15 cm. Il a le poil court, épais, adhérent et luisant. Couleur : noir avec des bordures jaunes ou fauves ; les diverses taches doivent être disposées de façon symétrique.

Personnalité Adaptable au travail et à des ambiances variées. Infatigable et attentif, très sévère avec les bovins et extrêmement doux avec les jeunes enfants.

Aptitudes Il défend avec énergie les étables, les granges et la maison. Il fait partie des bouviers que l'on appelle « laitiers », car ils sont encore utilisés aujourd'hui pour le transport du lait et des fromages, de l'étable jusqu'aux marchands des villes et des villages, dans les régions de montagne. A la maison, c'est un chien docile, joyeux, divertissant, aimable et, par-dessus tout, aimant jouer avec les jeunes enfants et les défendant à l'occasion.

---

48 BOUVIER AUSTRALIEN

Nationalité Australienne.

Origines Obtenu essentiellement par des croisements entre Collie et Dingo.

Standard Il est de taille moyenne à petite : hauteur maximale : 43-48 cm pour le mâle et de 40 à 45 cm pour la femelle ; poids : 18 à 22 kg pour le mâle et 16 à 20 kg pour la femelle. Il a le poil raide, moyennement court, dur, de couleur bleue, bleue tachetée de noir ou de marron, rouge, avec des taches noires sur la tête.

Personnalité Astucieux, intelligent et obéissant.

Aptitudes A été depuis de longues années un auxiliaire indispensable des fermiers australiens, en tant que bouvier résistant et agile, et aussi comme gardien de la maison. [Il] travaille dans des espaces plus grands et sur de plus longues distances que n'importe quelle autre race.

Remarque Quand il attaque les bovins (et l'homme), il ne mord qu'aux chevilles.

49 CHIEN LÉOPARD CATAHOULA

Nationalité Nord-américaine.
Origines Il a été créé en Louisiane par les premiers colons. Il doit son nom au fait qu'il fut particulièrement populaire dans le comté de Catahoula et parce que sa robe est tachetée comme celle du léopard.

Standard Hauteur maximale du mâle : de 55 à 63 cm ; de la femelle : 55 à 58 cm ; poids du mâle : 27 à 36 kg ; de la femelle : 22 à 31 kg. Il a le poil épais, compact, dense et court. La couleur de son manteau est normalement le bleu-gris avec des taches noires, rouges ou jaunes. Les sujets possédant des yeux bleu turquoise sont particulièrement appréciés.
Personnalité Affectueux, dévoué, apte au dressage, plein d'affection pour ses maîtres, mais très agressif comme chien de garde.
Aptitudes Il est encore utilisé aujourd'hui comme chien de troupeau, capable de maintenir l'ordre parmi les ovins, les bovins et les porcins, sur de vastes territoires. Il est aussi utilisé avec succès pour la chasse.

---

50 SCHNAUZER MOYEN

Nationalité Allemande.
Origines Il est originaire de Bavière, mais on ne connaît pas la date précise de sa naissance. Il a été appelé Schnauzer (*Schnauze* : museau) à cause de son museau caractéristique, agrémenté d'une barbe et de moustaches.

Standard C'est un chien de taille moyenne dont la hauteur est comprise entre 45 et 50 cm pour un poids voisin de 15 kg. Plus robuste qu'agile, trapu, il a la tête puissante et allongée, avec un stop marqué ; une truffe noire, une denture en ciseaux ; des yeux ovales et sombres et des oreilles coupées en pointe. La queue est également coupée, au niveau de la quatrième vertèbre. La robe du Schnauzer est composée d'un poil raide, dur, fort et dru, dont la couleur doit être poivre et sel (avec toutes les nuances de gris) ou noire. Il a besoin d'être toiletté (stripping).

Personnalité Très vif, mais non remuant, il est courageux, affectueux, audacieux et dévoué.
Aptitudes Il a été utilisé pour la chasse au rat, à la belette, à la fouine et au blaireau. Aujourd'hui, il est apprécié comme chien de garde, de défense et de compagnie, essentiellement.
Alimentation Ration quotidienne idéale : 250 g de viande, 150 g de riz et 100 g de légumes cuits, répartis sur deux repas.

51 DANOIS NOIR

Dogue Allemand

Nationalité Allemande.

Origines Sur une monnaie grecque de l'an 36 avant J.-C. figure la silhouette d'un chien très semblable au Danois d'aujourd'hui. Pour cette raison, on estime que son origine est hellénique, mais nous disposons d'éléments plus précis datant de quelques siècles plus tard. Au Ve siècle, en effet, l'Allemagne, la Gaule, l'Espagne et une partie de l'Italie furent envahies par les Alains – peuple nomade originaire de Perse – qui amenèrent avec eux une sorte de chien puissant du genre Mâtin. C'est essentiellement en Allemagne qu'on voua une profonde admiration à cet animal magnifique capable de vaincre ours et sangliers. Une fois les envahisseurs disparus, une sélection fut entreprise en croisant les Mâtins avec les Lévriers Irlandais. Il en résulta un chien de grande taille, vif, agile et beau, qui est aujourd'hui connu dans le monde sous le nom de Danois ou de Dogue Allemand.

Standard C'est un chien géant qui réunit les nobles apparences de la robustesse, de la force et de l'élégance. La taille minimale du mâle doit être de 80 cm et de 72 cm pour la femelle, mais les sujets qui dépassent cette taille sont encore plus appréciés. Le poids du Danois Noir doit en outre tourner autour de 60 kg. Il a une tête allongée, droite, avec un stop bien marqué et un chanfrein plutôt large ; un cou long et musclé ; des membres antérieurs en parfait aplomb ; des membres postérieurs avec des cuisses larges, des extrémités des pattes rondes, des ongles courts et foncés. La queue, de longueur moyenne, rejoint les jarrets à leur pointe. Les yeux sont arrondis et plutôt sombres, avec une expression vive et intelligente. Les oreilles, taillées en pointe et longues, sont portées érigées. Les dents, blanches et bien développées, doivent se fermer en ciseaux. Tous les Danois ont un poil court, doux, adhérent et luisant. Les différentes couleurs de la robe désignent autant de variétés. Le Danois Noir, en particulier, est doté d'une robe noire et luisante et a des yeux sombres, tandis que le Danois Bleu est toléré avec des yeux plus clairs.

Personnalité De nature équilibrée, ne devient agressif que lorsque les circonstances le nécessitent, particulièrement lorsque son maître est menacé par des étrangers. Cependant, c'est un chien fondamentalement doux, affectueux et patient.

Aptitudes Dans sa longue existence, le Danois a été successivement : chien de combat, de chasse, de promenade, de garde et de défense personnelle. Aujourd'hui, il est utilisé comme chien de garde, mais il est surtout recherché pour sa beauté et son côté « décoratif »... dans un jardin, par exemple.

Alimentation Un Danois adulte doit manger quotidiennement 1,5 kg de viande accompagnée de riz et de légumes. Pour éviter qu'il n'engraisse, il lui faut beaucoup de mouvement.

52 DANOIS FAUVE

Dogue Allemand

Nationalité Allemande.

Origines Les mêmes que celles du Danois Noir; il s'agit ici d'un croisement parfait entre le Mâtin des Alains et le Lévrier Irlandais.

Standard Les caractéristiques physiques et morales sont les mêmes pour toutes les variétés de Danois. Naturellement, dans le cas du Danois Fauve, la couleur de la robe change, et, dans ce cas, elle est fauve, jaune d'or clair, ou bien jaune d'or soutenu, avec un masque noir.

Personnalité Il existe un rapport entre la couleur de la robe du Danois et son caractère. Le Danois Fauve est plus mince et plus bondissant que le Danois Noir, car son tempérament est plus vif.

Aptitudes Pour un temps chien de chasse au sanglier et de défense personnelle, il est davantage utilisé comme chien de garde. Il est rarement à son aise en ville, où il lui est difficile de se dépenser.

Remarques Il est nécessaire de le brosser fréquemment. Sa couche doit être isolée du froid et de l'humidité.

---

53 DANOIS BRINGÉ

Dogue Allemand

Nationalité Allemande.

Origines Les mêmes que celles du Danois Noir.

Standard On peut dire de lui, comme du Danois Fauve, que les caractéristiques du Danois restent bien fixes dans toutes ses variétés. Comme le Danois Fauve, le Danois Bringé possède une structure corporelle plus mince que le Danois Noir. Sa couleur de fond est le jaune d'or, clair ou intense, avec, toujours, des striures transversales noires, continues. Les taches blanches à la poitrine et les yeux clairs sont considérés comme des défauts.

Personnalité Avec le Danois Fauve, il est considéré comme le plus vif de tous les Danois. Fondamentalement doux patient avec les enfants, affectueux avec son maître et sa famille, peu agressif avec les étrangers.

Aptitudes Bon gardien, mais par-dessus tout fidèle et chien de compagnie décoratif.

Remarque Il importe que le Danois soit bien élevé et apprenne à obéir rapidement, pour éviter qu'il n'effraye les étrangers et ne les renverse, le plus souvent en essayant de leur manifester son affection.

54 DANOIS ARLEQUIN

Dogue Allemand

Nationalité Allemande.

Origines Les mêmes que celles du Danois Noir.

Standard C'est le plus important de tous les Danois et sa taille peut avoisiner un mètre. Sa couleur de fond doit être blanc pur, si possible sans mouchetures, mais avec des taches noires irrégulières distribuées sur tout le corps. Les sujets à robe blanche, mais à très grandes taches noires, ou à robe noire interrompue par des espaces blancs au cou, aux membres et à la pointe de la queue, sont considérés comme étant des Danois Noirs.

Personnalité Plus lourd que les autres Danois, l'Arlequin est également doux et intelligent, mais il se révèle plus flegmatique et plus lent dans l'exécution des commandements.

Aptitudes Gardien de jardins et propriétés isolées, il est le plus décoratif des Danois en raison de l'aspect des taches blanches et noires de sa robe.

Alimentation La même que celle du Danois Noir.

55 HOVAWART

Nationalité Allemande.

Origines Il avait déjà eu une grande notoriété au Moyen Age comme chien de garde, mais les vicissitudes de l'Histoire l'avaient écarté du monde de la cynophilie. Cependant, il y a une soixantaine d'années, à partir de références et témoignages remontant au XIIe siècle, le Hovawart a été « reconstitué », en sélectionnant des chiens de garde de la Forêt-Noire.

Standard Chien robuste, résistant aux intempéries, avec un aboiement puissant et sonore. Taille du mâle : 66 à 70 cm ; de la femelle : de 55 à 65 cm ; poids du mâle : 30 à 40 kg ; de la femelle : de 25 à 35 kg. Il a une tête robuste, avec un front large et convexe, une denture en ciseaux, des oreilles triangulaires retombant sur le conduit auditif ; une queue bien fournie, qui rejoint les jarrets. Le poil est dense, légèrement ondulé, dans les coloris : noir, fauve, blond sombre. Les yeux, la truffe et les ongles ont des couleurs s'accordant à celles de la robe.

Personnalité Intelligent, décidé, obéissant, très affectueux pour son maître. Son dressage doit intervenir vers les 3 ou ans, âge – relativement tardif – où ce chien est en plein possession de ses moyens.

Aptitudes C'est un chien de garde exemplaire, essentiellement adapté aux jardins, aux chantiers et aux maisons de campagne, et très résistant aux intempéries.

56 MÂTIN DE NAPLES

Nationalité Italienne.

Origines Tous les Mâtins d'Europe descendent du Mâtin du Tibet, considéré comme le plus ancien représentant de l'espèce canine. Vraisemblablement, les premiers Mâtins asiatiques ont été importés des Indes en Grèce par Alexandre le Grand aux environs de 300 av. J.-C. Les Grecs le firent connaître aux Romains qui s'enthousiasmèrent à son sujet et l'utilisèrent pour les combats du cirque. « Mâtin » dérive du mot latin *massivus,* signifiant massif.

Selon les cynophiles anglais, le Mâtin aurait été introduit en Grande-Bretagne par les Phéniciens vers 500 av. J.-C., puis diffusé en Europe.

Le Mâtin de Naples est le descendant direct de l'ancien Molosse romain. Alors que la race s'éteignait dans toute l'Europe, en Campanie, l'élevage a continué, malgré les problèmes posés par les guerres. En conséquence, on peut affirmer que le Mâtin de Naples vit en Campanie depuis au moins 2 000 ans. Mais sa première apparition officielle date de 1946 et son standard définitif de 1949.

Standard Taille : 65 à 75 cm pour les mâles, et 60 à 70 cm pour les femelles ; poids voisin de 70 kg. L'aspect est sérieux et imposant, la tête volumineuse, avec un profil de fanons à grands replis qui descendent sur le cou. Le poil est ras, dense, uniforme, luisant, dans les couleurs noir, plombé, gris, tigré, fauve, parfois avec des taches blanches à la poitrine et aux doigts. La couleur des yeux doit s'accorder à celle de la robe. Selon la tradition imposée par les combats dans l'Antiquité, les oreilles doivent être coupées et la queue réduite d'un tiers.

Personnalité En dépit de son aspect bourru et de son apparence féroce, le Mâtin de Naples est un chien pacifique, équilibré, doux et affectueux avec son maître et avec les habitués de la maison. C'est un animal très courageux et qui résiste fièrement à la douleur physique.

Aptitudes Au cours de l'Histoire, le Mâtin de Naples a été : chien de guerre, combattant de cirque, collaborateur de la pègre et de la police, chien de traîneau, de compagnie et de défense personnelle. Aujourd'hui, on le dresse pour devenir un excellent gardien de maison ou un chien de défense.

Alimentation Le Mâtin de Naples doit être essentiellement nourri de viande (700 g par jour), de riz et de pain. Il ne faut pas le « gonfler » avec de la soupe ou des légumes, car il perdrait sa vivacité.

Remarque C'est un chien qui a besoin de beaucoup d'exercice physique. Pour cette raison, il ne peut vivre que dans une maison disposant d'un jardin. Dans un appartement, il faut que son maître soit suffisamment sportif pour lui faire faire une grande promenade deux fois par jour.

57 DOGUE DE BORDEAUX

Nationalité Française.

Origines Le Dogue de Bordeaux descend-il des Molosses grecs et romains, des Dogues apportés en Europe par les Alains, des Chiens d'Aquitaine ou des Chiens Espagnols de Burgos ? Ses origines sont contestées.

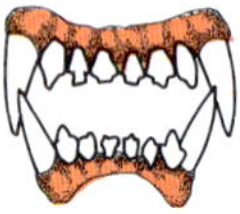

Standard La taille varie entre 60 et 68 cm (54 à 60 cm pour les femelles) pour un poids moyen de 50 kg. La tête est volumineuse, la face plissée. Les mâchoires, très puissantes, sont recouvertes par des lèvres épaisses. Poitrine : large. Oreilles : pendantes et légèrement arrondies. Yeux : ovales. La robe, couleur fauve, présente un poil fin, court et soyeux.

Personnalité Des croisements raisonnés ont transformé la nature agressive du Dogue de Bordeaux, qui se révèle aujourd'hui être un chien apprécié pour sa fidélité, sa patience et son affection.

Aptitudes Le Dogue de Bordeaux participait autrefois aux chasses à l'ours et au loup et combattait, dans l'arène, les taureaux ou les lions. Son courage et sa force lui valent d'être souvent utilisé par la police, particulièrement dans la recherche des malfaiteurs. Dans ce rôle, il sait se montrer d'une grande férocité.

Alimentation Il doit être nourri rationnellement, afin de lui éviter l'obésité. Il lui faut pour cela 600 à 700 g de viande répartis en deux repas, avec 300 g de riz bouilli.

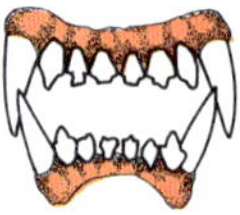

58 MASTIFF

Dogue Anglais

Nationalité Anglaise.

Origines Descendant du Dogue du Tibet, il a été importé en Europe par les Phéniciens. Rapidement, la Grande-Bretagne est devenue sa seconde patrie, où il a été fortement mis en valeur.

Standard Chien de grosse taille, massif et vigoureux. Il a une tête massive, large, rectangulaire, des babines bien développées et légèrement pendantes ; des yeux petits et de couleur noisette foncé ; un nez large et noir ; des oreilles attachées haut, arrondies et pendantes. Il a une queue longue et descendant jusqu'aux jarrets. Le poil ras et épais, dans les coloris fauve doré, fauve clair, argenté, tigré. Au XVIIIe siècle il a été ainsi défini : « Ce que le lion est au chat, le Mastiff l'est au chien. »

Personnalité Les diverses sélections ont éliminé son antique férocité, ce qui en a fait un chien équilibré, très bon recherchant l'affection, gentil avec les jeunes enfants. Avec un bon dressage, il peut affronter les malfaiteurs avec une extraordinaire férocité.

Aptitudes Dans le passé, c'était un chien de comba sanguinaire dans les cirques, ensuite gardien de troupeaux e d'usines isolées. Aujourd'hui, il est utilisé comme chien de garde, de défense personnelle et de compagnie.

59 BULL-MASTIFF

Nationalité Anglaise.

Origines Cette race nouvelle (1924) est issue de croisements entre le Mastiff et le Bull-Dog.

Standard Bien que puissant dans sa construction, ce chien n'est pas encombrant. Les mâles doivent mesurer de 63 à 69 cm au garrot et peser de 50 à 58 kg. La taille des femelles atteint 61 à 66 cm pour un poids de 45 à 54 kg. La tête est large, carrée, plissée. Les narines sont largement étalées, les dents fortes et régulières. Yeux : sombres ou couleur noisette, bien espacés. Oreilles : en forme de V, portées vers l'arrière. Queue : droite ou incurvée, atteignant le jarret. Robe : courte et dure. Couleurs : tous les tons de bringé, de fauve ou de roux.

Personnalité Le tempérament du Bull-Mastiff est un mélange de gaieté, de courage, de sérieux, d'obéissance, de tendresse et de vigilance. Son maître doit faire preuve de fermeté à son égard.

Aptitudes Parfait auxiliaire, le Bull-Mastiff est utilisé par l'armée et la police et employé comme chien de garde dans les mines de diamants d'Afrique du Sud. Remarquable gardien, il aime aussi la vie de famille et se plaît à la maison. Il est important de surveiller sa ligne, de lui donner une alimentation rationnelle et de l'emmener souvent en promenade.

60 ROTTWEILER
Bouvier Allemand

Nationalité Allemande.

Origines Descendant probablement du Dogue Italien, le Rottweiler était, au Moyen Age, employé à la garde des troupeaux. La race fut créée à Rottweil, dans le Wurtemberg. Quasiment éteinte en 1800, elle redevint populaire au début du XXe siècle, grâce à l'obstination de quelques éleveurs de Stuttgart.

Standard Le corps est grand, massif, vigoureux. Le mâle mesure de 60 à 68 cm pour un poids d'environ 50 kg. Les femelles sont légèrement plus petites. La tête est ronde, le crâne très large entre les oreilles, le museau bien proportionné. Yeux : sombres, avec une expression de fidélité et de douceur. Oreilles : de forme triangulaire, portées vers l'avant. La queue, parfois trop longue, peut être écourtée. La robe, au poil court, dur, dense, est noire avec des taches sur les joues, le museau, les pattes.

Personnalité Calme, équilibré, obéissant, courageux, le Rottweiler peut être facilement dressé. Il ne devient dangereux que lorsque son maître est menacé.

Aptitudes On l'emploie comme chien de troupeau et de police, mais surtout comme chien de garde et de défense. C'est également un compagnon agréable, qui adore jouer avec les enfants.

Remarque Il n'est pas rare de voir des portées de 12 petits.

61 BOXER

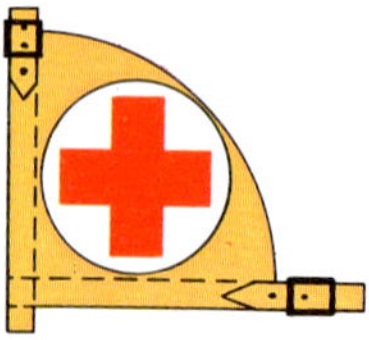

Nationalité Allemande.

Origines Si la première représentation connue apparaît sur une tapisserie flamande du XVIIe siècle, tout le monde s'accorde à dire qu'elle était le fruit de l'imagination de l'artiste puisque le Boxer n'existait pas encore à cette époque. La race fut créée en 1850, à Munich, à la suite de croisements entre le Bull-Dog et le Bullembeisser Mastiff. Le premier type avait gardé la férocité de ses ancêtres, mais des éleveurs intelligents s'employèrent à combattre son agressivité, à l'affiner et à lui donner l'allure qu'il a aujourd'hui. La première exposition eut lieu en 1895, et le premier club du Boxer fut fondé en 1896.

Standard La beauté de la tête repose sur l'exactitude de ses proportions avec le reste du corps. Elle doit être fine et ne présenter aucune ride. La mâchoire inférieure dépasse la supérieure et se courbe faiblement vers le haut. Les dents et la langue ne doivent pas être visibles lorsque la gueule est fermée. Le nez est large et noir, avec de vastes narines. Oreilles : attachées haut et amputées en pointe. Yeux : sombres. Cou : rond, vigoureux, dépourvu de fanon. Queue : courte et plantée haut. La construction du corps doit paraître carrée. Les membres antérieurs, très droits, forment deux lignes parallèles. Hauteur au garrot : mâles, 57 à 63 cm ; femelles, 53,2 à 58,4 cm. Poids : mâles, 30 à 32 kg ; femelles, 24 à 25 kg.

Personnalité Le Boxer est un chien fidèle, dévoué, non rancunier. Intelligent et obéissant, il se dresse facilement.

Aptitudes Redoutable chien de garde et de défense, il est utilisé par la police et se révèle un très bon guide pour les aveugles. Son tempérament gai, vif et joueur en fait surtout un agréable chien de compagnie. Il aime le voisinage des enfants mais devient souvent méfiant en présence d'étrangers. Il est indiqué de faire faire à ce sportif de longues et fréquentes promenades.

Alimentation Le Boxer, qui dépense beaucoup d'énergie, paraît doué d'un appétit insatiable. Pour qu'il conserve sa bonne santé et son aspect physique, il faut absolument éviter qu'il ne grossisse. Ration journalière conseillée : 400 g de viande, 300 g de riz et un peu de légumes.

Remarque Le Boxer a une durée de vie relativement courte ; il n'atteint pas souvent l'âge de 10 ans. Sujet aux rhumatismes, il doit être consciencieusement séché lorsqu'il rentre à la maison mouillé et couvert de boue. Ses dents sont fragiles, aussi est-il recommandé de les faire examiner régulièrement par le vétérinaire.

62 BOXER BRINGÉ

Nationalité Allemande.

Origines Créée à Munich en 1850, la race est issue du croisement entre le Bull-Dog et le Bullembeisser Mastiff.

Standard Le Boxer Bringé a des lignes foncées ou noires couvrant entièrement le corps dans le sens des côtes. Elles doivent se distinguer très nettement du fond, qui est de nuance fauve, et n'être ni trop serrées ni trop espacées. De discrètes marques blanches sont admises, voire recherchées, à condition qu'elles ne dépassent pas un tiers de la couleur primitive. Certains défauts (zones blanches troublant l'harmonie de la robe, tête blanche, pelage noir ou de couleur autre que fauve, bringé, jaune) sont éliminatoires et entraînent nécessairement le refus de la confirmation de la race. Le poil doit être ras et brillant, et le masque noir limité au museau.

(Pour les autres caractéristiques, voir **Boxer**.)

63 BOXER FAUVE

Nationalité Allemande.

Origines La race fut créée à Munich, en 1850, à la suite de croisements opérés entre le Bull-Dog et le Bullembeisser Mastiff.

Standard La robe va du jaune clair au roux foncé. La couleur la plus recherchée actuellement est celle qui se situe entre les deux. Le masque noir doit couvrir uniquement le museau pour éviter de donner au chien une expression féroce. Quelques taches blanches sont tolérées, à condition qu'elles n'excèdent pas le tiers de la nuance primitive. Le poil est toujours ras, dru et lustré. Le standard de cette variété est le même que celui du Bringé.

(Pour les autres caractéristiques, voir **Boxer**.)

64 DOBERMANN

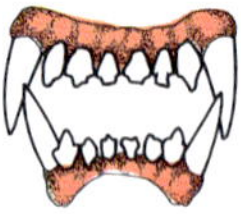

Nationalité Allemande.

Origines Cette race fut créée en 1860, sous l'initiative d'un collecteur d'impôts allemand, Louis Dobermann. Celui-ci, étant appellé à se rendre fréquemment dans des régions infestées de bandits, décida de « fabriquer » un chien de garde et de défense plus courageux et plus combatif que ceux de l'époque. Il opéra, dans ce but, un travail de sélection acharné et multiplia les croisements. Parmi les ancêtres du Dobermann, on compte les Dogues Allemands, les Bergers Allemands, les Rottweilers, les Pinschers. Certains affirment qu'au nombre de ses ascendants figurent également le Beauceron et le Lévrier Anglais. C'est en 1876 que le « chef-d'œuvre » de Louis Dobermann fut présenté pour la première fois dans une exposition canine. Il séduisit aussitôt le public et connaît aujourd'hui une vogue grandissante.

Standard Le Dobermann se signale par son élégance et la vigueur de sa musculature. Taille : entre 66 et 70 cm (61 à 66 pour la femelle). Poids : de 30 à 40 kg. La tête est longue, étroite, plate, avec un stop peu marqué. Les dents sont robustes, fermées en ciseaux. Yeux : sombres, vifs et intelligents. Oreilles : portées droites, coupées. Queue : écourtée. Pattes : parfaitement droites. Poil : ras, dur, bien collé au corps. Couleurs : noir, marron foncé ou bleu avec des taches feu nettement délimitées. Les marques blanches ne sont pas admises. Démarche : souple, élégante, foulée longue.

Personnalité Les mâles et les femelles ont des tempéraments différents. La chienne est calme, sensible, affectueuse, mais méfiante envers les étrangers. Le chien est extrêmement intelligent, mais fougueux et souvent agressif, aussi a-t-il besoin d'un maître sachant faire preuve d'autorité. N'a-t-on pas dit qu'il n'y avait pas de mauvais Dobermanns, mais seulement de mauvais maîtres ?

Aptitudes Le Dobermann remplit à merveille ses fonctions de chien de garde et de défense. C'est un auxiliaire actif de l'armée et de la police. La femelle s'adapte plus facilement que le mâle à la vie en appartement, mais il est nécessaire de la sortir une fois par jour afin de lui permettre de dépenser son énergie nerveuse.

Alimentation Elle doit être équilibrée : 500 g de viande par jour, avec 300 g de riz et un peu de légumes. A éviter absolument : pain, graisses et sucreries.

Remarques Le Dobermann peut atteindre l'âge de 15 et même 20 ans. Il est bon de commencer le dressage lorsque le chien a 10-12 mois.

65 SCHNAUZER GÉANT

Riesenschnauzer

Nationalité Allemande.

Origines Comme le Schnauzer moyen, il est originaire de Bavière et compte parmi ses ancêtres le Dogue Allemand et le Bouvier de Flandres.

Standard Le Riesenschnauzer est la copie géante du Schnauzer moyen, lequel représente le type de la race. Le mâle mesure de 65 à 70 cm pour 35 kg environ, soit 10 % de plus que la femelle. La tête est allongée, puissante. Les muscles de la mâchoire sont bien formés. Yeux : ovales, sombres. Oreilles : coupées, portées droites. Cou : très épais, avec une nuque vigoureuse. Poil : dur et raide, avec un sous-poil laineux. Couleurs : noir (la plus courante), poivre et sel.

Personnalité Calme, réfléchi, vigilant, facile à dresser. Il témoigne d'une grande patience, même avec les enfants.

Aptitudes Au XVIIIe siècle, le Schnauzer géant avait pour tâche principale de garder les boucheries et les brasseries de Munich. Il fut, plus tard, utilisé par l'armée et la police. Sa taille accentuant encore le respect que son aspect inspire, il est très apprécié comme chien d'utilité, de garde et de défense. C'est également un bon chien de compagnie mais il n'est pas fait pour vivre en appartement.

Remarque La robe du Schnauzer doit être taillée deux fois par an.

---

66 LEONBERG

Nationalité Allemande.

Origines C'est en 1846, à Leonberg, dans le Wurtemberg, qu'un éleveur du nom de Heinrich Essig créa la race à la suite de croisements entre Terre-Neuve, Saint-Bernard et Chiens de Montagne des Pyrénées. Le standard officiel fut établi en 1949.

Standard Le Leonberg allie la puissance à l'élégance. Il mesure de 76 à 80 cm pour un poids moyen de 40 kg. La tête est bien proportionnée, la truffe bien noire. Les babines ne doivent pas être pendantes. Yeux : couleur noisette, de moyenne grandeur. Oreilles : larges, arrondies. Queue : touffue, légèrement relevée. Poils : souples, longs, fournis (mais non bouclés), formant des franges au cou et aux pattes. Couleurs : jaune clair, doré, brun-rouge (ces chiens ont parfois un masque noir), sable, argenté. Le blanc n'est pas admis.

Personnalité Le Leonberg est d'un tempérament vif, affectueux, très doux.

Aptitudes La nature l'a doté non seulement d'un riche pelage qui le garantit contre le froid, mais aussi de membranes entre les doigts qui lui permettent de nager sans effort. Ces qualités en font un sauveteur hors pair.

67 SAINT-BERNARD A POIL LONG

Langhaariger St. Bernhardshund

Nationalité Suisse.

Origines Le Saint-Bernard descend du Dogue du Tibet. De fait, il est permis de supposer qu'il tire ses origines des Molosses qui franchirent les Alpes en compagnie des Romains, il y a deux mille ans. Le type apparut au début du XIe siècle, à l'hospice du Grand-Saint-Bernard. On pense que la race a été obtenue par croisement de l'ancien Dogue de Guerre Suisse avec des Dogues Allemands et des Chiens des Pyrénées. Cet animal prodigieux, produit d'une sélection judicieuse, fut représenté pour la première fois sur un blason suisse, en 1350. Il faut attendre le XVIIe siècle pour voir le Saint-Bernard utilisé comme chien de courage et de sauvetage.

Standard Tout, chez le Saint-Bernard, est imposant : tête, corps, aspect général. Hauteur : mâle, au moins 70 cm ; femelle, au moins 65 cm. Poids : entre 50 et 55 kg. Il a un crâne large, légèrement bombé, très plissé, un nez droit et un stop marqué. Le museau est plus haut que long. La lèvre supérieure pend légèrement. Dents : fortes et saines. Yeux : de moyenne grandeur, sombres, modérément enfoncés, situés plutôt en avant que sur les côtés. Oreilles : de longueur moyenne, portées à plat sur les joues. Cou : très fort, avec un fanon. Poils : assez longs, lustrés, légèrement ondulés, mais ni bouclés ni frisés. Robe : rouge avec des taches blanches, ou blanche avec des taches rouges. Toutes les nuances de rouge sont admises. Les mâles ont souvent une robe noire.

Personnalité Le Saint-Bernard aime beaucoup la compagnie des hommes. Il est obéissant, extrêmement loyal tranquille et réfléchi, mais ne fait généralement pas bon ménage avec les chiens de petite taille. Il a, paraît-il, la faculté étonnante de prévoir les avalanches.

Aptitudes On sait que le Saint-Bernard était autrefois spécialisé dans la recherche des voyageurs égarés. Il est aujourd'hui presque exclusivement utilisé comme chien de compagnie. La vie en appartement ne lui convient pas. De nos jours on dresse encore certains chiens à retrouver les alpinistes ou skieurs en difficulté.

Alimentation Elle peut poser des problèmes, car ce gros chien a besoin d'un kilo de viande par jour ainsi que de 400 g de riz, de pain et de légumes cuits.

Remarques Il est recommandé de peigner fréquemment la robe d'un Saint-Bernard à poil long à l'aide d'un peigne à dents larges et d'une brosse à poils durs. Même s'il vit dans une cour, il a besoin de faire quotidiennement de longues promenades.

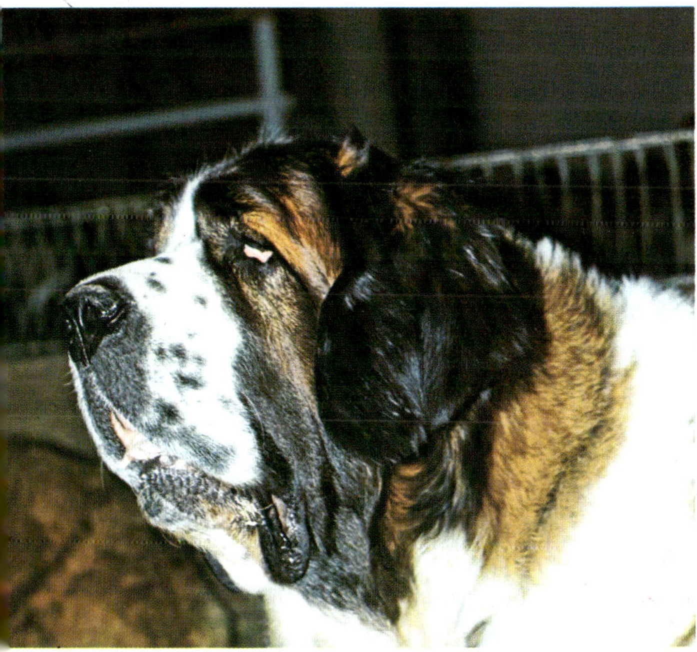

68 SAINT-BERNARD A POIL COURT

Nationalité Suisse.
Origines Identiques à celles du Saint-Bernard à poil long.
Standard Il a des poils très serrés, ras, brillants et bien couchés sur la peau. Les cuisses sont garnies d'une fourrure plus épaisse. La queue est revêtue à sa naissance de poils plus longs et plus denses, qui deviennent peu à peu plus courts vers l'extrémité. Elle est touffue mais ne doit former ni frange ni panache. A l'exception du pelage, le standard du Saint-Bernard à poil long s'applique à cette variété.

Personnalité Doux, bon, loyal, tranquille, obéissant.
Aptitudes Le Saint-Bernard à poil court est très recherché par les montagnards car il supporte des températures extrêmement basses. Il est généralement préféré à son cousin à poil long, souvent gêné dans ses mouvements par la neige qui colle à son épaisse toison et finit par former des petits glaçons. La variété à poil court n'a rien perdu de ses talents de secouriste.

Remarques Aussi plaisant et agréable soit-il, ce chien n'est pas fait pour vivre en appartement. Principaux obstacles à une plus grande diffusion : sa taille (au moins 70 cm)... et son gros appétit (1 kg de viande par jour).

69 PYRÉNÉEN

Chien de Montagne des Pyrénées

Nationalité Française.
Origines Le Chien de Montagne des Pyrénées descend du Kuwatz Hongrois et du Maremmano. Il est considéré comme le cousin distingué du Saint-Bernard et du Terre-Neuve.

Standard C'est un chien de grande taille, imposant fortement charpenté, mais très élégant. La taille des mâles se situe entre 69 et 81 cm, celle des femelles entre 64 et 74 cm. Certains chiens mesurent jusqu'à un mètre de hauteur. Le poids va de 41 à 56 kg. La tête, bien proportionnée, ressemble à celle de l'ours brun. Museau : large, aminci à son extrémité. Nez : noir. Babines : non pendantes. Yeux : marron, légèrement obliques, très doux. Oreilles : petites, pendantes, triangulaires. Queue : fournie, enroulée lorsque le chien est en éveil. Couleurs : blanc, blanc tacheté de gris, de poil-de blaireau ou de jaune pâle. A la cour du Roi Soleil, on le connaissait sous le nom de « seigneur à la fourrure blanche ».

Personnalité Obéissant, consciencieux, persévérant, affectueux, fidèle, patient.
Aptitudes C'est incontestablement un chien de montagne. Il se prête facilement au dressage et se montre un excellent gardien de troupeaux. On l'utilise comme guide, sauveteur ou chien de garde et de défense. Il aime la vie de famille mais il lui faut beaucoup d'espace.

70 TERRE-NEUVE

Nationalité Canadienne.

Origines Elles sont contestées. Certains cynologues prétendent que la race tire ses origines des chiens scandinaves amenés en Terre-Neuve au début du XVIIe siècle. D'autres soutiennent qu'elle est originaire de Grande-Bretagne et fut créée en 1700, date à laquelle l'île de Terre-Neuve devint une colonie britannique. Selon cette hypothèse, les Anglais auraient apporté des Dogues du Tibet en Terre-Neuve et la race serait issue de croisements raisonnés opérés entre ces Dogues et les chiens locaux. D'autres encore pensent que le Terre-Neuve est un proche parent du Labrador. Cette dernière théorie est fondée sur le fait qu'il existe une ressemblance étonnante entre ces deux races canines et que, par ailleurs, les côtes de Terre-Neuve et du Labrador ne sont pas très éloignées. Il est possible que le Labrador, qui est un excellent nageur, ait pu rallier Terre-Neuve à la nage, ou encore à pied, lorsque les eaux étaient prises par les glaces.

Standard Le Terre-Neuve est un chien de grande taille, il impressionne par sa force, sa souplesse, son élégance, son aspect harmonieux. Hauteur moyenne au garrot : chien, 70 cm ; chienne, 65 cm. Le poids se situe entre 54 et 68 kg. La tête est large et massive, le museau court et carré. Yeux : petits et sombres ; la conjonctive doit être invisible. Oreilles : petites, tombantes, recouvertes de poils courts. Queue : de longueur moyenne, pendante. Le poil est plat, long, légèrement ondulé, de texture rugueuse et de nature huileuse. Le sous-poil, également huileux, est imperméable à l'eau. Notons que les chiens d'intérieur ont tendance à perdre leur sous-poil. Couleurs recherchées : noir, bronze, noir avec des reflets bleus.

Personnalité Courageux sans être féroce, il possède toutes les qualités de l'homme, mais non ses défauts, disait lord Byron. Le Terre-Neuve a un tempérament exceptionnel. Il est doux, généreux, intelligent, affectueux, dévoué, patient. Sans être obséquieux, il est très attaché à son maître et se montre parfois méfiant vis-à-vis des étrangers.

Aptitudes Le Terre-Neuve est « le chien de mer et de sauvetage ». En 1919, une médaille d'or fut remise à l'un d'entre eux qui avait réussi à sauver vingt personnes de la noyade. Ce « Saint-Bernard de l'eau », comme on l'appelle parfois, a vu ses activités professionnelles décroître avec les progrès réalisés en matière de sauvetage, mais sa popularité va toujours croissant. On ne peut guère, en effet, trouver compagnon plus séduisant, agréable et caressant.

Alimentation 1 kg de viande et 400 g de riz et de légumes par jour, à donner en 2 repas.

71 LANDSEER

Nationalité Canadienne.

Origines Le Landseer est une variété de Terre-Neuve créée par sir Edwin Landseer, célèbre peintre anglais du XIXe siècle spécialisé dans la représentation des animaux, particulièrement des chiens. Au début des années vingt, il ne restait plus que quelques survivants, mais des éleveurs allemands entreprirent de faire revivre la race en opérant des croisements avec des Saint-Bernard et des Pyrénéens.

Standard C'est un chien de grande taille, robuste, très bien proportionné, souple et élégant. Le mâle mesure de 78 à 80 cm, soit 10 % de plus que sa femelle, et pèse entre 60 et 70 kg. Les pattes sont légèrement plus longues que celles du Terre-Neuve. Yeux : foncés, d'expression amicale. Oreilles : collées à la tête. Queue : pendante quand le chien est au repos. Poils : longs, fournis, doux au toucher. Robe : blanche avec des taches sur la poitrine et le dos ; tête noire.

Personnalité Affectueux, courageux, intelligent, très doux avec les enfants.

Aptitudes Il se plaît dans l'eau et, de fait, est un excellent compagnon pour la pêche et la chasse en zone marécageuse. On l'utilise parfois comme sauveteur, pour venir en aide aux équipages des bateaux ayant fait naufrage.

---

72 ALASKAN MALAMUTE

Nationalité Canadienne.

Origines Le Malamute est un chien du Nord qui descend du loup boréal. Il porte le nom de la tribu de l'Alaska qui éleva et protégea ces superbes chiens de neige.

Standard Il se caractérise par un corps massif, vigoureux et bien proportionné, une tête large et forte, un regard fier. Oreilles : portées droites. Yeux : petits, en amande comme ceux du loup. Poil : très épais, riche, pas trop long, avec un sous-poil laineux et doux au toucher. Couleurs : noir et toutes les nuances de gris. Les pattes et le museau sont presque toujours blancs. La queue forme un panache et se recourbe sur le dos. Hauteur au garrot : mâles, 64 cm ; femelles, 58 cm. Poids moyen : mâles, 38 kg ; femelles, 34 kg.

Personnalité Doux, intelligent, affectueux. Il témoigne d'une grande fidélité envers son maître, auquel il est très attaché. Ce dernier devra le dresser avec fermeté et faire preuve d'autorité car il se montre souvent agressif.

Aptitudes Le Malamute est un chien de trait. Sa persévérance, son sens aigu de l'orientation et son flair affûté lui ont valu de participer à maintes expéditions polaires. Il devint célèbre grâce aux romans de Jack London et de Rudyard Kipling. Il a acquis ses lettres de noblesse au cours des dernières décennies et trouvé sa place comme chien de compagnie.

73 CHIEN ESQUIMAU

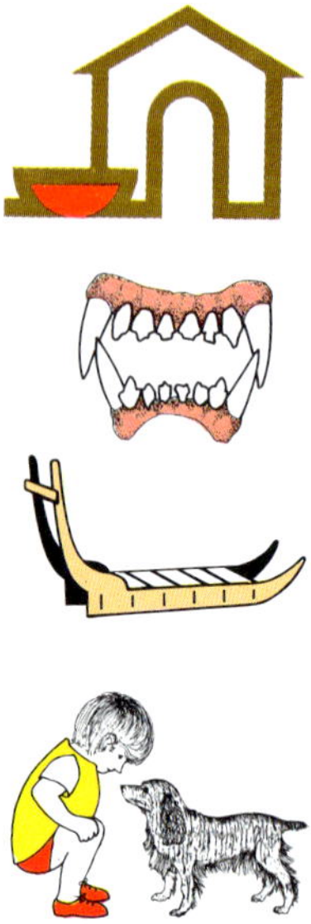

Nationalité Canadienne.

Origines Son pays d'origine est la Sibérie orientale. Au XIXe siècle, il fut introduit en Alaska et au Groenland et s'adapta merveilleusement bien à son nouvel environnement.

Standard C'est un chien de grande taille, de type lupoïde. Le poids des mâles varie entre 30 et 50 kg, celui des femelles entre 25 et 48 kg. La tête est large et en forme de cône, le museau de moyenne longueur. Les mâchoires sont puissantes. Yeux : enfoncés et obliques. Oreilles : petites, triangulaires. Queue : touffue, relevée sur le dos. Poil : long, avec un sous-poil extrêmement épais et de nature huileuse pouvant résister à l'eau. Le Chien Esquimau peut supporter des températures aussi basses que – 60 ou 70° C. Toutes les couleurs de robe sont admises.

Personnalité Docile, fidèle, affectueux, infatigable, mais légèrement timide. Il a tendance à perdre toute assurance lorsqu'on le traite sévèrement.

Aptitudes C'est un chien de trait. Un attelage composé de 20 Chiens Esquimaux peut, sans s'arrêter, tirer un traîneau portant une charge de deux tonnes sur 40 km. Le Chien Esquimau n'aboie pas, mais hurle comme le loup. La vie à l'intérieur ne lui convient pas.

---

74 GROENLANDAIS

Grünlandshund

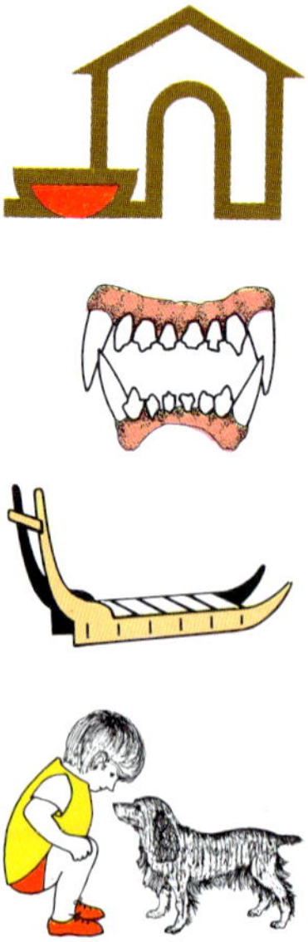

Nationalité Scandinave.

Origines Il descend du loup boréal.

Standard C'est un chien très robuste. Hauteur minimale au garrot : mâles, 60 cm ; femelles, 55 cm. Poids moyen : 30 kg. Le corps est musclé et fortement charpenté, la poitrine large. Les membres sont parfaitement droits, les pieds solides et ronds, avec des soles épaisses. Le museau s'amincit à son extrémité. Truffe : noire, mais peut devenir couleur chair en été. Denture : extrêmement forte. Yeux : sombres, légèrement obliques, d'expression honnête. Oreilles : petites, triangulaires, portées très droites. Queue : épaisse, relevée sur le dos. Poil : droit, rude au toucher, modérément long, avec un sous-poil laineux. Toutes les couleurs sont admises, à l'exception du blanc.

Personnalité Comme tous les chiens du Nord, il a un tempérament fondamentalement bon, fidèle, vif et affectueux. Les Groenlandais ont rarement l'occasion de développer et d'entretenir une relation privilégiée avec leurs maîtres puisqu'ils sont utilisés comme chiens d'attelage.

Aptitudes Son exceptionnelle vigueur et sa résistance au froid lui valent d'être très apprécié comme chien de traîneau. Il n'est pas fait pour vivre en appartement.

75 SAMOYÈDE

Nationalité Scandinave.

Origines Il existe depuis très longtemps, en Sibérie, une population de pêcheurs et de chasseurs connus sous le nom de Samoyèdes. Cette tribu utilise pour tirer les traîneaux de superbes chiens à la fourrure blanche que nous sommes tenus également à appeler Samoyèdes. En 1889, la race fut introduite en Grande-Bretagne par l'explorateur polaire Robert Scott. Elle remporta aussitôt un vif succès et fut, par la suite, largement diffusée dans le monde entier.

Standard Le Samoyède est un chien vigoureux, actif et dynamique. La taille des mâles se situe entre 53 et 60 cm, celle des femelles entre 48 et 53 cm. Le poids varie de 23 à 30 kg. La tête est puissante, en forme de coin. Les mâchoires sont solides. Truffe : noire. Yeux : sombres, enfoncés, obliques. Oreilles : de longueur moyenne, légèrement arrondies au sommet, portées droites. Queue : longue, fournie, relevée sur le dos. Membres : forts et musclés. Pieds : un peu plats avec des soles garnies de poils. Poil : épais et rude, non ondulé, avec un sous-poil doux et laineux qui protège l'animal contre le froid polaire. Couleur recherchée : blanc pur. Les robes blanches, jaunes, blanc et jaune sont admises.

Personnalité C'est un chien calme, doux, obéissant, digne, fidèle, affectueux. Utilisé comme chien de trait dans son pays d'origine, il n'a que peu l'occasion d'exprimer ses qualités morales. Il s'attache néanmoins très facilement à son maître et se révèle excellent chien de compagnie. Il ne cherche jamais la « bagarre » mais n'hésite pas à se défendre vaillamment si besoin est.

Aptitudes C'est un très bon chien d'attelage, capable de tirer de lourdes charges sur de grandes distances. On l'emploie également pour chasser le morse et garder les troupeaux. Ce chien gai et vivant est heureux au milieu des humains, se plaît à la maison et joue avec les enfants sans la moindre brutalité. Il sait aussi être un gardien vigilant. Son seul défaut est qu'il a tendance à donner un peu trop souvent de la voix.

Alimentation Régime quotidien idéal : 300 g de viande et 150 g de riz et de légumes. Il est également capable de jeûner plusieurs jours et de par son atavisme il peut se nourrir d'à peu près n'importe quoi. Il faut cependant éviter de lui donner des os.

Remarque Son pelage reste naturellement blanc et ne nécessite donc aucun lavage. Il est toutefois recommandé de le brosser quotidiennement, particulièrement en été, lorsque les parasites font leur apparition.

76 HUSKYE

Nationalité Nord-américaine.

Origines Originaire de Sibérie, le Huskye fut amené en Alaska en 1909.

Standard C'est un chien de taille moyenne, robuste, vivant, souple et actif. Hauteur au garrot : mâles, 53 à 60 cm ; femelles, 51 à 56 cm. Poids : mâles, 20 à 27 kg ; femelles, 16 à 22 kg. Yeux : bruns ou bleu clair, avec une expression amicale. Oreilles : plantées haut et portées droites. Queue : semblable à celle d'un loup et enroulée sur le dos. Le Huskye a un sous-poil laineux et épais, une fourrure extérieure très douce. Il supporte des températures allant jusqu'à – 50 ou – 60 °C. Sont admises toutes les nuances allant du gris fer foncé au gris argenté, du sable au noir. Les taches blanches ne constituent pas des défauts.

Personnalité Agréable, sociable, affectueux mais extrêmement têtu.

Aptitudes Son poids léger lui permet de courir très vite, aussi est-il recherché pour les courses de traîneaux, sport très en vogue au Canada et en Amérique du Nord.

Alimentation Ce chien apprécie beaucoup le poisson. Comme son activité lui fait dépenser beaucoup d'énergie, il doit consommer une certaine quantité de graisse, surtout en hiver.

77 CHIEN DE CANAAN

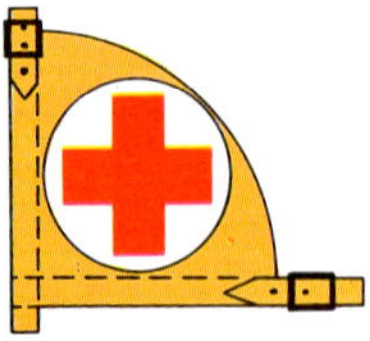

Nationalité Israélienne.

Origines Cette race très ancienne est originaire d'Israël. Elle resta longtemps inconnue dans le monde occidental mais connaît aujourd'hui, en Europe comme aux États-Unis, une vogue grandissante.

Standard De taille moyenne, le Chien de Canaan est très vivant et bien proportionné. Il mesure de 50 à 60 cm, pour un poids qui varie de 18 à 25 kg. La tête est allongée, sans excès. Truffe : noire. Yeux : en amande. Oreilles : portées droites. Queue : de moyenne longueur, avec un léger panache. Membres antérieurs : parfaitement droits, de structure fine. Corps : robuste mais sans lourdeur. Poil : modérément long, rude au toucher, avec un sous-poil épais. Couleurs : noir, blanc avec des taches marron, rouges ou noires.

Personnalité Doux, affectueux, dévoué, mais querelleur. Il aime la vie de famille.

Aptitudes Il est principalement affecté à la garde des troupeaux et des maisons. En temps de guerre, Israël l'utilisait pour transporter des messages de l'autre côté du désert ou secourir les blessés. C'est un élève extrêmement doué, qui apprend avec une facilité étonnante ; il y a donc tout lieu de supposer que d'autres fonctions lui seront bientôt proposées. Il se montre un excellent chien de compagnie et un chien d'aveugle particulièrement dévoué.

78 CÃO DE AGUA

Chien d'Eau Portugais

Nationalité Portugaise.

Origines Elles sont inconnues.

Standard Le Cão de Agua est un chien de taille moyenne, robuste et musclé. Hauteur au garrot : chiens, 50 à 57 cm ; chiennes, 43 à 52 cm. Poids : chiens, 19 à 25 kg ; chiennes, 16 à 22 kg. La tête est bien proportionnée. Le museau s'amincit à son extrémité. Les mâchoires sont puissantes, les canines très bien développées. Yeux : légèrement obliques, noirs ou noisette. Oreilles : en forme de cœur, collées à la tête. Membres : droits et musclés. Poil : épais, ferme, ondulé ou bouclé, dépourvu de sous-poil. Couleurs : noir, blanc, marron et toutes les nuances intermédiaires. L'arrière-train et le museau doivent être tondus.

Personnalité Vivant, fougueux, agréable, affectueux, de bonne compagnie. Il adore l'eau, raffole des enfants et s'adapte facilement à une vie sédentaire.

Aptitudes Pendant des siècles, les membres de cette race ont vécu sur les bateaux des pêcheurs portugais. Ils nagent bien et n'ont pas leur pareil pour ramener à bord les poissons qui s'échappent du filet. Ils savent également attraper cordes et autres objets jetés du bateau en direction du rivage. Ils font également de bons chiens de garde et de compagnie.

Remarque Les chiens qui passent beaucoup de temps dans l'eau peuvent devenir prématurément sourds.

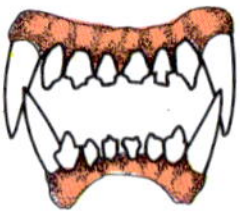

79 FILA BRASILEIRO

Nationalité Portugaise.

Origines Il descend probablement des Bull-Dogs, des Mastiffs et des Bloodhounds que les conquérants portugais e espagnols introduisirent au Brésil, au XVIIe siècle.

Standard Le Fila Brasileiro a un corps musclé et bie proportionné, une forte ossature. Il mesure environ 65 cm pour un poids moyen de 50 kg. La tête est grande et carrée, le museau puissant, le nez large et de couleur sombre. L denture doit croiser en ciseaux. Yeux : légèrement e amande, avec une expression songeuse. Poil : court et dou au toucher. Toutes les couleurs de robe sont admises.

Personnalité Courageux, attentif, fougueux, dévoué à so maître mais méfiant envers les étrangers.

Aptitudes Son flair aiguisé fait de lui un excellent pisteu On l'employait autrefois pour traquer les esclaves fugitifs. Il s révéla plus tard bon gardien de troupeaux et redoutable chie de garde. Bien que de tempérament agréable, il s'adapte m à la vie citadine car il a besoin de se dépenser dans de espaces ouverts. Sa démarche souple et élastique et son po élégant lui valent de retenir particulièrement l'attention d public des expositions canines.

80 BERGER DES PYRÉNÉES

Nationalité Espagnole.

Origines Il est également connu sous le nom de Berger de Navarre et Berger de León. Il ne faut pas le confondre avec le Chien de Montagne des Pyrénées qui est, lui, d'origine française.

Standard C'est un chien fort, puissant dans sa construction, symétrique et très élégant. La taille peut atteindre 80 cm et le poids 70 kg. Notons cependant que le Berger des Pyrénées a une démarche si légère que ses empreintes sont à peine visibles sur le sol. La tête est large, le museau long, le nez noir. Les dents sont très pointues. Yeux : petits et sombres. Oreilles : pointues et pendantes. Queue : frangée, portée basse. Poil : épais, modérément long, rugueux au toucher. Couleur : blanc avec des taches dorées ou grises de chaque côté de la tête et à la naissance du cou. Les marques sur l'arrière-train sont admises. Les robes blanc et noir sont les moins recherchées.

Personnalité Calme, intelligent, affectueux. Il mange sobrement.

Aptitudes Le Berger des Pyrénées est employé comme chien de garde, chien de chasse pour gros gibier ou encore chien de trait. Doté d'une grande résistance au froid et habitué à la montagne, c'est surtout un remarquable conducteur et gardien de troupeaux qui n'hésite pas à s'affronter aux loups.

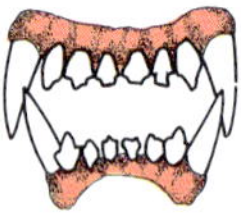

81 BERGER ESPAGNOL

Mastín Español

Nationalité Espagnole.

Origines Originaire de l'Estremadure, il est également appelé Berger de l'Estremadure ou encore Berger de la Manche.

Standard C'est un chien robuste, trapu, d'aspect rude. Il mesure de 65 à 70 cm pour un poids qui varie entre 50 et 60 kg. Les femelles sont plus petites. La tête est bien proportionnée, le museau long. Les mâchoires sont puissantes, les lèvres bien pleines. Yeux : petits, vifs. Oreilles pointues, pendantes. Queue : portée basse, formant panache Poil : abondant, modérément long. Couleurs courantes rouge, gris fer, fauve, noir et blanc, blanc et doré, blanc et gris, bringé.

Personnalité Vif, gai, obéissant, très attaché à son maître mais méfiant vis-à-vis des étrangers.

Aptitudes C'est le parfait chien de garde. Il surveille les troupeaux et se dresse avec férocité devant les loups. On le trouve à l'entrée des usines ou des ateliers, et l'armée l'affecte à la garde des dépôts de munitions. Il est également utilisé comme chien de trait et comme chien de chasse pour gros gibier, particulièrement le sanglier.

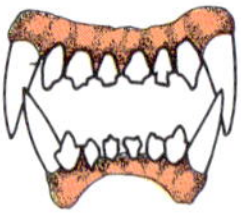

82 PINSCHER AUTRICHIEN A POIL COURT
Österreichischer Kurzhaariger Pinscher

Nationalité Autrichienne.

Origines Les origines de cette race sont inconnues. On l'appelle également Terrier Autrichien à poil court. Il ne faut pas le confondre avec le Pinscher nain, ou Zwergpinscher, qui est un petit chien de compagnie.

Standard C'est un chien de taille moyenne, de structure ramassée. Il mesure de 35 à 50 cm pour un poids allant de 12 à 18 kg. Vu de face, il doit paraître plus large que long. La tête est en forme de poire, la poitrine en forme de tonneau. Nez : épais. Oreilles : pointues. Queue : redressée sur le dos. Poil : ras. Couleurs : jaune pâle, fauve, rouille, noir, tigré. La robe est le plus souvent marquée de blanc.

Personnalité Agressif, courageux, parfois menaçant, mais néanmoins sage et obéissant. Il se dresse facilement.

Aptitudes Très apprécié comme chien de garde et de défense, il donne l'alarme au moindre bruit, se dresse devant tout malfaiteur et ne relâche pas sa vigilance de toute la nuit. Il montre par ailleurs les qualités d'un Terrier : il creuse des trous, se faufile dans les tanières et chasse les lièvres et les renards. Ce chien sportif a besoin d'espace et se plaît mieux à la campagne qu'à la ville.

---

83 KYUSHU

Nationalité Japonaise.

Origines Le Kyushu vient d'Hokkaido, île japonaise riche e montagnes, volcans, forêts, rivières et pâturages. La race es ancienne.

Standard Le Kyushu est bien bâti et très musclé. La taille d mâle se situe entre 48 et 55 cm, celle de la femelle entre 42 e 49 cm. Le poids est d'environ 30 kg. Le museau est pointu, l nez de couleur noire. Les dents doivent être solides et pa trop courtes. Yeux : marron, bridés. Oreilles : courtes e pointues. Queue : enroulée sur le dos. Poil : court, de textur plutôt rugueuse. Couleur : gris-blanc.

Personnalité Patient, intelligent, calme, docile, affectueux. se dresse facilement.

Aptitudes Son intelligence lui permet de saisir rapidemer ce que son maître lui demande. On l'utilise comme chasseu gardien de troupeaux, pêcheur, chien de garde, chien d compagnie. Habitué à la montagne et aux terrains accidenté il supporte bien le froid et mange modérément.

Remarque Très propre, ce chien s'adapte sans difficult aucune à la vie de famille et d'appartement.

84 NORRBOTTENSPETS

Nationalité Suédoise.

Origines Les origines de cette race nordique sont inconnues.

Standard Le Norrbottenspets est un chien de petite taille, trapu mais léger, avec un port élégant et une expression éveillée. La tête est en forme de coin. Museau : pointu avec un stop accentué. Nez : noir. Lèvres : minces. Denture : croisant bien en ciseaux. Yeux : de taille moyenne, sombres, donnant l'impression que le chien est toujours sur le qui-vive. Oreilles : droites et mobiles. Cou : musclé. Corps : carré. Queue : courbée, portée sur le côté avec son extrémité atteignant les cuisses. Poil : de moyenne longueur, épais, rude au toucher, avec un sous-poil doux. Toutes les couleurs sont admises. Les robes blanches nettement marquées de rouge ou de jaune sont les plus recherchées.

Personnalité Affectueux, fidèle, dévoué, vigilant.

Aptitudes On l'utilise comme chien de trait et chien de garde. Gai, plein d'entrain, propre, il fait aussi un excellent chien de compagnie. Très attaché à ses maîtres, il devient dangereux en présence de voleurs.

85 HOKKAIDOKEN

Nationalité Japonaise.

Origines L'Hokkaidoken descend des chiens de trait qui suivirent les Aïnous au Japon, lorsque ceux-ci s'y installèrent au Xe siècle avant J.-C. C'est la race canine la plus répandue au Japon.

Standard C'est un chien fin, musclé, d'aspect rude. Il se caractérise par une grande rapidité de mouvements et une démarche souple. La taille des mâles ne doit pas dépasser 50 cm, celle des femelles 45 cm. Le poids est d'environ 25 kg. La tête est carrée, le nez droit. Les dents doivent être saines et fortes ; le prognathisme est un défaut. Yeux : triangulaires avec des pupilles noires et une expression intelligente. Oreilles : droites, pointues. Nez : épais avec un léger fanon. Queue : en panache, nettement frangée. Poil : dur et raide avec un sous-poil doux et épais. Couleurs : rouge, blanc, noir, poivre et sel, marron.

Personnalité Obstiné, courageux, obéissant, fidèle, très affectueux. Il aime la vie de famille.

Aptitudes L'Hokkaidoken est très apprécié comme chien de chasse pour gros gibier (particulièrement les ours), comme chien de garde et comme chien de trait. Son sens aigu de l'orientation lui permet de toujours retrouver son maître, quelle que soit la distance qui l'en sépare.

86 TOSA

Nationalité Japonaise.

Origines Cette race est relativement récente puisqu'elle a été créée entre 1868 et 1912. Elle résulte des croisements opérés entre Kochis (chiens d'origine japonaise), Bull-Terriers, Bull-Dogs, Dogues Allemands et Saint-Bernard.

Standard Le Tosa est un chien robuste et vigoureux. Il mesure environ 60 cm pour un poids moyen de 40 kg. Il a un museau de moyenne longueur, des mâchoires puissantes et des dents très solides. Yeux : petits, brun-rouge, au regard pénétrant. Oreilles : minces, pendantes. Cou : musclé, avec un fanon. Queue : avec l'extrémité atteignant le jarret. Poils : très courts, denses, fermes. Les robes rouges sont les plus courantes. Toutes les couleurs sont admises, à condition qu'elles soient marquées de rouge.

Personnalité Agressif, courageux, parfois menaçant, mais néanmoins sage et obéissant. Il se dresse facilement.

Aptitudes Le Tosa commença sa carrière comme chien de combat, puis remplit les fonctions de chien de garde et de défense. Querelleur mais patient, il s'est révélé agréable chien de compagnie, très attaché à ses maîtres mais méfiant vis-à-vis des étrangers.

Alimentation Comme tous les chiens japonais, il apprécie autant le poisson que la viande.

---

87 AKITA INU

Nationalité Japonaise.

Origines Originaire de l'île de Honshu, au Japon, la race demeura inchangée pendant plusieurs siècles.

Standard C'est un chien solide et puissant dans sa construction, bien proportionné. Le mâle mesure de 63 à 71 cm pour un poids allant de 35 à 40 kg. La femelle, plus petite, se tient entre 57 et 66 cm. Le museau est fort, court, pointu. Les dents doivent être solides et relativement développées. Yeux : sombres, légèrement triangulaires. Oreilles : droites, inclinées vers l'avant. Queue : épaisse et fournie, portée enroulée sur le dos. Poil : raide, de moyenne longueur, avec un sous-poil doux et fin. Toutes les couleurs sont admises. Le masque facial n'est pas un défaut. Le sous-poil peut être de couleur autre que celle de la fourrure extérieure.

Personnalité Courageux, intelligent, affectueux, attentif docile mais parfois fougueux.

Aptitudes Utilisé trop longtemps comme chien de combat l'Akita fut sur le point de disparaître mais le gouvernement japonais, peu désireux de perdre ce trésor national, interdi son usage dans les spectacles sanglants. Très apprécié autrefois comme chien de chasse pour gros gibier, il es aujourd'hui presque exclusivement employé comme chien de compagnie et connaît un vif succès en Europe et aux États-Unis.

88 SANSHU

Nationalité Japonaise.

Origines Créée en 1912, cette race moderne est issue du croisement de l'ancien chien japonais, le Aichi, avec un Chow-Chow chinois.

Standard Le Sanshu est un chien très robuste, doté d'une exceptionnelle résistance au froid. Vu de côté, le corps doit paraître carré. Hauteur au garrot : mâles, 50 à 55 cm ; femelles, 45 à 50 cm. Poids : 20 à 25 kg. Il a un museau puissant, en forme de coin, et un nez noir. Yeux : sombres, en amande. Oreilles : petites, triangulaires. Cou : fort, épais. Le crâne est légèrement plat au sommet. La robe présente un poil ferme, modérément long. On accepte toutes les couleurs allant du rouge au gris. Il existe une variété de Sanshu qui mesure 10 cm de moins.

Personnalité Très attaché à son maître, affectueux, propre et obéissant.

Aptitudes Son ancêtre, le Aichi, était exclusivement utilisé comme chien de chasse et chien de garde. Si le Sanshu est, lui aussi, un très bon gardien, il ne s'en révèle pas moins un agréable compagnon et connaît une vogue grandissante hors de son pays d'origine.

89 AÏDI
Chien de l'Atlas

Nationalité Marocaine.

Origines On pense, sans pouvoir l'affirmer, que l'Aïdi est originaire du Sahara.

Standard Chien robuste, à l'aspect rude, l'Aïdi présente une vague ressemblance avec l'Airedale. La taille du mâle se situe entre 52 et 62 cm, celle de la femelle entre 45 et 50 cm. Le poids est d'environ 30 kg. Il a le museau court et en coin de l'ours. Sa denture est particulièrement puissante. Yeux : sombres, s'harmonisant avec la couleur de sa robe. Oreilles : droites, pointant légèrement vers l'avant. Cou : musclé dépourvu de fanon. Queue : formant un superbe panache atteignant les jarrets. Poil : ferme, assez long (6 cm environ). On admet de nombreuses couleurs : sable, fauve, blanc, fauve foncé, tricolore...

Personnalité Curieux, nerveux, de bonne compagnie. Docile, il se dresse facilement.

Aptitudes Peu connu hors du sol marocain, il est utilisé comme gardien de troupeaux, chien de garde et de défense chasseur de chacals. Sa fourrure épaisse et formant crinière autour du cou le protège contre le soleil ardent et le froid de la nuit. Il détecte la présence de serpents venimeux, aussi est-il très apprécié des nomades et des chasseurs.

90 CÃO DA SERRA DA ESTRELA

Nationalité Portugaise.

Origines Il compte parmi les races les plus anciennes de la péninsule Ibérique, et porte le nom des montagnes portugaises, Serra da Estrela, d'où on pense qu'il est originaire.

Standard Ce chien à l'aspect rude se caractérise par une tête volumineuse et des épaules extrêmement puissantes. Son tour de poitrine est d'environ 80 cm. Ses membres sont droits et très puissants. Hauteur au garrot : 65 à 72 cm. Poids : 40 à 50 kg. Yeux : sombres, grands, ovales, avec une expression intelligente et sereine. Oreilles : petites, fines, pendantes. Queue : épaisse, en forme de faucille. La robe présente un poil ferme, rugueux au toucher mais non dur. Le sous-poil est doux et épais. Seuls le fauve, le gris de loup et le jaune sont admis. Les taches ne sont pas un défaut.

Personnalité Extrêmement docile et obéissant avec son maître, mais féroce envers les étrangers ; intelligent, combatif, facile à dresser.

Aptitudes On le dresse pour défendre le menu et le gros bétail, pour chasser, pour tirer les charrettes le long des routes escarpées des montagnes, pour garder les maisons, pour combattre les loups. Mais ce n'est pas, dit-on, un bon chien de compagnie.

91 CÃO DE CASTRO LABOREIRO

Nationalité Portugaise.

Origines Cette race portugaise a des origines très anciennes. Elle porte le nom du village de Castro Laboreiro, où elle est particulièrement populaire.

Standard Ce chien est robuste et fortement charpenté, mais non dépourvu de noblesse et d'élégance. Hauteur au garrot : mâles, 56 à 60 cm ; femelles, 52 à 57 cm. Poids : mâles, 30 à 40 kg ; femelles, 20 à 30 kg. Il a une tête étroite et fine, un nez noir avec de vastes narines. Les mâchoires sont solides, les dents fortes et blanches. La poitrine doit être large et profonde, le ventre relevé. Queue : longue et fournie. Yeux : bruns, en amande. Oreilles : triangulaires et s'arrondissant à leur extrémité. Poil : ferme et rugueux au toucher, régulièrement réparti. Couleurs : toutes les nuances de gris.

Personnalité Très courageux, docile, fidèle, dévoué, affectueux. Sa voix est tout à fait reconnaissable : elle commence dans les notes graves et finit dans l'aigu.

Aptitudes Remarquable gardien de troupeaux, il se dresse avec témérité devant les loups. Très résistant et habitué aux terrains accidentés, il est souvent utilisé pour garder les maisons isolées. Ce compagnon calme et paisible aime la vie de famille, est très attaché à ses maîtres mais se montre méfiant envers les étrangers.

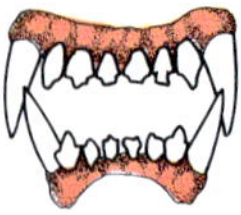

92 DOGUE DU TIBET

Nationalité Anglaise.

Origines Il descend des célèbres Chiens du Tibet, qui sont les ancêtres de la plupart des Dogues aujourd'hui connus dans le monde. Les éleveurs britanniques ont considérablement amélioré la race, qui ne compte plus que quelques spécimens en Orient.

Standard Le Dogue du Tibet est un chien vigoureux, de constitution robuste. Il peut mesurer jusqu'à 80 cm et peser près de 100 kg. Marco Polo le comparait, par sa taille, à un âne et, par sa voix, à un lion. La tête est large et massive, le museau plus fin que celui du Mastiff. Les mâchoires impressionnent par leur puissance. Yeux : bruns, modérément grands. Oreilles : pendantes, en forme de cœur. Cou : très musclé. Queue : enroulée sur la croupe. Poil : long, épais, dense. Couleurs de la robe : noir et feu, jaune d'or.

Personnalité Si les chiens que l'on rencontre au Tibet sont féroces, combatifs, agressifs, lunatiques et très difficiles à dresser, les sujets européens sont obéissants et très attachés à leurs maîtres.

Aptitudes Remarquable chien de berger, le Dogue du Tibet se dresse avec férocité devant les loups ou les léopards qui tentent d'approcher son troupeau. Il se montre un excellent gardien de villages et de maisons isolées mais n'est pas fait pour vivre en appartement.

93 KEESHOND

Spitz-Loup

Nationalité Hollandaise.

Origines Originaire des régions arctiques, le Keeshond compte parmi ses ascendants le Samoyède, le Chow-Chow, l'Elkhound et le Loulou de Poméranie. Les Hollandais l'appréciaient tellement qu'ils lui donnèrent le nom de leur héros le plus populaire, William Kees de Gyselaer. Le Keeshond, ou Spitz-Loup, connut une longue période d'oubli ; il faut attendre 1920 pour le voir susciter à nouveau l'intérêt des éleveurs et du public.

Standard C'est un chien de taille moyenne, qui rappelle par son aspect le Samoyède. Les mâles mesurent de 44 à 48 cm, soit 10 % de plus que les femelles. Le poids varie de 25 à 30 kg. Yeux : couleur noisette, obliques. Oreilles : triangulaires portées droites. Queue : de longueur moyenne, enroulée sur le dos. Poil : très riche, épais, raide, brillant avec un sous-poil laineux. Couleur : un mélange de gris et de noir.

Personnalité Plein d'entrain, vif, intelligent, agréable, très vigilant.

Aptitudes Bon nageur, le Keeshond fut utilisé, pendant des années, comme le « chien à tout faire » des mariniers hollandais. Il aime la vie de famille, s'adapte facilement à la ville et est, de fait, très recherché, aujourd'hui, comme chien de compagnie. On l'emploie aussi comme chien de garde.

LES TERRIERS

94 FOX-TERRIER A POIL LISSE

Nationalité Anglaise.

Origines La race des Terriers, qui compte plus de vingt variétés, est née en Grande-Bretagne dans des temps très lointains. Dans son *Histoire naturelle,* Pline l'Ancien notait que les Romains, lorsqu'ils conquirent la Bretagne (Angleterre) en 55 av. J.-C., furent surpris d'y découvrir des chiens de petite taille qui chassaient en poursuivant leur proie jusque dans sa tanière. Au XIVe siècle, Marco Polo put constater que les chiens de chasse les plus prisés à la cour du Grand Khan étaient les petits Terriers. Le premier Terrier véritable a été décrit en 1570 par le Dr Caius, de Cambridge. Depuis cette date, les Terriers, réputés pour leur efficacité et leur étonnante vitalité, se sont multipliés dans le monde entier.

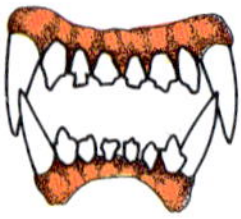

Pour obtenir les Terriers actuels, les éleveurs ont croisé les anciens Terriers avec les Dachshunds, puis avec le Fox-Hound et le Beagle. Le standard du Fox-Terrier à poil lisse a été fixé pour la première fois en 1876.

Standard Le Fox-Terrier est particulièrement bien armé pour la chasse : mâchoires puissantes, dents solides, agressivité, puissance, courage. C'est un animal élégant, bien bâti, qui concentre le maximum de force dans le minimum de volume. Sa taille ne doit pas être supérieure à 40 cm pour un poids de 8 à 9 kg. La femelle est légèrement plus petite. Son crâne étroit est plat, son museau effilé, son nez noir. Yeux : sombres, petits, enfoncés, pétillants de vie et d'intelligence. Oreilles : en forme de V, retombant en avant près de la joue. Cou : mince et musclé. Queue : attachée assez haut, elle ne doit être ni enroulée ni rejetée au-dessus du dos. Poil : lisse et abondant. Le blanc doit dominer, avec des taches noires et marron de préférence.

Personnalité Le Fox-Terrier est un animal plaisant, très vivant et très actif. Il a une fâcheuse tendance à agresser les autres chiens, mais c'est un merveilleux compagnon de jeux, surtout pour les enfants. Très attaché à ses maîtres, il peut se montrer extrêmement jaloux.

Aptitudes A l'origine, le Fox-Terrier était conçu, comme son nom l'indique, pour combattre les renards et traquer le petit gibier dans ses tanières. Bien que ses qualités de chasseur n'aient pas disparu, il est souvent considéré, aujourd'hui, comme un chien de compagnie. Intelligent, curieux, volontiers querelleur, il s'intéresse à toutes les activités de ses maîtres et dédaigne les coussins moelleux. C'est un excellent chien de garde pour les appartements et les automobiles.

Alimentation Le Fox-Terrier est un chien dynamique, toujours en mouvement, qui se dépense sans compter. Son alimentation, de ce fait, doit être particulièrement riche (250 g de viande par jour, plus riz et légumes).

95 FOX-TERRIER A POIL DUR

Nationalité Anglaise.

Origines Identiques à celles du Fox-Terrier à poil lisse.

Standard Le Fox-Terrier à poil dur a été surnommé « le frère endimanché » du Fox-Terrier à poil lisse. En réalité, ces deux variétés de Terriers ne se distinguent pas seulement par la qualité de leur poil. Le Fox-Terrier à poil dur ne doit pas mesurer plus de 39,5 cm, et son poids ne doit pas excéder 8,20 kg. Ses autres caractéristiques sont les mêmes que celles du Fox-Terrier à poil lisse. Son poil, d'une texture dense, à peine bouclé, doit apparaître bomme brisé et ressembler à des fibres de noix de coco. La couleur dominante est le blanc, avec des taches noires et marron. Le Fox-Terrier à poil lisse est régulièrement tondu et sa queue est coupée, ce qui tend à le faire ressembler à un animal en peluche.

Personnalité Vif, curieux, querelleur, toujours en mouvement, comme le Fox-Terrier à poil lisse.

Aptitudes Avant tout chien de chasse, le Fox-Terrier à poil dur, à cause de son apparence, n'est plus considéré aujourd'hui que comme un animal de compagnie. On a dit de lui qu'il était fait pour « répandre la joie autour de lui ». Comme son cousin à poil lisse, c'est un excellent gardien d'appartements et d'automobiles.

---

96 AIREDALE-TERRIER

Nationalité Anglaise.

Origines Né il y a un siècle dans le comté de York, l'Airedale est le résultat du croisement de l'ancien Terrier de Travai (Working Terrier) et du Otterhound (Chasseur de Loutres) L'Aire, qui lui a donné son nom, est une rivière du Yorkshire

Standard L'Airedale a une robe marron marquée de taches noires ou grises. Son poil luisant le protège de l'humidité, mais il doit être régulièrement tondu. Hauteur : environ 59 cm Poids : autour de 20 kg. Yeux : petits, sombres, très vivants Oreilles : en forme de V, à demi dressées. Queue : porté haute, coupée.

Personnalité Autrefois, l'Airedale était utilisé pour la chass au loup et à l'ours, mais, au fil des ans, l'amélioration de l race en a fait un chien de qualité. C'est un compagnon plei de vie, patient et agréable, mais qui a besoin de se sentir aim et respecté.

Aptitudes A l'inverse des petits Terriers, il ne pénètre pa dans les tanières, mais peut chasser la loutre, le cerf ou l sanglier. En temps de guerre, il peut être utilisé comm courrier, sentinelle, chien d'assaut ou chasseur de rats. C'es également un chien de police et un garde du corps trè efficace. Aujourd'hui, et c'est peut-être une erreur, il n'es plus recherché que comme un excellent chien de compagni

97 BEDLINGTON-TERRIER

Nationalité Anglaise.

Origines Le Bedlington a été créé aux environs de 1880 par des mineurs anglais désireux d'obtenir un chien capable d'exterminer les rats qui pullulaient alors dans les mines. Bedlington est le nom d'une petite ville d'Angleterre. Le Bedlington est un croisement du Dandie-Dinmont, du Otterhound et du Whippet.

Standard « Cœur de lion dans une peau d'agneau », le Bedlington avec sa tête en forme de poire, ses longues mâchoires, ses dents d'herbivore, ressemble effectivement à un mouton. Yeux : petits, très enfoncés. Oreilles : attachées assez bas, pendant le long des joues. Queue : pointue. Pattes antérieures : droites. La robe épaisse et cotonneuse doit être régulièrement taillée. Couleurs : bleu, sable, foie. Taille : de 38 à 40 cm. Poids : de 7,7 à 10,5 kg.

Personnalité Bien qu'il ressemblât à un mouton, le Bedlington était à l'origine d'une nature hargneuse et agressive. Son caractère s'est cependant adouci au fil des ans, et il est aujourd'hui considéré comme un compagnon affectueux, dévoué et intelligent.

Aptitudes Le Bedlington n'a rien perdu de ses qualités premières. Redoutable chasseur de rats, il peut également traquer le petit gibier dans ses tanières ou à découvert. Considéré aujourd'hui, avant tout, comme un chien d'appartement, c'est un gardien attentif et efficace.

---

98 BORDER-TERRIER

Nationalité Anglaise.

Origines Née près de la frontière entre l'Angleterre et l'Écosse et créée spécialement pour chasser les renards, particulièrement nuisibles dans cette région, la race a été reconnue en 1920 par le Kennel Club.

Standard Le Border est le plus petit et le moins fringant des Terriers. Il mesure environ 25 cm et pèse entre 6 et 7 kg. Sa tête ressemble à celle d'une loutre, son museau est court et massif, ses incisives supérieures et ses incisives inférieures sont placées en ciseaux. Yeux : sombres, vivants. Oreilles petites, en forme de V, tombant vers l'avant. Queue : épaisse et courte, portée haute. Ossature : légère. Robe : dense, avec un sous-poil abondant. Couleurs : rouge, froment, poivre e sel, roux.

Personnalité Audacieux, remuant, chasseur implacable, le Border est de bonne compagnie, et apprécie particulièremen les enfants.

Aptitudes Souple, robuste, solide, le Border, pendant des décennies, a été le grand spécialiste de la chasse au renard e à la martre. Aujourd'hui, comme la plupart des Terriers, il es devenu un chien d'intérieur, très prisé pour sa gentillesse et l peu de soins qu'il réclame. Ennemi féroce des renards, coexiste sans problèmes avec les autres animaux de l maison.

99 BULL-TERRIER

Nationalité Anglaise.

Origines En 1830, les combats entre Bull-Dogs et taureaux devinrent si populaires en Grande-Bretagne que leurs organisateurs décidèrent de créer, « pour le sport », un chien aussi agressif mais plus agile que le Bull-Dog. En croisant celui-ci avec des Terriers, et en lui ajoutant une pointe de sang de Pointer Espagnol, ils obtinrent le Bull-Terrier, dont la variété à robe blanche apparut en 1850.

Standard Le Bull a une tête ovale, allongée, des mâchoires puissantes, des dents solides et régulières. Yeux : sombres, petits, en forme d'amande. Épaules : robustes. Corps : massif, circulaire. Queue : horizontale. Poil : court, dur, luisant. Couleurs : blanc, blanc à taches noires ou tête tigrée, tigré, feu, noir, ou blanc, feu et noir. Taille : 53 cm. Poids : de 23,5 à 28 kg.

Personnalité A l'origine, le Bull-Terrier était un chien agressif, voire hargneux. Aujourd'hui, les éleveurs ont adouci son caractère. C'est un compagnon obéissant, réservé et loyal.

Aptitudes Combattant courageux, et même sanguinaire, le Bull est également un bon gardien de troupeaux, un chasseur de rats, un gardien efficace, un garde du corps redoutable et un agréable chien de compagnie.

Remarque Dans les expositions et les concours, les Bulls sont divisés en deux catégories : blanc, et coloré ou taché.

---

100 CAIRN-TERRIER

Nationalité Anglaise.

Origines Apparu au début du XVIe siècle, le Cairn, présenté au public en 1902, n'est devenu populaire qu'après 1930. En Écosse, les *cairns* sont de petits monticules de pierres qui marquent les limites d'une propriété ou l'emplacement d'une tombe. Les animaux de petite taille y établissent souvent leur tanière. Le Cairn a été créé spécialement pour les en débusquer.

Standard Le Cairn ressemble vaguement à un renard. Son crâne est large et solide, son museau épais, mais sans lourdeur, ses incisives se joignent parfaitement. Yeux : enfoncés, couleur noisette foncé. Oreilles : pointues, dressées. Queue : portée gaiement. Membres : courts, à l'ossature solide. Taille : pas plus de 30 cm. Poids idéal : 6,3 kg. Robe : poil de couverture abondant et dur, sous-poil dru, semblable à de la fourrure. Couleurs : rouge, sable, gris, poivre et sel, gris sombre.

Personnalité Vivant, aimable, très affectueux ; on peut lui apprendre de petits tours.

Aptitudes Remarquable forceur de terriers, il traque depuis des siècles le renard, le blaireau, la loutre et le lapin. Mais s'est adapté sans difficulté à la vie sédentaire. Aimable compagnon, il est, de tous les Terriers, celui qui accepte le plus facilement de porter une laisse.

101 DANDIE-DINMONT-TERRIER

Nationalité Anglaise.

Origines Ce Terrier très ancien, issu d'un croisement du Scottish, du Skye et du Bedlington, a longtemps été presque exclusivement le chien favori des Bohémiens. Il devint célèbre au début du XIXᵉ siècle, grâce à un roman de Walter Scott. Il est entré dans l'histoire en prenant le nom du maître que l'écrivain lui avait donné : Dandie Dinmont.

Standard Taille : de 20 à 25 cm. Poids : autour de 8 kg. Le Dandie-Dinmont a une tête large, solide, un nez noir dont la partie supérieure est dépourvue de poils. Ses yeux sont brillants, très vivants. Ses oreilles pendent. Son corps est souple et allongé, ses membres sont courts et très musclés, ses cuisses puissantes. Queue : entre 20 et 25 cm. Son poil, long de 5 cm, combine raideur et souplesse. Ses couleurs sont poivre sombre, poivre argenté, brun moutarde ou feu clair.

Personnalité Le Dandie-Dinmont est affectueux et joueur. C'est un compagnon agréable.

Aptitudes A l'origine, c'était un redoutable chasseur de rats et de souris, et il n'a rien perdu de ses talents. Il chasse également la martre, la belette et le putois. Avec son corps allongé, ses pattes courtes et son toupet, c'est aujourd'hui un chien de compagnie très recherché.

---

102 IRISH-TERRIER

Nationalité Irlandaise.

Origines L'Irish-Terrier est apparu dans l'Antiquité, mais la première représentation que nous en ayons est un tableau du XVIIIᵉ siècle.

Standard Il ressemble étonnamment au Fox-Terrier à poil dur, dont il est de toute évidence un proche parent. Il mesure 46 cm et son poids idéal est 12,3 kg. Son crâne est plat, étroit entre les oreilles, son museau effilé, ses joues musclées, ses incisives se joignent parfaitement. Yeux : petits et sombres. Oreilles : en forme de V, tombant vers l'avant. Queue : dressée (coupée). Ses pattes antérieures, très droites, ont une ossature et une musculature puissantes. Son poil est dur, épais, légèrement ondulé. Couleur : feu, comme tous les chiens irlandais, avec des nuances allant du rouge proprement dit à l'orange et presque au jaune.

Personnalité Autrefois considéré comme un « petit démon », en raison de son exceptionnel courage, c'est aujourd'hui un chien affectueux, doux, facile à dresser.

Aptitudes Il a été utilisé pour traquer le petit gibier, dans ses tanières ou dans les mares, et comme chien rapporteur. En 1918, la race a été décorée pour « son courage et son mépris du danger » pendant la Grande Guerre. Aujourd'hui, l'Irish-Terrier est un chien de compagnie recherché pour son adaptabilité à la vie urbaine et à presque tous les climats.

103 JACK-RUSSELL-TERRIER

Nationalité Anglaise.

Origines Le Jack-Russell-Terrier a été créé au XIXe siècle par un célèbre éleveur anglais réputé pour sa passion des chiens, le pasteur Jack Russell.

Standard Le Jack-Russell n'étant pas reconnu par le Kennel Club américain, ses caractéristiques demeurent relativement imprécises. Son apparence est celle d'un Fox-Terrier à pattes courtes. Taille : 22 cm. Poids : de 4 à 5 kg. Yeux : sombres, enfoncés. Oreilles : extrémités tombantes, non collées à la tête. Poil : type « laine d'acier ». Couleur : blanc avec des taches rousses sur le museau et le corps. Il existe deux variétés : à poil lisse et à poil dur.

Personnalité Chien courageux, dévoué, gai, docile.

Aptitudes Comme tous les Terriers, il a longtemps été utilisé pour chasser le petit gibier. Réputé pour son aptitude à se faufiler dans les passages les plus étroits. Aujourd'hui chien de compagnie, il demeure le moins connu des Terriers.

Remarque Après une brève période de gloire qui prit fin à la mort de son créateur, le Jack-Russell, rejeté par les amateurs de chiens, a connu un rapide déclin. On trouve cependant aujourd'hui encore en Grande-Bretagne des spécimens en tout point semblables au chien créé par le pasteur Russell.

---

104 KERRY-BLUE-TERRIER

Nationalité Irlandaise.

Origines Le Kerry-Blue a été créé au XVIIIe siècle par des bergers irlandais du comté de Kerry. Ses principaux ascendants sont l'Irish-Terrier, le Dandie-Dinmont et le Bedlington. Son standard a été fixé à la fin de la Première Guerre mondiale. Il partage avec le Shamrock l'honneur d'être devenu un des symboles de l'Irlande.

Standard Taille : de 46 à 48 cm pour les mâles, un peu moins pour les femelles. Poids : de 15 à 17 kg. C'est un chien élégant et puissant, au corps bien dessiné, à la tête longue et étroite. Le museau est fort, le stop à peine marqué. Yeux : très sombres. Oreilles : en forme de V, portées vers l'avant. Cou : long. Queue : dressée (coupée). Membres : droits, ossature solide. Robe : soyeuse et ondulée. Couleurs : toutes les nuances du bleu.

Personnalité Querelleur, têtu, mais affectueux et facile à dresser.

Aptitudes Chasseur de petites proies et de rats, chien rapporteur, le Kerry-Blue peut être également, avec la même efficacité, chien de troupeaux, chien de garde ou chien de police.

Remarque Pour les concours, le Kerry-Blue doit subir d'abord un trimming.

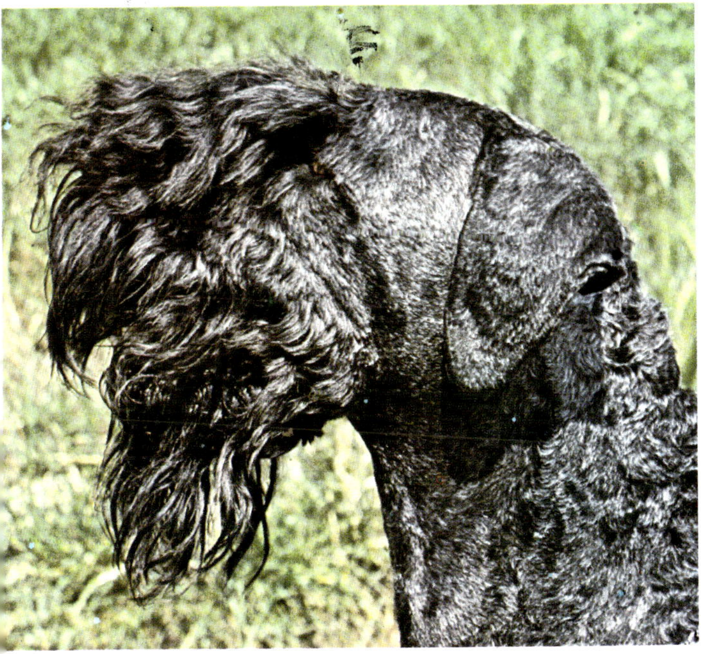

105 LAKELAND-TERRIER

Nationalité Anglaise.

Origines Le Lakeland a été créé au XIXe siècle. Il résulte vraisemblablement du croisement du Bedlington et d'un ancien Terrier à poil dur. Il a été reconnu en 1921.

Standard Le Lakeland est un chien élégant, à la tête gracieuse, effilée, aux membres droits et solides. Taille : pas plus de 36,8 cm. Poids : 7,7 kg pour les mâles, 6,8 pour les femelles. Ses joues sont puissantes, ses yeux sombres ou noisette. Oreilles : petites, en forme de V. Queue : portée gaiement, sans être ramenée sur le dos. Poil : épais et dur, résistant au froid, avec un épais sous-poil. Couleurs : noir-roux ; bleu-roux ; roux ; blé ; poivre, sel et rouge ; bleu ; noir. Les taches blanches sur les pattes et la poitrine ne sont pas des défauts. La robe nécessite un stripping régulier.

Personnalité Affectueux, enjoué, intelligent, sensible, obstiné, parfois entêté, toujours actif.

Aptitudes Originaire du district de Lake, en Grande-Bretagne, ce spécialiste des eaux et des terrains difficiles a longtemps été un remarquable chasseur de loutres, de renards et de blaireaux. Aujourd'hui, son élégance et son caractère aimable en font un chien de compagnie particulièrement recherché.

---

106 MANCHESTER-TERRIER

Nationalité Anglaise.

Origines La race est issue au XIXe siècle, à Manchester, du croisement du Black and Tan-Terrier et du Petit Lévrier Italien.

Standard Taille moyenne : 25 cm. Poids : 8 kg pour les mâles, 7,7 pour les femelles. C'est un chien élégant, bien tourné, à la tête longue, triangulaire, aux joues minces, à la denture en ciseaux. Oreilles : en forme de V. Yeux : petits, allongés. Queue : courte (non coupée). Sa robe épaisse, lisse, luisante, ne nécessite aucun toilettage particulier. Couleur : noir, avec des reflets acajou sur la tête et la poitrine.

Personnalité Intelligent, loyal, très actif.

Aptitudes Surnommé le *rat Terrier* (le Terrier ratier), ce champion de la chasse aux rongeurs faisait autrefois merveille à la campagne, dans les caves des vieilles demeures anglaises et dans les entrepôts. Aujourd'hui, sa petite taille et son caractère enjoué en font un bon chien de compagnie, mais sa popularité est en baisse, même dans sa ville natale.

Remarque En 1879, lors de la création du Club du Manchester-Terrier, la race a été subdivisée en deux catégories : Terrier ratier (standard ci-dessus) et Terrier d'appartement (plus petit). Ce dernier a donné naissance au Black-and-Tan-Toy-Terrier.

107 NORFOLK-TERRIER

Nationalité Anglaise.

Origines Originaire du comté de Norfolk, le Norfolk-Terrier n'a été reconnu que très récemment.

Standard Le Norfolk (25 cm) est avec le Norwich le plus petit des Terriers. Poids : 7 à 9 kg. Ses pattes sont évidemment très courtes, mais son ossature est puissante. Ses dents sont impressionnantes. Yeux : sombres, vifs. Oreilles : pendant le long des joues. Queue : coupée à mi-longueur. Membres : musclés (membres antérieurs : droits). Poil : épais, dur, rigide, collé au corps. Couleurs : toutes les nuances du roux, froment, noir, délavé et tacheté.

Personnalité Actif, courageux, affectueux, équilibré, rarement querelleur ou nerveux.

Aptitudes Autrefois très habile à chasser le renard, la loutre et le lapin, le Norfolk-Terrier est aujourd'hui un chien d'intérieur. Malgré toutes ses qualités, il est assez peu répandu.

---

108 NORWICH-TERRIER

Nationalité Anglaise.

Origines Ce chien est apparu pendant la seconde moitié du XIXe siècle. Il porta d'abord le nom de son créateur, Jones, puis prit celui de sa ville natale, Norwich. Éteinte pendant la Première Guerre mondiale, la race fut recréée dans l'entre-deux-guerres. Ses ascendants sont le Bedlington, le Bull-Terrier et l'Irish-Terrier.

Standard Sa taille moyenne (25 cm) fait du Norwich, avec le Norfolk, le plus petit de tous les Terriers. Poids : de 4 à 5 kg. Ses pattes sont courtes et solides, ses dents larges, son museau ressemble à celui d'un renard. Yeux : sombres, très expressifs. Oreilles : dressées. Queue : coupée à mi-longueur. Poil : droit, rigide, collé au corps, mais court et luisant sur le crâne et le museau. Couleurs : rouge, rouge froment, poivre et sel, noir délavé.

Personnalité Bon, honnête, fidèle, d'une exceptionnelle vitalité.

Aptitudes A l'origine chasseur de petites proies, le Norwich est aujourd'hui un chien de compagnie très recherché par les jeunes gens et les personnes menant une vie active. Il est la mascotte des étudiants de Cambridge.

Remarque La femelle est extrêmement jalouse de ses petits.

109 SCOTTISH-TERRIER

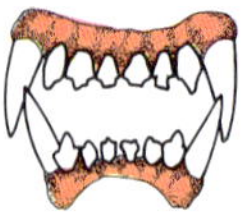

Nationalité Anglaise.

Origines La race est apparue en Écosse en 1700, mais le chien que nous connaissons aujourd'hui n'a été créé qu'en 1890. Avant cette date, il était connu sous le nom d'Aberdeen-Terrier, et principalement élevé à Aberdeen.

Standard Vigoureux et compact, bas sur pattes, le Scottish-Terrier a été décrit comme « un grand chien sous un petit volume ». Taille idéale : de 25 à 28 cm. Poids : entre 8,5 et 10,5 kg. Sa tête est longue, mais proportionnée à sa taille. Le nez noir est large, les dents robustes, le stop léger. Yeux : brun foncé, en forme d'amande. Oreilles : pointues et dressées. Cou : musclé. Rein : musclé et ferme. Queue : de longueur moyenne, droite ou légèrement recourbée. Robe : sous-poil serré et doux, poil serré et dur comme du fil de fer, les deux formant une couverture résistant aux intempéries. Couleurs : noir, froment, bringé.

Personnalité Très vivant, ardent, fier, indépendant, intelligent. Le Scottish-Terrier s'attache exclusivement à ses maîtres, n'accordant que peu d'attention aux étrangers. On dit de lui qu'il peut « tout faire et aller partout ». Il est extrêmement sensible aux récompenses et aux réprimandes, aussi son dressage doit-il se faire en douceur.

Aptitudes Courageux, insouciant du danger, chasseur impitoyable, il fut longtemps utilisé pour débusquer le petit gibier. Ses proies de prédilection étaient le renard, le blaireau, la loutre, le lapin de garenne. De nos jours, sa bonne apparence, sa tête expressive et son amusante barbiche en font un chien de compagnie unique en son genre. Trois qualités supplémentaires le font apprécier des amateurs : il joue volontiers avec les enfants, il aboie rarement, et il veille sur la maison de ses maîtres. Très populaire en Écosse, il figure sur les étiquettes des bouteilles de whisky et sur de nombreuses cartes de vœux. On fait également des jouets et des porte-bonheur à son image.

Alimentation 150-200 g de viande par jour, avec du riz et des légumes.

Remarques Pour demeurer en bonne santé, le Scottish-Terrier doit faire régulièrement de longues promenades. Pour garder bonne apparence, il a besoin de deux strippings par an et de fréquents brossages.

110 SEALYHAM-TERRIER

Nationalité Anglaise.

Origines Le Sealyham a été créé au milieu du XIXe siècle par le capitaine John Edwardes, qui croisa pour ce faire le Dandie-Dinmont, le Basset des Flandres, le Corgi, le West-Highland et le Fox-Terrier à poil dur. Il fut officiellement reconnu en 1910.

Standard Taille : pas plus de 30 cm. Poids maximum : 9 kg pour les mâles, 8,1 kg pour les femelles. Son crâne est arrondi, son museau large. Ses mâchoires sont puissantes, ses dents robustes. Ses canines très longues. Yeux : sombres, ronds. Oreilles : larges, collées aux joues. Cou : long et musclé. Queue : dressée (coupée). Pattes antérieures : courtes et droites. Pattes postérieures : très musclées. Poil : long, épais et brillant ; a besoin de strippings réguliers. Couleurs : blanc, blanc teinté de jaune.

Personnalité Intelligent, combatif, affectueux, un brin aristocrate, le Sealyham a été décrit comme « l'union parfaite de la bonne humeur et du courage ».

Aptitudes Ennemi juré des renards, loutres, blaireaux et autres putois, le Sealyham poursuit ses proies dans leurs tanières. Son joyeux caractère et sa barbiche en font aujourd'hui, comme beaucoup d'autres Terriers, un chien de compagnie très apprécié des amateurs.

---

111 SKYE

Nationalité Anglaise.

Origines A quelque chose malheur est bon : le Skye est né d'un naufrage. Au début du XVIIe siècle, un navire espagnol vint s'échouer sur les côtes de l'île de Skye, dans les Hébrides. Parmi les survivants se trouvaient des Maltais, qui s'accouplèrent avec les Terriers du cru, donnant naissance au Skye.

Standard Taille : 25,5 cm. Sa longueur doit être le triple de sa hauteur. Son poids se situe aux environs de 11,5 kg pour les mâles, 10,3 kg pour les femelles. Son museau est puissant, son nez noir, ses yeux sont très sombres. Ses oreilles peuvent pendre ou être dressées. Queue : pendante, jamais recourbée. Robe : son sous-poil est doux, son poil très long, dur, droit, sans la moindre ondulation. Couleurs : bleu-gris, crème gorge-de-pigeon. Les oreilles sont toujours noires.

Personnalité Le Skye est réservé, affectueux et fidèle. A Edimbourg, une plaque commémore le souvenir d'un Skye qui vécut dix ans à côté de la tombe de son maître.

Aptitudes Comme tous les Terriers à pattes courtes, le Skye chasse le petit gibier, qu'il poursuit jusque dans ses tanières. La beauté de sa robe, qui le recouvre de la tête aux pattes, en fait un chien de compagnie très recherché.

112 SOFT-COATED-WHEATEN-TERRIER

Nationalité Irlandaise.

Origines Dernier-né de la grande famille des Terriers, le Soft-Coated-Wheaten fut présenté pour la première fois au public en 1933. Sa renommée n'a cependant pas franchi les limites de sa province natale, le comté de Kerry, en Irlande.

Standard C'est un chien à la fois puissant et gracieux. Taille : environ 30 cm. Poids idéal : 15,8 kg. Son museau est relativement court, mais ses mâchoires constituent un véritable étau, et ses dents sont très robustes. Yeux : noisette sombre. Oreilles : petites, repliées vers l'avant. Queue : portée gaiement (coupée) mais ne retombant pas sur le dos. Membres : impeccablement droits, les pattes postérieures étant très musclées. Poil épais et très doux (comme l'indique son nom), ondulé ou frisé. Couleur : froment.

Personnalité Courageux, remuant, mais très versatile. Bonne résistance à la fatigue et aux intempéries.

Aptitudes Les Irlandais estiment que ce chien peut accomplir une multitude de tâches. Chien de garde et de défense, conducteur de troupeaux, chasseur, il peut être également un très bon chien de cour ou d'appartement.

---

113 STAFFORDSHIRE-BULL-TERRIER

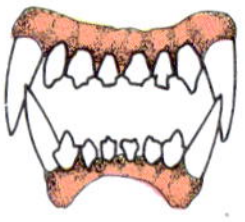

Nationalité Anglaise.

Origines Créé dans le Staffordshire au XIXe siècle par croisement du Bull-Dog et de divers Terriers, le Staffordshire-Bull est ensuite tombé dans l'oubli pendant plusieurs décennies et n'en est sorti qu'en 1935.

Standard Le Staffordshire-Bull est à la fois vif, robuste et agile. Taille : de 35 à 40 cm. Poids : de 12,5 à 17 kg pour les mâles ; de 10,8 à 15 kg pour les femelles. Il a une tête courte, au crâne large, de solides joues, un stop nettement marqué, des dents qui se joignent parfaitement. Yeux : sombres, ronds. Oreilles : demi-dressées. Cou : court et musclé. Queue : de taille moyenne, portée basse, jamais recourbée. Membres : droits. Poil : court, doux, lisse, plaqué au corps. Couleurs : rouge, beige, blanc, noir, bleu, ou blanc avec l'une des couleurs précédentes.

Personnalité Combatif mais équilibré, docile, patient avec les enfants, capable de sacrifier sa vie pour ses maîtres.

Aptitudes Créé pour les combats de chiens, il déclina avec eux, et revint à la mode en Amérique pendant l'entre-deux guerres. La variété américaine, qui connaît aujourd'hui un certain succès, est d'une taille légèrement supérieure à la variété européenne, dont le standard est défini ci-dessus.

114 WELSH-TERRIER

Nationalité Anglaise.

Origines Le Welsh-Terrier, présenté pour la première fois en 1885, et rebaptisé pour l'occasion, n'est autre que l'ancien Reddish-Black-Terrier à poil dur.

Standard Croisement de plusieurs petits Terriers avec l'Airedale, le Welsh-Terrier semble être un modèle réduit de ce dernier. Taille maximum : 39 cm. Poids : de 9 à 9,5 kg. Il a un nez noir, des dents solides croisées en ciseaux, un museau d'une certaine manière plus développé que celui du Fox-Terrier. Yeux : sombres, petits. Oreilles : en forme de V, portées vers l'avant. Queue : portée haute (coupée). Membres : droits et musclés. Pied : petit, circulaire, semblable à celui d'un chat. Poil : épais, rude, dur. Couleurs recherchées : noir ou gris-noir à reflets rouges.

Personnalité Vivant, gai, affectueux, docile, courageux, indépendant.

Aptitudes Le Welsh chasse le petit gibier de la même manière que les autres Terriers, mais il peut aussi être associé à des chiens de meute. De nos jours, il est considéré comme un chien de compagnie et n'est plus utilisé que rarement comme chien de garde. Il est très attaché à ses maîtres et très réservé avec les étrangers. Il doit être souvent brossé et a besoin de deux ou trois strippings par an.

---

115 WEST-HIGHLAND-WHITE-TERRIER

Nationalité Anglaise.

Origines Au milieu du siècle dernier, un éleveur de Cairn-Terriers du comté d'Argyll (Angleterre) trouva un jour des chiots blancs dans une portée qui aurait dû être sable clair. Ces Cairns blancs, baptisés Terriers d'Argyll, donnèrent naissance, après une rigoureuse sélection, au West-Highland-White-Terrier.

Standard Ce petit Terrier bien dessiné a une poitrine profonde et des pattes courtes et musclées. Taille : environ 28 cm. Poids : de 7 à 10 kg. Ses mâchoires sont égales et fortes, ses grandes dents carrées réunies régulièrement, son stop nettement marqué, son crâne légèrement bombé. Yeux : sombres, légèrement enfoncés, perçants. Oreilles : petites, dressées. Queue : de 12,5 à 15 cm de long (non coupée). Robe : sous-poil ressemblant à de la fourrure, poil long (5-6 cm), dur, sans ondulation. Couleur : blanc pur.

Personnalité Ardent, remuant, hardi, sûr de lui.

Aptitudes Destiné à l'origine, comme tous les Terriers, à traquer le petit gibier dans ses tanières, le West-Highland-White, obstiné et efficace, donna entière satisfaction à ses créateurs. C'est aujourd'hui un chien de compagnie très recherché, au commerce particulièrement agréable, qui accepte sans difficulté de vivre en appartement, avec cependant une préférence marquée pour le plein air.

116 GLEN OF IMAAL-TERRIER

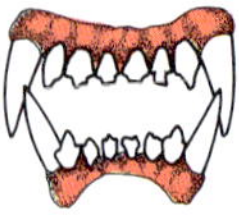

Nationalité Irlandaise.

Origines Présenté pour la première fois au public dans une exposition canine irlandaise en 1933, le Glen of Imaal a été importé aux États-Unis en 1968.

Standard A l'exception de son poil, qui est dur et crêpé, il ressemble en tout point au Welsh-Corgi. Taille : 36 cm pour les mâles, 33 cm pour les femelles. Poids : de 14 à 16 kg pour les mâles, 14 kg pour les femelles. C'est un petit chien compact, à la tête racée, aux pattes courtes, aux yeux noisette, à la queue gaiement portée. Son poil est froment ou gris-bleu.

Personnalité Agressif et obstiné comme la plupart des Terriers, il est très attaché à ses maîtres mais supporte mal la présence d'autres animaux. C'est un compagnon intelligent et agréable, quoiqu'un rien querelleur.

Aptitudes C'est avant tout un chien de compagnie. Lorsque l'occasion s'en présente, c'est aussi un remarquable chasseur de souris. Un dressage rapide peut également en faire un bon chasseur de renards et de blaireaux.

---

117 JAGDTERRIER

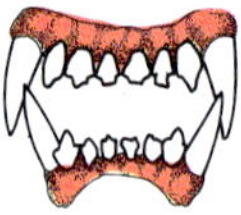

Nationalité Allemande.

Origines Le Jagdterrier a été créé au XIXe siècle par croisements successifs de plusieurs Terriers anglais.

Standard Il ne doit pas mesurer plus de 40 cm. Poids : de 9 à 10 kg pour les mâles, de 7,5 à 8,5 kg pour les femelles. Il a un museau puissant, aux joues marquées, des mâchoires robustes, des dents très fortes et un crâne large et plat. Yeux : petits, sombres, enfoncés, à l'expression très vivante. Oreilles : tombantes, en forme de V. Pattes antérieures : droites. Queue : portée à l'horizontale. Le Jagdterrier existe en deux variétés : à poil lisse et à poil dur. Couleurs : le plus souvent noir et gris, ou noir et noir délavé.

Personnalité Courageux, agressif, entêté, il n'obéit généralement qu'à son maître.

Aptitudes C'est l'un des rares Terriers qui ne soit pas, avec le temps, devenu un chien de compagnie. Il débusque le petit gibier, le traque dans ses tanières, ou rapporte le gibier d'eau. Insouciant du danger, il attaque sans hésiter n'importe quelle proie, du renard au sanglier. C'est également un bon chien de garde dans les maisons ou les automobiles. N'acceptant d'ordres et de familiarités que de son maître, il ne doit être en aucun cas recherché comme chien de compagnie.

118 TERRIER DE BOHÊME

Cesky-Terrier

Nationalité Tchèque.

Origines Le Terrier de Bohême a été créé par l'éleveur tchèque Franta Horak. Il a été officiellement reconnu en 1963.

Standard Le Terrier de Bohême est court sur pattes, mais souple et robuste. Il a une longue tête, un nez bien développé, (le plus souvent noir), de solides mâchoires. Yeux : enfoncés, amicaux. Oreilles : pendantes, collées aux joues. Épaules : musclées. Membres : robustes. Queue : de 18 à 20 cm, portée à l'horizontale lorsque l'animal est excité. Taille : de 27 à 35 cm. Poids : de 6 à 9 kg. Sa robe, gris-bleu ou café-crème, a besoin de trimmings réguliers. Il a une barbe épaisse et des sourcils broussailleux.

Personnalité Gentil, docile, loyal, patient, courageux.

Aptitudes A l'origine chasseur de petites proies, il fait merveille dans la chasse aux rats et aux souris. Sa silhouette plaisante, sa tolérance à l'égard des autres animaux domestiques en font un excellent chien de compagnie. Gai, facile à dresser, c'est un compagnon de jeu rêvé pour les enfants, mais aussi un gardien vigilant de la maison.

---

119 AMERICAN-STAFFORDSHIRE-TERRIER

Nationalité Nord-américaine.

Origines Croisement du Bull-Dog et de divers Terriers, le Staffordshire, créé au XIXe siècle en Angleterre pour les combats de chiens, est tombé dans l'oubli au début du XXe siècle. Pendant l'entre-deux-guerres, les éleveurs américains l'ont adopté et amélioré, augmentant sa taille et lui donnant une tête plus puissante.

Standard Taille : de 44 à 46 cm pour les mâles, 10 % de moins pour les femelles. Poids : de 17 à 20 kg. Son corps est puissant, très musclé, mais sans réduire pour autant sa souplesse. Yeux : ronds, de préférence noirs. Oreilles dressées, aux extrémités coupées. Queue : courte, portée à l'horizontale. Robe : poil court, épais, brillant. Couleurs : toutes sont admises, mais le blanc ne doit pas dépasser 80 % pour les mâles.

Personnalité De par ses origines, c'est un chien extrêmement combatif et plein de vitalité. Un dressage intelligent peut cependant faire de lui un animal paisible et docile, capable de déceler rapidement les bonnes ou mauvaises intentions de ceux qui l'approchent ou approchent son maître.

Aptitudes Bon chien de compagnie, mais remarquable gardien de propriétés.

Remarque Classé American-Staffordshire-Terrier par le Kennel Club américain, il est connu en Grande-Bretagne sous le nom d'American-Pit-Bull-Terrier.

120 BOSTON-TERRIER

Nationalité Nord-américaine.

Origines Le Boston est né de nombreux croisements entre le Bull-Dog, le Bouledogue Français, le Bull-Terrier et le Boxer. Il a été présenté pour la première fois à Boston en 1870. C'est un chien américain avec du sang anglais et français.

Standard Son poids oscille entre 6,75 et 11,3 kg, sa taille de 38 à 43 cm. Son crâne est large et plat, sa tête lisse, son museau court et carré, son nez gros et noir. Yeux : sombres, ronds, grands, doux et intelligents. Oreilles : petites, délicates, dressées. Cou : légèrement courbé. Poitrine : large. Membres : droits et musclés. Poil : court, brillant, très fin (l'animal ne le perd pas). Couleur : tigré, avec des taches blanches sur la tête, la poitrine et la queue.

Personnalité Très intelligent, très vif, de bonne tenue, attaché à son maître, patient avec les enfants.

Aptitudes Le Boston-Terrier est le chien de compagnie le plus complet qui puisse se concevoir. Il s'adapte à toutes les situations, joue avec les enfants, garde la maison. Son caractère égal, sa bonne humeur, sa gentillesse en font l'un des chiens les plus populaires et les plus répandus aux États-Unis.

---

121 TIBETAN-TERRIER

Nationalité Tibétaine.

Origines Cette race très ancienne est l'ancêtre de toutes les races tibétaines, du Shitzu au Lhassa-Apso, en passant par l'Épagneul du Tibet.

Standard Le Tibetan-Terrier ressemble à un modèle réduit de Bobtail. Taille : de 30 à 40 cm. Poids : de 8,2 à 13,6 kg. Son crâne est relativement long, sa tête recouverte d'un poil épais qui lui tombe sur les yeux. Les dents sont placées en ciseaux le stop est marqué. Yeux : grands et sombres. Oreilles pendantes, couvertes de très longs poils. Corps : compact et vigoureux. Queue : très épaisse, recourbée sur le dos. Poil abondant mais non soyeux. Couleurs : toutes sont admises sauf chocolat (blanc, or, gris fumée, noir, ou combinaison bicolore ou tricolore).

Personnalité Vivant, affectueux, très doux, intelligent, réservé avec les étrangers.

Aptitudes C'est avant tout un chien de compagnie. Les Tibétains, en raison de la sonorité de ses aboiements l'utilisent également comme chien de garde.

LES CHIENS DE CHASSE

122 TECKEL A POIL RAS

Nationalité Allemande.

Origines Le berceau des premiers Teckels semble se situer en Égypte car on en a retrouvé une représentation dans le tombeau d'un pharaon datant de 5 000 av. J.-C. Le Teckel (baptisé « Dachshund » par les Allemands) fut introduit en France au XVIIIe siècle, et la race reconnue au XIXe siècle.

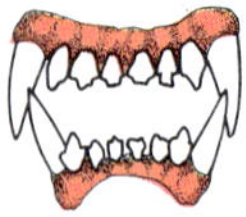

Standard Il existe trois variétés de Teckels : à poil ras, à poil long, à poil dur. On compte trois tailles dans les trois variétés de poil : type lourd, 9 kg environ ; type moyen, 4 kg ; type nain, 3,5 kg. La hauteur varie de 12 à 22 cm. Le Teckel est un chien au corps long et ferme, aux pattes courtes. Il a une tête allongée, un front légèrement bombé, des arcades sourcilières très marquées, un museau long et étroit, des mâchoires robustes, des lèvres non pendantes, des dents (généralement au nombre de 42) s'adaptant bien entre elles. Yeux : de forme ovale, de couleur plutôt foncée (brun-rouge ou brun-noir), au regard vif et pétillant d'intelligence. Oreilles : plates, plantées haut, s'appuyant sur la joue, mobiles. Cou : long et sec pour donner un port de tête relevé et dégagé. Le sternum doit être proéminent et l'abdomen modérément rentré. La queue est attachée dans le prolongement du dos. On exige du poil qu'il soit luisant, serré, plat et qu'il recouvre tout le corps. Les robes peuvent être unicolores (rouge ou jaune) ou bicolores (noir, marron ou gris avec des taches feu). Certains Teckels sont arlequins ou tigrés.

Personnalité Courageux, persévérant, fier, affectueux, très gai et débordant d'énergie.

Aptitudes Le Teckel est un merveilleux chien de terrier. En Grande-Bretagne, en Allemagne et en Suisse, on l'utilise encore pour la chasse, où il excelle. On ne saurait toutefois trouver compagnon plus agréable et malicieux.

Alimentation Comme le Teckel vivant en appartement a tendance à prendre du poids, il ne faut pas lui donner plus de 200 g de viande et 100 g de riz ou de légumes par jour. Cette ration est évidemment à réduire pour le type nain.

Remarque Le Teckel gronde facilement à l'approche des étrangers et sait se montrer utile comme chien de garde.

123 TECKEL A POIL LONG

Nationalité Allemande.

Origines On pense que la race a été obtenue par croisement du Teckel à poil ras avec un Épagneul.

Standard Le standard du Teckel à poil ras s'applique à cette variété, sauf en ce qui concerne le poil. Celui-ci est soyeux, doux, brillant et légèrement ondulé, mais en aucun cas frisé et ébouriffé. De longueur moyenne, il forme une véritable frange sur les membres, aux oreilles et sous la gorge. La queue est particulièrement touffue. On accepte toutes les couleurs de robe du Teckel à poil ras.

Personnalité Il est plus calme, plus docile et moins vif que la variété à poil ras. Cette différence de caractère peut s'expliquer par le fait qu'il coule dans ses veines du sang d'Épagneul, chien renommé pour sa douceur et sa sensibilité.

Aptitudes Sa beauté lui vaut d'être presque exclusivement utilisé comme compagnon.

Remarque Sa fourrure épaisse le protège contre les grands froids. Il est recommandé de la brosser chaque jour.

---

124 TECKEL A POIL DUR

Nationalité Allemande.

Origines Créée il y a un siècle, cette variété résulte d croisements opérés entre Teckels à poil ras, Schnauzers e Dandie-Dinmont-Terriers.

Standard Il présente toutes les caractéristiques du Teckel à poil ras, à l'exception de la fourrure. Le poil est de moyenne longueur et uniforme, sauf sur les sourcils où il forme de touffes. Il doit par ailleurs être dur, serré et parfaitement raide. Toutes les couleurs sont admises. Bien que tolérées, le taches blanches sont peu recommandées. Il faut le tondre deux fois par an.

Personnalité Paisible, affectueux, sensible, attachant. possède la vigilance du bon chien de garde.

Aptitudes Doué de courage et d'énergie, il chasse le pet gibier dans les fissures et les éboulements rocheux et s montre très rapide dans les parcours sous terre. Il aime la vi de famille, mais a besoin de courir et de prendre de l'exercice.

125 HANNOVERISCHER SCHWEISSHUND

Chien courant de Hanovre

Nationalité Allemande.

Origines Créée par des gardes-chasses, à Hanovre, au XIXe siècle, la race tire son origine d'un croisement de chiens de meute allemands, connus depuis le Ve siècle, avec le Harzhund, aujourd'hui disparu.

Standard C'est un chien de taille moyenne, au corps robuste et vigoureux. Le mâle mesure 57 cm, soit 5 cm de plus que la femelle, pour un poids variant entre 38 et 45 kg. Son front plissé lui donne un air à la fois attentif et mélancolique. Il a une tête modérément développée, un crâne large, une truffe noire, marron ou rose, des narines très ouvertes, des babines tombantes. Yeux : bruns, profondément enfoncés dans leur orbite, très vifs. Oreilles : longues, larges, rondes, plaquées contre la tête. Queue : longue, plantée bas, légèrement recourbée. Poil : court, épais, brillant Couleurs : gris-brun avec un masque foncé, brun-rouge orange, ocre, jaune foncé, brun charbonné.

Personnalité Obéissant, persévérant, affectueux.

Aptitudes Fin de nez et intelligent, le Schweisshund es spécialisé dans le déterrage du gibier. Jadis utilisés en meutes couvrant de vastes territoires, ces chiens ont appris à travailler seuls ou encore à deux.

---

126 SAINT-HUBERT

Bloodhound

Nationalité Belge.

Origines De souche très ancienne, cette race fut transformée et améliorée par les moines de l'abbaye que saint Hube avait fondée dans les Ardennes. Au XIe siècle, le Bloodhoun accompagna Guillaume le Conquérant en Angleterre.

Standard Massif, puissant, lent, c'est le limier par exce lence. Le mâle mesure 67 cm, la femelle 60 cm. Le poids s situe entre 40 et 48 kg. Il a une tête très longue, un nez no avec des narines ouvertes, des babines pendantes. La peau d front et des joues tombe en plis mobiles. Yeux : coule noisette, au regard plein de bonté. Oreilles : extrêmeme longues, attachées très bas, tombantes. Queue : élégamme recourbée. Poil : court, dur sur le corps mais soyeux sur la tê et les oreilles. Couleurs : noir et feu, rouge et feu.

Personnalité Doux, réservé, timide, très agréable, de bon tenue.

Aptitudes Le Saint-Hubert est doué d'un odorat exceptio nel (ne dit-on pas de lui qu'il possède le « nez le plus fin » tous les animaux domestiques ?). Déterrer le petit gibier e pour lui tâche presque trop facile. Capable de suivre une pis des jours entiers, il est utilisé par la police et se montre tr efficace dans la recherche de malfaiteurs, enfants perdu mineurs enfouis sous la roche...

127 KARJALANKARHUKOIRA

Chien d'Ours de Carélie

Nationalité Finlandaise.

Origines Née en Finlande dans des temps très lointains, cette race fut transformée par des éleveurs russes qui lui apportèrent du sang de Berger Utchak.

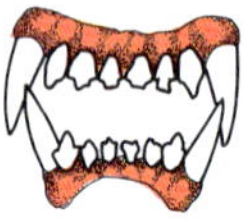

Standard Le Chien d'Ours de Carélie est un chien de taille moyenne, robuste, d'allure légèrement allongée. Il mesure de 54 à 60 cm pour un poids allant de 20 à 22 kg. Il a une tête revêtant la forme d'un cône, un nez noir, et des lèvres fines. Yeux : petits, bruns, au regard vif. Oreilles : modérément longues, droites mais portées légèrement en arrière. Membres : vigoureux. Épaules : musclées. Queue : portée en faucille. Poil : dur et rigide, avec un sous-poil laineux. Couleur : noir avec des marques blanches sur la tête, la gorge, la poitrine et les pieds.

Personnalité Extrêmement courageux, agressif, obéissant lorsque bien dressé.

Aptitudes Conçu à l'origine comme chasseur d'élans, le Chien d'Ours de Carélie est aujourd'hui plus robuste et plus combatif que le premier type. Il est utilisé pour chasser l'ours et se dresse avec la plus grande des férocités devant sa proie

---

128 CHIEN BLEU DE GASCOGNE

Nationalité Française.

Origines Descendant du Saint-Hubert, il dérive des chien de meute qui furent amenés en Europe par les Phéniciens e adoptés dès leur arrivée en Gaule. Considéré dans le mond entier comme « le plus noble et le plus puissant des chien courants », le Chien Bleu de Gascogne a traversé les âge sans grande modification.

Standard C'est un chien solide, robuste, qui mesure de 63 70 cm pour un poids variant entre 32 et 35 kg. La tête es forte, allongée, et recouverte d'une peau assez lâche q forme des rides sur les joues. Il a un crâne plat et des babine pendantes. Yeux : châtain foncé, au regard doux et trist Oreilles : très longues, fines et papillotées. Queue : épaiss longue, portée en faucille. Poil : assez gros, pas trop cour bien fourni. Robe : marquée de taches noires sur fond blan entièrement truitée de noir, ce qui lui donne une sorte de refl bleu ardoise. Deux taches noires couvrent les oreilles enveloppent les yeux. Certains sujets ont la robe simplemen mouchetée de noir.

Personnalité Audacieux et tenace à la chasse, affectueu et distingué en famille.

Aptitudes On l'utilise pour chasser le loup et débusquer lièvre. Outre un flair étonnamment affûté, il possède une vo modulée qui se reconnaît à plusieurs kilomètres de distanc

129 GASCON-SAINTONGEAIS

Nationalité Française.

Origines La race fut créée par le baron de Virelade, qui croisa entre eux les meilleurs chiens de chasse français : le Chien de Saintonge, le Bleu de Gascogne et l'Ariégeois. On connaît également le Gascon-Saintongeais sous le nom de Virelade.

Standard Hauteur au garrot : mâles, 63 à 70,5 cm ; femelles, 60 à 65 cm. Le poids se situe entre 30 et 32 kg. Il a une tête allongée et assez sèche, une truffe bien développée et des babines tombantes. Yeux : châtain foncé, au regard doux et confiant. Oreilles : longues et papillotées. La poitrine est profonde, le dos long et bien soutenu, la queue élégamment portée en sabre. La robe présente un poil court et serré, blanc moucheté de noir ou irrégulièrement frappé de noir. Deux taches sont souvent placées de chaque côté de la tête, couvrant les oreilles, enveloppant les yeux et s'arrêtant aux joues.

Personnalité Audacieux, résistant, un brin aristocratique, très affectueux avec ses maîtres.

Aptitudes Doué d'une olfaction ultra-sensible et doté d'une résistance à la course exceptionnelle, le Gascon-Saintongeais est utilisé pour chasser non seulement le petit gibier, mais aussi le cerf et le loup. On peut regretter que cet excellent chien courant ne soit plus à ce jour représenté que par quelques spécimens.

---

130 POITEVIN

Nationalité Française.

Origines Cette race fut obtenue en 1692 par le marquis François de Larye qui croisa diverses variétés de chiens courants avec le Fox-Hound. Elle disparut pendant la Révolution mais fut par la suite recréée avec succès.

Standard Le Poitevin allie la force à l'élégance. Il mesure de 60 à 70 cm pour un poids moyen de 30 kg. La tête est allongée, le museau pointu, le nez large et proéminent. Yeux : grands, bruns, encerclés de noir. Oreilles : fines, légèrement tournées. Cou : long, mince et sans fanon. Queue : fine et décrivant une légère courbe. Poitrine : profonde. Dos : musclé. Membres : secs et droits. Poil : court et lustré. Robe : tricolore, à manteau noir.

Personnalité Vigoureux, doux, courageux.

Aptitudes Qu'il chasse en terrain plat, accidenté ou marécageux, le Poitevin se dépense sans compter et ne se départit jamais de son élégance. On considère que c'est l'un des meilleurs chasseurs de loups car il est capable de poursuivre sa proie un jour entier.

131 BILLY

Nationalité Française.

Origines Le Billy est né de croisements entre plusieurs remarquables chiens de chasse, aujourd'hui disparus : le Céris (animal à robe noir et orange utilisé pour chasser le lièvre et le loup), le Montembœuf (chasseur de sangliers aussi robuste que rapide) et le Larye (chien de meute au flair très affûté).

Standard C'est un chien bien bâti, fort et léger, à l'allure noble et distinguée. Hauteur au garrot : mâles, 61 à 66 cm ; femelles, 58 à 62 cm. Poids : entre 25 et 30 kg. La tête est fine et assez sèche, le museau plutôt carré, le stop marqué, le nez très développé. Yeux : vifs, bien ouverts, foncés. Oreilles : plates et légèrement tournées. Queue : longue et forte. Poil : ras, dur au toucher. Robe : blanche, café au lait, ou blanche avec taches orange clair ou citron. Les marques noires sont éliminatoires.

Personnalité Fier, courageux, se dépensant sans compter, mais quelque peu querelleur.

Aptitudes C'est le chasseur de cerfs par excellence. Sa voix modulée lui permet de faire connaître à ses maîtres l'importance du gibier qu'il a repéré.

---

132 FRANÇAIS

Nationalité Française.

Origines Reconnue en 1957, la race est issue de croisements de Fox-Hound avec des Gascons-Saintongeais et des Saintongeais.

Standard C'est un chien élégant, musclé, d'aspect très harmonieux. La taille atteint entre 65 et 72 cm pour un poids variant entre 28 et 30 kg. La tête est allongée, le crâne bombé le nez bien ouvert. Yeux : sombres, au regard amical et intelligent. Oreilles : longues, papillotées. Queue : épaisse à la naissance, portée avec élégance. Membres : forts, avec des pieds fins et robustes. Il y a trois variétés de ce magnifique chien : à robe noir et blanc, blanc et orange, tricolore. À l'exception de détails secondaires et, bien entendu, de la couleur du pelage, ce standard s'applique à tous les sujets quelle que soit la variété à laquelle ils appartiennent.

Personnalité Hardi, courageux et féroce à la chasse, mais affectueux, calme et obéissant à la maison.

Aptitudes C'est un véritable « professionnel » de la chasse au cerf. On l'utilise aussi pour traquer le petit gibier.

Remarque La robe noir et blanc est la plus courante, le blanc et orange la moins répandue.

133 JÄMTHUND

Chien d'Élan Gris Majeur

Nationalité Suédoise.

Origines C'est vraisemblablement le premier chien qui apparut aux côtés des hommes du Paléolithique.

Standard Le Jämthund ressemble, par sa conformation, au renard. Il mesure de 58 à 63 cm pour un poids moyen de 30 kg. Il a une tête étroite et allongée, un museau droit et un nez bien ouvert. Yeux : petits, sombres, au regard vif mais serein. Oreilles : droites, pointues, mobiles. Cou : long et robuste. Queue : enroulée sur le dos. Membres : droits et agiles. Poil : long et dur au toucher, avec un sous-poil doux et laineux. Couleurs : gris clair ou gris foncé.

Personnalité Équilibré, fier, obéissant.

Aptitudes Jadis utilisé pour traquer l'élan et l'ours, il s'est révélé par la suite remarquable pour chasser la martre, l'hermine, le tétras. Sa méthode consiste à ramper sur la neige et à couper la route de sa proie qu'il rabat vers les fusils des chasseurs. On l'emploie également comme gardien de troupeaux et de maisons, chien de trait et chien militaire.

Remarque Dans les pays chauds, il est facilement sujet à l'eczéma.

---

134 FOX-HOUND

Nationalité Anglaise.

Origines On a créé le Fox-Hound en croisant judicieusement plusieurs chiens de chasse, puis en ajoutant aux produits obtenus du sang de Greyhound, de Bull-Dog et de Fox-Terrier. De ces derniers ascendants, il a respectivement hérité le train rapide, la force et la fermeté de caractère, et la passion de la chasse.

Standard C'est un chien très robuste, mais sans lourdeur. Hauteur : mâles, 56 à 63 cm ; femelles, 53 à 61 cm. Poids : entre 30 et 33 kg. La tête est bien développée, le crâne large et le cou long. Yeux : grands, bruns, avec un regard doux. Oreilles : plaquées contre la tête. Queue : portée en sabre. Membres : très forts et musclés. Poil : court et ferme. Robe : tricolore (noir, blanc, feu) ou bicolore avec un fond blanc.

Personnalité Courageux, énergique, combatif, bon et obéissant avec son maître.

Aptitudes Il n'a pas son pareil pour chasser à courre le renard. Très puissant, il est capable d'accomplir des distances considérables (jusqu'à 80 km par jour) sous un soleil de plomb comme sous une pluie glacée et de pousser des pointes de vitesse à 45 km à l'heure.

Remarque Infatigable pendant sa jeunesse, le Fox-Hound est prêt à goûter un repos bien mérité dès l'âge de 7 ou 8 ans.

135 FOX-HOUND AMÉRICAIN

Nationalité Nord-américaine.

Origines Ce merveilleux Fox-Hound est né du croisement des chiens de meute français envoyés par La Fayette à George Washington, avec les chiens de chasse anglais amenés en Amérique en 1650.

Standard Les éleveurs l'ont voulu plus léger, plus rapide, et doué d'un odorat plus sensible que son cousin anglais. Hauteur : mâles, 56 à 63 cm ; femelles, 53 à 61 cm. Poids : entre 30 et 33 kg. Le crâne est large, la tête bien développée. Yeux : grands, bien ouverts, bruns ou couleur noisette, au regard doux et implorant. Oreilles : larges, collées contre la tête. Queue : portée gaillardement en sabre. Poil : court et ferme, se relevant facilement lorsque la main l'a couché. Toutes les couleurs sont admises.

Personnalité Redoutable guerrier sur le terrain, doux et affectueux à la maison.

Aptitudes Utilisé jadis pour trouver la piste des Indiens, le Fox-Hound Américain s'est montré, par la suite, très efficace dans la chasse au gros gibier. Travailleur infatigable, il peut quadriller une surface de 200 km² du petit matin au crépuscule et rentrer à la maison frais et dispos.

Remarque Sa voix est si mélodieuse que ses modulations ont été imitées dans la chanson populaire.

---

136 TRIGG-HOUND

Nationalité Nord-américaine.

Origines Créée dans le Kentucky par le colonel Hayden Trigg, cette race est issue du croisement entre le Walker-Hound et les chiens courants irlandais.

Standard Le Trigg est un chien magnifique, fin et racé, robuste et rapide. Hauteur : mâles, de 58 à 61 cm ; femelles, 51 à 56 cm. Poids : mâles, 20 à 25 kg ; femelles, 16 à 20 kg. Il a un museau allongé, des oreilles pendantes, des membres longs et droits. Le poil est fin, doux, serré. Toutes les couleurs de robe sont admises.

Personnalité Renfrogné, tenace, obéissant.

Aptitudes Particulièrement résistant, doué d'un flair très affûté, le Trigg rend d'immenses services aux chasseurs qui choisissent de se livrer à leur sport favori en sa compagnie.

137 PLOTT-HOUND

Nationalité Nord-américaine.

Origines Le Plott-Hound a pour ancêtres des chiens courants allemands spécialisés dans la chasse au sanglier. Amenée aux États-Unis en 1750 par Jonathan Plott, la race fut transformée par les éleveurs qui la voulaient plus forte et plus ardente.

Standard C'est un chien lourd et musclé, aux oreilles larges et à la queue fournie. Hauteur : mâles, 56 à 64 cm ; femelles, 53 à 61 cm. Poids : mâles, 23 à 29 kg ; femelles, 18 à 25 kg. Le poil est doux, fin, lisse, lustré. Couleur : tigré, avec une selle noire.

Personnalité Décidé, courageux, fier.

Aptitudes Très téméraire, le Plott-Hound est un redoutable chasseur de coyotes, de loups, de cerfs et de félins.

Remarque Les descendants de Jonathan Plott n'ont pas permis une large diffusion de cet animal sur le marché canin. Cela explique que cette race, pourtant officiellement fixée en 1946, soit si peu connue du public.

---

138 DACHSBRACKE

Nationalité Allemande.

Origines Connu depuis la fin du XVIIIe siècle, le Dachsbracke s'est vu élevé au niveau de chien de race en 1896.

Standard On distingue deux variétés de Dachsbracke : le Westphalien (30 à 35 cm pour un poids de 15 à 18 kg) et le Montano-Alpin (34 à 42 cm mais de construction moins lourde). Il a un crâne légèrement bombé, une denture en tenaille avec des canines bien développées et des lèvres minces. Yeux : châtain clair ou foncé selon la couleur du pelage. Oreilles : larges, plates, pendantes. Dos : long et solide. Poitrine : ronde, avec un sternum plutôt proéminent. Membres : forts et musclés. Queue : tombante mais légèrement recourbée à son extrémité. Poil : court, épais, adhérant bien au corps. Couleurs : noir délavé, noisette mal teint, rouge plus ou moins foncé. Le Westphalien a souvent une robe blanche marquée de rouge.

Personnalité Obstiné et combatif à la chasse ; chaleureux et affectueux à la maison.

Aptitudes Il a toutes les qualités du chasseur de lièvres, de renards et de sangliers mais fait aussi un bon chien rapporteur de gibier à plumes. Souple et agile, les terrains escarpés ne l'effraient pas. Son odorat développé lui permet de sentir le gibier de très loin.

139 WACHTELHUND

Épagneul Allemand

Nationalité Allemande.

Origines Le Wachtelhund fut créé au début du siècle par l'éleveur allemand Frédéric Roberth. Si l'on sait que ce dernier a croisé divers chiens de chasse à poil long, de petite et moyenne taille, la « recette » reste toutefois un secret.

Standard Hauteur au garrot : 40 à 50 cm. Poids moyen : 20 kg. Le museau est large et robuste, le nez couleur noisette et bien développé, la denture en tenaille ou en ciseaux. Les lèvres sont fines et sèches. Yeux : brun foncé, très expressifs. Oreilles : larges, plates et pendantes. Queue : légèrement écourtée, portée droite mais ne retombant jamais sur le dos. Poils : longs, épais, ondulés, jamais soyeux. Couleurs : noir avec des taches feu, noisette, fauve.

Personnalité Affectueux et obéissant avec son maître, mais violent et inflexible à la chasse. Il saisit ses proies à la gorge.

Aptitudes C'est un spécialiste des terrains difficiles (neige fraîche ou fondue, marais) qui excelle à la chasse au renard et au lièvre. En bon Épagneul, il marque l'arrêt devant sa proie. Il est très apprécié pour son courage et son audace.

---

140 TYROLERBRACKE

Chien courant du Tyrol

Nationalité Autrichienne.

Origines Descendant des anciens chiens courants autr chiens, il a été spécialement conçu pour la chasse dans le neiges et sous le soleil des montagnes du Tyrol.

Standard Hauteur de 40 à 48 cm. Poids : entre 15 et 22 k Il existe une variété plus petite (30 à 39 cm). Il a une tê allongée, légère et finement sculptée. Le front est assez ron le stop accentué, la denture forte et solide. Yeux : grand sombres, vifs. Oreilles : larges, minces et plates. Queue longue et portée droite. Poil : épais, raide. Robe : noire, roug rouge-jaune, ou tricolore. Démarche : régulière, rapid longues foulées.

Personnalité Vif, courageux, plaisant, obéissant.

Aptitudes Musclé, extrêmement rapide, doué d'un odor particulièrement développé, le Tyrolerbracke s'adapte parfa tement à son milieu naturel. Facilement transportable, il re de précieux services aux chasseurs qui l'utilisent pour dépist et poursuivre le gibier.

141 STEIRISCHER HOCHGEBIRGSBRACKE

Chien courant de Styrie à poil dur

Nationalité Autrichienne.

Origines Il est né du croisement entre le Chien courant de Hanovre et le Chien courant d'Istrie à poil dur.

Standard C'est un chien de taille moyenne pourvu d'une forte musculature, au regard pétillant d'intelligence. Il mesure de 40 à 50 cm pour un poids allant de 15 à 18 kg. Nez : noir. Dents : solides. Yeux : limpides, toutes les nuances allant du jaune au noisette. Oreilles : plates. Cou : légèrement arqué. Queue : de moyenne longueur, jamais enroulée. Membres : droits, musclés. Poil : lourd et rude au toucher, bouclé. Robe : rouge et jaune. Les taches blanches sur la poitrine ne sont pas un défaut. Le poil est plus doux sur les oreilles que sur le reste du corps.

Personnalité Obstiné et brutal à la chasse, bon et affectueux avec son maître. Sa gaieté et sa propreté en font un compagnon agréable.

Aptitudes La Styrie est une région d'Autriche aux hivers très rigoureux. Robuste, très résistant, habitué aux reliefs montagneux, ce chien fait merveille dans la chasse au petit gibier. En raison de son intelligence et de sa sensibilité peu communes, il est également très prisé par les chasseurs allemands et yougoslaves.

---

142 SPITZ FINLANDAIS

Suomenpystykorva

Nationalité Finlandaise.

Origines Née il y a plusieurs siècles en Finlande, cette race a été fixée en 1812.

Standard Le Spitz Finlandais est un chien de belle allure, au port altier. Avec son museau pointu, ses oreilles droites et sa robe rousse, on dirait parfois qu'il est un croisement entre le renard et le Chow-Chow. Il mesure de 44 à 50 cm, soit 10 % de plus que la femelle, et pèse entre 23 et 27 kg. Son cou est court et musclé, sa poitrine profonde et son abdomen relevé. Yeux : vifs, sombres de préférence. Queue : relevée sur le dos. Poil : court et doux, avec un sous-poil plus léger. Couleurs : rouge-marron ou rouge-jaune, avec des taches blanches sur la poitrine et les pieds.

Personnalité Loyal, amical, courageux.

Aptitudes Les Lapons l'utilisaient autrefois pour chasser l'ours polaire et l'élan. Le surnom qu'on lui prête volontiers, « chien de l'oiseau qui aboie », vient du fait qu'il est aujourd'hui dressé à rapporter le gibier à plumes, particulièrement la grouse. C'est aussi un gardien de maisons très vigilant.

Remarque A la naissance, les chiots sont délicats et requièrent des soins attentifs.

143 CHIEN COURANT FINLANDAIS

Suomenajokoira

Nationalité Finlandaise.

Origines Connue depuis 1700, la race a commencé à s'étendre à travers la Finlande au début de ce siècle.

Standard Hauteur : de 55 à 61 cm pour les mâles, de 52 à 58 cm pour les femelles. Poids : 25 kg environ. Plus long que haut, robuste mais sans lourdeur, il a une tête étroite et noble, un nez proéminent et des narines larges et très ouvertes. Ses oreilles, attachées haut et saillantes comme des ailerons, lui donnent très fière allure. Il doit avoir des mâchoires solides, un cou fin et droit, une poitrine profonde, un abdomen relevé, des membres à la musculature puissante et une queue plutôt longue qui atteint les jarrets lorsque l'animal est au repos. La fourrure est épaisse et rude au toucher. Couleur : noir avec des reflets sur la tête, l'abdomen, les cuisses et les pattes. Les taches blanches sur le museau, le cou, la poitrine, les membres et la pointe de la queue sont admises.

Personnalité Très énergique à la chasse, et de bonne compagnie au foyer.

Aptitudes Il chasse le lièvre et le renard pendant les mois d'été et reste au coin du feu en hiver. Très apprécié en Finlande, sa renommée n'a pas dépassé les frontières de son pays d'origine.

---

144 STEINBRACKE

Nationalité Allemande.

Origines Ce chien courant est peu connu hors d'Allemagne, son pays d'origine.

Standard C'est un chien de taille moyenne, robuste sans être lourd. Hauteur : de 40 à 45 cm. Poids : entre 20 et 22 kg. Tête : légère et allongée. Yeux : noisette foncé, limpides, au regard amical. Oreilles : larges, très près de la tête. Dents : fortes et solides. Queue : placée haut, touffue à son extrémité. Membres : à l'ossature forte. Pieds : ovales, garnis de poils épais et durs. Robe : noire avec des taches feu vif, ou blanche avec un dos sombre.

Personnalité Très ardent et infatigable à la chasse ; tranquille et affectueux à la maison.

Aptitudes Il a toutes les qualités du bon chasseur de lièvres, mais n'hésite pas à s'affronter à du plus gros gibier.

145 OGAR POLSKI

Chien courant Polonais

Nationalité et origines Né en Pologne.

Standard C'est un chien bien bâti. Hauteur au garrot : mâles, 56 à 65 cm ; femelles, 55 à 60 cm. Poids : mâles, 25 à 32 kg ; femelles, 20 à 26 kg. Il a une tête noble, de forme rectangulaire, un nez large et sombre, et une lèvre inférieure pendante. Mâchoires : puissantes et charnues. Front : ridé. Yeux : larges et obliques, bruns, au regard calme et serein. Oreilles : pendantes et collées à la tête. Queue : épaisse, plus velue que le reste du corps. Couleurs de la robe : noir, gris foncé, marron foncé. Claire et sonore, sa voix est particulièrement agréable à entendre.

Personnalité Vigoureux à la chasse mais sans férocité ; obéissant et affectueux à la maison.

Aptitudes Malgré son trot un peu lent et son galop un peu lourd, il est très recherché pour sa ténacité, sa « conscience professionnelle » et la grande qualité de son odorat. Qu'il neige, qu'il pleuve ou qu'il vente, il est fidèle au poste et ne refuse jamais de travailler en terrains difficiles.

---

146 ÖSTERREICHISCHER BRACKE-BRANDLBRACKE

Chien courant Autrichien

Nationalité et origines Né en Autriche.

Standard Ce chien de taille moyenne, qui mesure de 46 à 52 cm pour un poids allant de 15 à 22 kg, a un corps puissant mais des membres déliés. Le front est haut, le museau très droit. Yeux : noisette, limpides, vifs et intelligents. Oreilles : pendantes, arrondies à leur extrémité. Cou : très fort. Poitrine : large. Queue : basse à l'ordinaire mais portée haute lors de la recherche du gibier. Denture : fermée en tenaille Poil : ras et brillant comme de la soie. Couleurs : noir avec des reflets, ou fauve. On admet les taches blanches sur la poitrine

Personnalité Sensible, obéissant, sérieux à la chasse, affectueux en famille.

Aptitudes Bon coureur et doué d'un excellent odorat, il est utilisé pour toutes sortes de gibiers.

147 BAYERISCHER GEBIRGSSCHWEISSHUND

Chien courant Bavarois

Nationalité Allemande.

Origines La race résulte du croisement entre l'ancien Chien de chasse de Bavière et le Chien courant du Tyrol.

Standard C'est un chien à la musculature légère mais apparente. Sa taille ne peut dépasser 50 cm. Son poids se situe entre 25 et 35 kg. Il a un crâne large et légèrement bombé, un nez noir ou marron et des lèvres qui s'adaptent bien entre elles. Yeux : limpides, noisette. Oreilles : collées à la tête, pendantes. Cou et dos : très robustes. Abdomen : légèrement relevé. Poil : court et épais, plutôt rêche au toucher, plus fin sur la tête et les oreilles. Couleurs : rouge plus ou moins foncé, ocre, toutes les nuances allant du jaune clair au blond pâle.

Personnalité Fougueux, courageux, obéissant à la chasse ; très affectueux avec son maître.

Aptitudes Créé spécialement pour le relief accidenté de la Bavière, c'est un chien agile, résistant, d'une grande finesse d'instincts. On l'utilise surtout pour débusquer les lièvres et le gibier à plumes.

---

148 PETIT BLEU DE GASCOGNE

Nationalité Française.

Origines Comme son grand frère, le Chien Bleu de Gascogne, il descend du Bloodhound, ou Saint-Hubert.

Standard Si le Chien Bleu mesure 70 cm et pèse autour de 30 kg, le Petit Bleu ne dépasse pas 50 cm de hauteur pour un poids moyen de 20 kg. Sa petite taille est compensée par une souplesse et une agilité étonnantes. La tête est longue et noble, le nez bien ouvert et de couleur noire. Crâne : sec, étroit. Yeux : noisette, avec des paupières bordées de noir. Oreilles : fines, légèrement coniques. Queue : longue et fine. Poil : assez gros, pas trop court. Robe : fond blanc marqué de noir, ce qui lui donne un reflet ardoise.

Personnalité Fier, audacieux et tenace lorsqu'il travaille ; doux et affectueux avec son maître.

Aptitudes Il est très habile à chasser le lièvre et le renard. Doué d'un flair particulièrement sensible, peu encombrant et facilement transportable, il est très apprécié par les chasseurs qui savent, en le choisissant comme compagnon, que les chances de revenir à la maison avec une gibecière vide sont pratiquement nulles.

149 ARIÉGEOIS

Nationalité Française.

Origines Peu connue en dehors des frontières du département de l'Ariège, cette race est issue d'un croisement, réalisé en 1912, entre le Bleu de Gascogne, le Gascon-Saintongeais et le Briquet.

Standard Léger, fin, distingué, l'Ariégeois mesure entre 55 et 60 cm pour un poids moyen de 30 kg. Les femelles sont plus petites. Il a une tête sèche et allongée, sans rides ni fanon. Nez : noir, avec de vastes narines. Yeux : foncés, bien ouverts, avec une expression douce et caressante. Oreilles : modérément longues, fines, souples, papillotées. Cou : mince, légèrement arqué. Queue : en forme de sabre et portée gaiement. Poil : fin et serré. Couleurs : blanc et noir, avec du feu pâle aux joues et au-dessous des yeux.

Personnalité Très doué pour la chasse. Calme et affectueux en famille.

Aptitudes Ce remarquable chasseur de lièvres travaille aussi bien en plaine que dans les collines ou les terrains rocailleux. Il est léger, rapide, résistant et sa voix porte très loin.

---

150 BASSET ARTÉSIEN-NORMAND

Nationalité Française.

Origines Cette race a été volontairement conçue avec des pattes courtes pour pouvoir courir dans les ronces et les taillis. Elle est issue de la fusion récente de deux souches voisines de Bassets : l'Artois et le Normand.

Standard Deux fois plus long que haut, il mesure entre 26 et 36 cm pour un poids moyen de 15 kg. La tête est puissante et en forme de dôme. Les joues sont velues. Yeux : grands, sombres, au regard confiant et mélancolique. Oreilles : très longues, bien tire-bouchonnées, souples, fines, et se terminant en pointe. Cou : assez long avec un peu de fanon. Poitrine : ronde avec un sternum saillant. Queue : longue, forte à la naissance et s'amincissant progressivement, portée en sabre. Membres : courts, mais non déformés. Poil : ras et serré. Robe : bicolore (blanc et orange) ou tricolore (orange, fauve et blanc).

Personnalité Courageux et tenace à la chasse. Très affectueux, il est particulièrement recherché comme compagnon.

Aptitudes Cet excellent chasseur de lièvres et de renard travaille parfois en meute. Là où les chiens de grande taille ne peuvent pénétrer, le Basset s'enfonce avec témérité.

151 BASSET BLEU DE GASCOGNE

Nationalité Française.

Origines Elles sont discutées. Pour certains, il s'agirait d'une mutation au niveau du pelage d'un Basset Artésien-Normand. Pour d'autres, il proviendrait du Chien Bleu de Gascogne.

Standard C'est le plus petit chien de la famille Bleu de Gascogne. Il mesure entre 30 et 38 cm pour un poids variant entre 16 et 18 kg. Très typé, il a une tête sèche, en forme d'ogive allongée, plus étroite que large. Nez : noir. Yeux : brun foncé et d'une belle expression douce et un peu triste. Oreilles : longues et coniques. Queue : portée gaiement. Poil : bien fourni. Robe : bleue ou blanche avec des taches noires plus ou moins étendues et des traces de feu aux yeux et aux joues. Pour répondre au standard, il doit avoir des membres tors, des pieds forts, une sole et des ongles noirs.

Personnalité Audacieux, curieux, agréable, affectueux.

Aptitudes Attentif, rapide, de nez très fin, il excelle à la chasse tant du gibier à plumes que du gibier à fourrure. Chasser avec un Basset Bleu de Gascogne est un réel plaisir. Non seulement il est plaisant d'aspect, mais aussi très gai et débordant de vie et d'enthousiasme. Le moindre mouvement ou la moindre odeur, et le voilà prêt à bondir.

---

152 BASSET GRIFFON VENDÉEN

Nationalité Française.

Origines Il compte parmi ses ascendants le Saint-Huber blanc, le Chien courant Italien blanc et feu, et le Chien Blanc du Roy.

Standard Les éleveurs l'ont voulu distingué et de structure allongée. Il mesure de 38 à 42 cm pour un poids variant entre 18 et 20 kg. Le museau est long et carré à l'extrémité. De fortes moustaches recouvrent les lèvres. Yeux : grands sombres, au regard doux et intelligent. Oreilles : fines, longues et terminées en ovale. Queue : assez longue, portée en lame de sabre ou légèrement incurvée. Les cuisses sont très musclées, les membres antérieurs d'ossature plutôt solide. Le poil est dur et pas trop long, jamais soyeux ni laineux. Robe fauve, blanc-gris, blanc et orange, blanc et noir, blanc et gris blanc et feu, blanc et poil-de-lièvre, ou tricolore.

Personnalité Courageux, énergique, tenace. En famille, est affectueux, docile, fidèle et aimable.

Aptitudes Travaillant seul ou en meute, le Basset Griffo Vendéen est considéré comme l'un des meilleurs chien courants français, particulièrement pour la chasse au loup e au sanglier. En raison de son caractère plaisant et de so aspect amusant, il connaît aujourd'hui une vogue certair comme chien de compagnie.

153 BASSET FAUVE DE BRETAGNE

Nationalité Française.

Origines Il est né de nombreux croisements réalisés entre le Grand Griffon Fauve de Bretagne et le Basset Vendéen.

Standard Hauteur : de 32 à 36 cm. Poids : entre 16 et 18 kg. En bon Basset, il a des jambes légèrement torses, une tête allongée, un nez noir et bien ouvert. Yeux : foncés et très vifs. Oreilles : de moyenne longueur et de forme ovale. Cou : court et musclé. Queue : portée en faucille. Poil : dur, épais, court. Couleurs : fauve plus ou moins foncé, ou froment doré. On admet une tache blanche sur la poitrine.

Personnalité Calme, affectueux, propre.

Aptitudes Tenace, énergique, actif, le Basset Fauve de Bretagne sert admirablement en pays de fourrés. Il est également apprécié comme chien de compagnie. On peut regretter que sa popularité ne dépasse guère les frontières françaises.

---

154 GRIFFON NIVERNAIS

Nationalité Française.

Origines Le Griffon Nivernais descend des Chiens Gris de Saint-Louis, très populaires à la cour du Roi Soleil mais aujourd'hui disparus.

Standard C'est un chien hirsute et broussaillant, de musculature légère mais forte. Il ressemble au Spinone, en plus petit. Sa hauteur varie entre 50 et 60 cm, pour un poids allant de 22 à 25 kg. Tête : légère et allongée. Menton : légèrement barbu. Yeux : sombres, au regard vif et pénétrant. Oreilles : souples, de moyenne largeur, légèrement tournées vers leur extrémité. Queue : pas très longue, portée en sabre. Poil : long, dur, ébouriffé, jamais laineux ni frisé. Couleurs : gris-bleu, gris de loup, gris de sanglier, avec des taches moins pures aux joues.

Personnalité Têtu, tenace, actif.

Aptitudes C'est le chien du chasseur modeste car, par températures défavorables et en conditions difficiles, il sait remarquablement bien se tirer d'affaire et va de l'avant sans attendre le moindre secours de son maître. Par ailleurs, il ne répugne pas à nager.

155 HARRIER

Nationalité Anglaise.

Origines Le Harrier est un chien d'origine anglaise, connu depuis le XIIIe siècle et issu de croisements entre le Grey-Hound, le Bull-Dog et le Fox-Terrier.

Standard Il ressemble beaucoup au Fox-Hound. C'est un chien compact et carré, rapide et résistant, au flair très développé. Il mesure environ 50 cm et pèse entre 40 et 46 kg. La tête est large, le museau pointu, le nez bien ouvert. Yeux : petits, ovales. Oreilles : en forme de V, plates, pendantes. Poitrine : bien développée. Queue : de moyenne longueur et portée plutôt haute. Poil : plat et pas trop court. Couleurs : fond blanc et taches noires. Certains sujets ont un manteau noir couvrant la partie supérieure du dos.

Personnalité Vif, distingué, très gai.

Aptitudes Comme son nom l'indique (*hare :* lièvre), il est spécialisé dans la chasse au lièvre. Doué d'un odorat exceptionnel, aussi hardi que débrouillard, il parvient à déjouer les ruses les plus subtiles et ne s'arrête de courir que lorsque sa proie, épuisée, s'effondre au sol.

---

156 BEAGLE

Nationalité Anglaise.

Origines Vraisemblablement créée au temps d'Elizabeth Ire d'Angleterre, cette race résulte du croisement de l'Harrier avec d'anciens chiens courants anglais.

Standard Il ressemble au Harrier, mais a des pattes plus courtes. Vif et remuant au possible, il doit mesurer entre 33 et 40 cm. Il a une tête forte mais pas lourde, un nez bien noir et des narines très ouvertes. Le crâne est arrondi en dôme, le museau pointu, le stop marqué. Yeux : bruns ou noisette, au regard doux. Oreilles : longues, larges et fines, collées contre les joues. Cou : plutôt long, avec un léger fanon. Cuisses : très musclées. Pieds : ronds et forts. On admet deux sortes de robes : à poil fin et à poil rude. Couleurs : bleu avec des taches noires, blanc, noir, orange, rouge, ou tricolore.

Personnalité Gai, affectueux, tranquille, propre, un peu espiègle mais très fidèle. Sa voix est très harmonieuse.

Aptitudes Le Beagle est spécialisé dans la chasse au lièvre, au faisan et à la caille, mais sait, à l'occasion, attraper les poissons. C'est également un compagnon charmant, très apprécié pour sa bonne humeur.

Remarque Il existe une variété presque naine du Beagle, l'Elizabeth-Beagle, dont le poids ne doit pas excéder 10 kg. Sa taille réduite permettait aux cavaliers qui partaient autrefois à la chasse de l'emmener dans leurs fontes.

157 BEAGLE-HARRIER

Nationalité Anglaise.

Origines Comme son nom l'indique, le Beagle-Harrier est issu d'un croisement réalisé en France, par le baron Gérard, entre le Beagle et le Harrier.

Standard C'est un chien bien bâti, distingué et élégant, à l'aspect solide et vigoureux. Du Beagle il a hérité la passion de la chasse, la gaieté et la voix harmonieuse. De l'Harrier il a gardé l'odorat très développé, la fierté et l'audace. Il doit mesurer de 43 à 48 cm pour un moids moyen de 20 kg. Crâne : large. Museau : en profil effilé, sans cependant être pointu. Yeux : bien ouverts, foncés, d'expression vive et intelligente. Oreilles : en forme de V, presque plates, moyennement longues et larges. Dos : court et musclé. Membres antérieurs : forts et parfaitement d'aplomb. Cuisses : musclées. Poil : assez épais, pas trop court, mais plat. Robe : généralement tricolore, avec feu plus ou moins vif, ou charbonné.

Personnalité Courageux, plein d'entrain, énergique, intelligent, franc, affectueux. Une apparence craintive est considérée comme un grave défaut.

Aptitudes Le Beagle-Harrier est extrêmement doué pour la chasse au cerf et au lièvre.

---

158 OTTERHOUND

Nationalité Anglaise.

Origines Cette race relativement ancienne a été obtenue en croisant le Terrier à poil dur, le Harrier, le Griffon Nivernais et le Saint-Hubert.

Standard C'est un chien de bonne taille, trapu et robuste, qui mesure de 60 à 65 cm et pèse entre 30 et 35 kg. La tête rappelle celle du Saint-Hubert. Le nez est noir, le crâne légèrement bombé. Les babines sont pendantes. Yeux : sombres, avec une conjonctive rosée et apparente. Oreilles : longues et tombantes. Cou : long, avec un fanon accentué. Queue : portée haute et en sabre. Poil : dur, ferme et brillant, formant des touffes sur les arcades sourcilières, avec un sous-poil laineux qui protège l'animal du froid et de l'humidité. Couleurs : gris, jaune mêlé de gris et de noir, roux, noir.

Personnalité Courageux, gai et enjoué, tenace, affectueux. Il fait un bon chien de compagnie.

Aptitudes Comme son nom l'indique (*otter :* loutre), ce chien est un merveilleux chasseur de loutres. Il a un odorat si sensible qu'il peut, au petit matin, sentir une loutre qui a remonté ou descendu la rivière pendant la nuit. Sans souci du froid et de l'humidité, il se jette alors dans l'eau, bien décidé à trouver sa proie.

159 BASSET-HOUND

Nationalité Nord-américaine.

Origines Descendant direct du Saint-Hubert, le Basset-Hound est un chien multicentenaire. Shakespeare le décrivit en termes poétiques en parlant de ses oreilles « qui dissipent la rosée du matin ». Sa renommée date de l'Exposition canine de Paris de 1863, mais c'est dans les pays anglo-saxons qu'il connut pendant longtemps son plus grand développement. Après que le Kennel Club l'eut reconnu, en 1883, deux tendances se firent jour parmi les éleveurs anglais : certains estimaient qu'il devait rester un chien de chasse, d'autres voulaient en faire un chien de compagnie. La querelle fut tranchée par les éleveurs américains, qui en firent un excellent chien de compagnie sans lui ôter aucune de ses qualités de chasseur. Il fut reconnu par le Kennel Club américain en 1964.

Standard Le Basset-Hound est un chien à pattes courtes, d'ossature lourde, mais sans gaucherie. Taille moyenne : 35,5 cm. Poids : de 18 à 23 kg. Sa tête est grande et bien proportionnée. Son crâne est en forme de dôme, avec une protubérance occipitale prononcée. La peau de sa tête est lâche et forme des rides. Son nez est noir, ses lèvres légèrement pendantes, ses dents régulières, placées en ciseaux. Son cou est puissant et bien arqué. Yeux : bruns, doux et tristes. Oreilles : très longues, attachées bas, elles peuvent recouvrir le museau. La queue, légèrement recourbée, est portée gaiement. La robe est dure, courte, luisante. Toutes les couleurs de chien courant sont admises, mais il est généralement blanc avec des taches noisette ou sable.

Personnalité Le Basset-Hound est doux sans être timide, extrêmement dévoué à son maître, patient avec les enfants.

Aptitudes Son penchant naturel est la chasse, à ciel ouvert ou dans les tanières. Il est utilisé pour chasser le renard, le lièvre, le sanglier, le faisan. Son odorat est bon, mais ses réflexes sont un peu lents. Les éleveurs américains ont fait de lui, par ailleurs, un chien de compagnie très agréable.

Remarque Sa structure étant naturellement plus lourde que celle des autres chiens de petite taille, il faut veiller à ne pas le suralimenter. Son régime idéal : 400 g de viande hachée et 300 g de riz ou de légumes.

160 SEGUGIO ITALIANO

Chien courant Italien

Nationalité Italienne.

Origines Il faut remonter à la Gaule ancienne pour trouver l'origine de cette race, issue du croisement entre le Chien de Course Égyptien (amené en Europe par les Phéniciens) et le Molosse romain. Cependant, elle ne connut véritablement son « âge d'or » qu'à la Renaissance, quand les éleveurs se soucièrent de l'améliorer et que sa renommée s'étendit à toutes les classes sociales. Après une longue période d'oubli, elle redevint populaire au début du XXe siècle, grâce à diverses organisations d'amateurs qui surent remettre en lumière aux yeux du public l'incontestable beauté et les nombreuses qualités du Segugio Italiano.

Standard Sans être gras, c'est un chien fort et musclé. Hauteur : mâles, 52 à 58 cm ; femelles, 48 à 56 cm. Poids : entre 18 et 28 kg. Son museau doit faire la moitié de la longueur de la tête, qui est sèche et assez osseuse. Il a un nez noir avec des narines bien ouvertes, des lèvres minces et bordées de noir. Yeux : larges et lumineux, avec un iris ocre foncé. Oreilles : triangulaires, plates, larges et pendantes. Cou : sec, dépourvu de fanon. Queue : portée en faucille. Il y a deux variétés du Segugio Italien : à poil court et à poil long. Dans le premier cas, le pelage sera serré et brillant. Dans le second, le poil doit être rude au toucher et ne pas dépasser 15 cm de long sur le corps. Les autres caractéristiques sont les mêmes pour ces deux types. Couleurs : toutes les nuances de feu, noir avec des taches plus claires sur les côtés du museau, les sourcils, la poitrine et les membres. Pour les sujets à robe feu, on admet du blanc sur le museau, le crâne, la poitrine, les pieds et l'extrémité de la queue.

Personnalité Vif, ardent mais jamais vicieux, ce chien sait au besoin se contenter d'un repas frugal et dormir dans une niche. Peu démonstratif de son affection, il réclame pourtant de son maître une présence et une attention à tous moments.

Aptitudes Ce chien ne connaît que la chasse. Robuste, opiniâtre, infatigable, il est à l'aise sur tous les terrains. De nature plutôt indépendante, il devra être dressé dès les premiers mois de son existence. Sa voix est agréable à l'oreille.

Alimentation Pendant la saison de la chasse, il doit reconstituer ses forces en absorbant 300 g de viande et 150 g de riz ou de légumes par jour.

161 CIRNECO DE L'ETNA

Nationalité Italienne.

Origines Il descend des Lévriers qui furent apportés de Cyrénaïque en Sicile il y a trois mille ans. Peu connu hors du sol sicilien, il est généralement utilisé pour la chasse sur les pentes de l'Etna.

Standard Hauteur au garrot : mâles, 46 à 56 cm ; femelles, 42 à 46 cm. Poids : mâles, 10 à 12 kg ; femelles, 8 à 10 kg. Du Lévrier, il a hérité le museau pointu, le nez de couleur chair et le canal nasal rectiligne. Yeux : ambre et gris, enfoncés. Oreilles : triangulaires, raides et droites. Queue : portée en sabre lorsque l'animal est au repos. Poil : très court. Couleurs : toutes les nuances de feu. Les lignes blanches sur la poitrine ne sont pas un défaut.

Personnalité Dynamique, digne, intelligent, loyal, infatigable, obéissant.

Aptitudes Il sait à merveille arriver sur un lièvre sans faire le moindre bruit. C'est aussi un excellent rapporteur de gibier à plumes. Il s'adapte bien à la vie urbaine mais a besoin de courir et de prendre de l'exercice.

---

162 PODENGO PORTUGUES GRANDE

Nationalité Portugaise.

Origines Nous avons très peu d'éléments sur l'origine de ce chien, de type Lévrier et très répandu au nord du Portugal.

Standard Hauteur au garrot : 55 à 70 cm. Poids : autour de 30 kg. Très mince, il a une tête de forme pyramidale, des yeux miel ou noisette s'harmonisant avec la couleur de sa robe, et des oreilles droites, extrêmement mobiles. La queue est portée à l'horizontale quand le chien est en mouvement, et légèrement recourbée. Couleurs du pelage : jaune, feu, gris foncé, blanc avec des taches.

Personnalité Vif, tenace, obéissant.

Aptitudes On l'utilise, seul ou en meute, pour chasser le lapin. C'est aussi un redoutable gardien.

Remarque Cette race est aujourd'hui en voie d'extinction.

163 PODENGO PORTUGUES MEDIO

Nationalité Portugaise.

Origines Ses origines sont tout aussi mystérieuses que celles du Podengo Grande, dont il dérive.

Standard Il mesure de 40 à 55 cm pour un poids variant entre 16 et 20 kg, et se signale par une bonne structure osseuse ainsi qu'une forte musculature. Il a une tête en forme de pyramide, des lèvres qui s'ajustent bien entre elles, des dents solides et saines, et des sourcils nettement arqués. Yeux : couleur miel ou noisette, très expressifs. Oreilles : droites, très mobiles, inclinées vers l'avant. Cou : fort, musclé, dépourvu de fanon. Queue : pendante au repos, portée à l'horizontale quand le chien est en mouvement. Il existe deux variétés du Podengo Medio : l'une au poil court et lustré, l'autre au poil long et rude au toucher. Robe : jaune, feu ou noir délavé. Ces couleurs peuvent être pures ou légèrement teintées de blanc.

Personnalité Obéissant, plein d'entrain, courageux, affectueux, intelligent.

Aptitudes S'il donne le meilleur de lui-même dans la chasse au lapin, c'est aussi un gardien vigilant.

---

164 PODENGO PORTUGUES PEQUENO

Nationalité Portugaise.

Origines Ce chien de petite taille, de type Lévrier, dérive du Podengo Portugues Medio.

Standard Hauteur : 20 à 30 cm. Poids : 4 à 5 kg. Il a un crâne bombé, un museau pointu, des yeux très expressifs, couleur noisette clair, des oreilles droites, ouvertes et très mobiles. Le cou est fort et dépourvu de fanon, le corps plus long que haut. Queue : 16 à 18 cm de long, pendante au repos, horizontale quand le chien est en mouvement. Membres : courts ; les pattes antérieures peuvent être droites ou légèrement incurvées. Poil : court, brillant, adhérant bien au corps. Robe : jaune, feu, noir délavé. Les couleurs peuvent être pures ou teintées de blanc.

Personnalité Intelligent, vivant, affectueux.

Aptitudes Il est généralement utilisé pour la chasse au lapin en terrain difficile. C'est aussi un agréable chien de compagnie, qui aime la vie d'intérieur et se plaît au milieu des humains.

165 HAMILTONSTÖVARE

Chien de Hamilton

Nationalité Suédoise.

Origines Créé par l'éleveur A.P. Hamilton, qui croisa pour ce faire le Fox-Hound, le Hannover-Hound, le Holstein-Hound et le Curlandia-Hound.

Standard Le Hamilton est un chien bien bâti, solide, puissant. Taille : entre 50 et 60 cm. Poids : 25 kg. Il a une tête de forme rectangulaire, fine, allongée, un nez noir aux larges narines, des dents placées en ciseaux. Crâne : arqué. Yeux : noisette, regard paisible. Oreilles : attachées haut, pendantes. Queue : à peu près dans l'alignement du dos. Il a des épaules longues et musclées, des pattes droites et verticales. Ses soles sont bien développées, ses doigts flexibles. Robe : très épaisse en hiver, avec un sous-poil. Couleurs : noir sur le cou et le dos ; noisette sur la tête, les membres, la face inférieure du cou, la poitrine ; blanc sous le museau, sur les membres et à l'extrémité de la queue.

Personnalité Intelligent, courageux, agressif mais obéissant.

Aptitudes Spécialiste de la chasse au gros gibier – cerf, sanglier –, il peut être utilisé en terrain difficile ou enneigé.

---

166 DREVER

Dachsbracke Suédois

Nationalité Suédoise.

Origines Les origines du Drever sont mystérieuses. Bien que très ancien, il n'a été officiellement reconnu qu'en 1947.

Standard Taille de 35 à 37 cm pour les mâles, de 30 à 33 cm pour les femelles. Poids moyen : 15 kg. Il a une tête allongée, un museau blanc, pointu, un nez relevé, des dents fortes placées en ciseaux. Yeux : couleur noisette, limpides, expressifs. Oreilles : larges, d'une longueur moyenne. Cou : long et fort. Queue : pendante, jamais ramenée sur le dos. Poil : épais, dru, plat, légèrement plus long sur le cou, le dos et les muscles fessiers. Toutes les couleurs sont admises, à condition toutefois que le blanc soit présent.

Personnalité Courageux, fier, obéissant.

Aptitudes Il est principalement utilisé pour chasser le lièvre et le renard, mais n'hésite pas à s'attaquer à des animaux plus dangereux comme le sanglier. Lorsque c'est le cas, il tourne autour de sa proie, esquive, feinte et attaque en aboyant furieusement pour prévenir le chasseur. Le Drever est l'un des chiens les plus répandus en Suède, mais il est pratiquement inconnu hors de ce pays.

167 SCHWEIZER LAUFHUND

Chien courant Suisse

Nationalité Suisse.

Origines Ce chien courant est le lointain descendant des chiens qui chassaient autrefois dans la vallée du Nil. Ce sont les Phéniciens qui l'ont amené en Europe. Les légions romaines l'ont ensuite transplanté dans les Alpes suisses. Il est représenté sur un tableau du XIIe siècle de la cathédrale de Zurich. Il a donné naissance aux chiens courants du Jura, Bernois et Lucernois.

Standard C'est un chien de taille moyenne, relativement long. Taille : entre 45 et 55 cm. Poids : de 18 à 20 kg. Il a une tête mince, bien proportionnée, un museau très long, un nez noir aux larges narines. Yeux : noirs, doux. Oreilles : pendantes, coniques, très longues. Queue : horizontale ou légèrement recourbée. Membres : ossature puissante. Soles : dures, rugueuses. Robe : épaisse et dure. Couleurs : blanc avec des taches orange ou jaunes ; le rouge est également admis.

Personnalité Chien de chasse tenace, presque infatigable, le Schweizer Laufhund est à la maison l'un des chiens de compagnie les plus paisibles et les plus affectueux qui puissent se concevoir.

Aptitudes Son flair exceptionnel lui permet de retrouver la trace de n'importe quel gibier. Rien ne l'arrête, ni les sangliers, ni les terrains difficiles, ni les intempéries.

---

168 BRUN DU JURA

Jura Laufhund

Nationalité Suisse.

Origines Comme son ascendant, le Chien courant Suisse, il descend des chiens de chasse égyptiens amenés en Europe par les marchands phéniciens.

Standard Taille : 40 cm. Poids : de 18 à 20 kg. Il a un corps allongé, une tête fine, un museau fort. Ses yeux sombres ont un regard très doux. Ses oreilles, attachées bas, sont longues et coniques. Queue : dressée ou légèrement recourbée. Poil : épais et abondant. Couleurs : brun, jaune, roux, parfois avec une selle noire sur le dos ; ou noir avec des traces plus claires ; quelquefois des taches blanches sur la poitrine.

Personnalité Intelligent, tenace, infatigable à la chasse. Paisible et affectueux en intérieur.

Aptitudes Son flair infaillible, son opiniâtreté, sa résistance à la fatigue font de lui un chasseur « tous terrains ».

Remarque Il existe un Brun du Jura type Saint-Hubert. Il a une ossature plus solide, une tête plus grosse et de lourdes bajoues.

169 BERNOIS

Berner Laufhund

Nationalité Suisse.

Origines Les mêmes que le Chien courant Suisse, dont il est une variété.

Standard Taille minimum : 40 cm. Poids moyen : de 15 à 18 kg. Corps : allongé. Tête : fine, au museau fort. Yeux : sombres et doux. Oreilles : coniques, très longues. Queue : horizontale ou légèrement recourbée. Poil : épais et abondant. Couleurs : robe blanche mouchetée de noir, toujours avec des reflets, plus ou moins intenses, d'une troisième couleur.

Personnalité Tenace, fier, infatigable pendant la chasse. Paisible et docile à l'intérieur.

Aptitudes Il peut chasser tous les types de gibiers.

---

170 LUCERNOIS

Luzerner Laufhund

Nationalité Suisse.

Origines Le Lucernois est une variété du Chien couran Suisse élevée dans la région de Lucerne.

Standard Taille minimum : 40 cm. Poids moyen : de 18 20 kg. Corps allongé, tête fine, museau fort. Ses yeu sombres expriment la douceur. Oreilles : coniques, trè longues. Queue : horizontale ou légèrement recourbé Couleurs : robe blanche mouchetée de gris ou de bleu, ave de grandes taches sombres ou noires ; il peut également avo des taches rousses ou jaune charbonneux sur la tête et corps. Quand le chien est toiletté, le blanc semble disparaître

Personnalité Chasseur intelligent et tenace. Au repo paisible et affectueux.

Aptitudes Son sens de l'odorat très développé en fait u chien de chasse particulièrement fiable. Il peut chass n'importe quel gibier, sur n'importe quel terrain.

171 SCHWEIZER NIEDERLAUFHUND

Petit Chien courant Suisse

Nationalité Suisse.

Origines Variété plus petite du Chien courant Suisse.

Standard Ce chien existe en quatre catégories, chacune étant le modèle réduit d'un des chiens courants des Alpes suisses : Petit Chien courant Suisse, Petit Bernois, Petit Lucernois, Petit Chien courant du Jura. Les quatre catégories ne diffèrent que par la couleur de la robe. Le Schweizer Niederlaufhund mesure entre 30 et 38 cm et pèse en moyenne 15 kg. Sa tête est très bombée, ses yeux sont sombres et larges, ses oreilles longues, son cou élégant, sa poitrine mince, sa queue pendante, non courbée.

Personnalité Chasseur actif et intelligent ; animal paisible à l'intérieur.

Aptitudes Comme tous les chiens de cette famille, il peut chasser tous les gibiers, sur tous les terrains.

Remarque Il est également réputé pour l'agréable sonorité de sa voix.

---

172 CHIEN COURANT D'ISTRIE A POIL RAS

Nationalité Yougoslave.

Origines Race relativement ancienne, connue et appréciée depuis longtemps en Istrie. Ses origines demeurent mystérieuses.

Standard C'est un chien élégant, au corps allongé, aux membres musclés. Taille : de 46 à 58 cm. Poids moyen : de 18 à 20 kg. Yeux : ovales, regard très éveillé, presque étonné. Oreilles : pendantes. Queue : de moyenne longueur, légèrement recourbée vers le haut, la plus mince possible. Le poil est fin, épais et brillant. Couleurs : blanc ; les oreilles sont souvent jaune-orange. Il existe une variété à poil long (10 cm), légèrement plus grande que la variété à poil ras.

Personnalité Chasseur infatigable et passionné. Au repos, animal tranquille et affectueux.

Aptitudes Un bon sens de l'odorat fait de lui un remarquable chasseur de cerfs et de lièvres. En terrain rocailleux ou broussailleux, le travail à deux ou en petite meute est souvent meilleur. Le Chien d'Istrie aboie pendant toute la durée de la chasse. Son timbre est des plus plaisants.

173 CHIEN COURANT DE POSAVATZ

Posavaski Gonic

Nationalité Yougoslave.

Origines Né et élevé en Yougoslavie, ce chien n'est pratiquement pas connu hors de son pays natal.

Standard Taille : entre 46 et 58 cm. Poids : autour de 18 kg. Sa tête est allongée, son nez épais, noir ou noirâtre. Dents : placées en ciseaux. Regard vif. Oreilles pendantes, aux extrémités arrondies. Cou : musclé, mais élégant. Queue : parfois frangée, portée droite ou recourbée. Poil : de 2 à 4 cm de long, épais et dur. Couleurs : roux, froment doré, fauve, avec quelquefois des taches blanches sur la poitrine, l'abdomen et les pattes.

Personnalité Sûr de lui, obéissant, vivant, agréable, affectueux avec ses maîtres.

Aptitudes Ce chien est doué d'un bon odorat. Il mène un train rapide, se fatigue rarement, même en terrain rocailleux, et donne agréablement de la voix. Il est principalement utilisé pour chasser le lièvre et le cerf.

---

174 RHODESIAN-RIDGEBACK

Nationalité Sud-africaine.

Origines Ce chien a été créé par les Boers à la fin du XIXe siècle. Le standard de la race a été fixé en 1922 en Rhodésie.

Standard Son nom lui vient d'un trait caractéristique, unique en son genre : deux bandes parallèles courant le long de son échine, formées par du pelage poussant littéralement « à rebrousse-poil ». Taille : 63,5 à 68,5 cm pour les mâles, 61 à 66 cm pour les femelles. Poids idéal : 33,9 kg pour les mâles, 29,4 kg pour les femelles. Sa tête est allongée, ses joues fortes, son museau très épais. Son nez est noir ou marron, selon la couleur de sa robe. Les dents sont solides, le crâne plat, le stop marqué. Les yeux sont ronds, brillants, intelligents, les oreilles larges, portées près de la tête. Queue : légèrement recourbée. Membres : musclés. Le poil est court, épais, brillant, les couleurs vont du froment clair au rouge froment. Des marques blanches sur la poitrine et les doigts sont admises.

Personnalité Le Ridgeback est un chasseur impitoyable. A l'intérieur, c'est un chien paisible et docile.

Aptitudes Il mérite le surnom de « chien de safari », puisqu'il peut être utilisé, en groupe, pour chasser le lion ou le puma. Il supporte à peu près tout : la chaleur torride du jour, la fraîcheur de la nuit, les piqûres d'insectes, et même de longues privations d'eau et de nourriture.

175 BASENJI

Nationalité Sud-africaine.

Origines Des ancêtres du Basenji ont été dessinés dans des tombes égyptiennes et sur des peintures rupestres datant de 5 000 ans. Le Basenji, ou « Chien du Congo », a été introduit en Europe en 1934. Les éleveurs anglais ont ensuite amélioré la race et l'ont fait connaître au monde entier.

Standard Il est vif et intelligent, mais les rides qui plissent son front le font parfois ressembler à un vieillard taciturne. Sa taille idéale est 42,5 cm pour les mâles, 40 cm pour les femelles. Son poids oscille entre 9,9 et 10,8 kg. Son crâne est plat, son museau pointu, son nez noir ou noir teinté de rose. Yeux : bruns, en forme d'amande. Oreilles : droites, ouvertes vers l'avant. Queue : portée haute, formant deux boucles et retombant le long des flancs. Cuisses : musclées. Poil : court et soyeux, roux avec des taches blanches. Allure : dansante, rappelant celle d'un cheval.

Personnalité Enjoué, affectueux, patient avec les enfants. Le Basenji est un chien très propre, qui ne laisse aucune mauvaise odeur. Autre qualité exceptionnelle : il n'aboie pas.

Aptitudes En Afrique, il est utilisé comme guide dans les forêts, comme chien de garde autour des villages et des campements, comme chasseur de petit gibier. En Europe et en Amérique, il est très apprécié comme chien de compagnie.

---

176 BLACK-AND-TAN-COONHOUND

Nationalité Nord-américaine.

Origines Descendant du Bloodhound et du Fox-Hound, le Coonhound Noir et Feu, reconnaissable à ses couleurs, est une création des éleveurs américains. Il a été officiellement reconnu en 1945.

Standard Mesurant de 63 à 68 cm, pesant de 45 à 64 kg, le Coonhound Noir et Feu est un animal puissant, aux proportions idéales, à la tête finement modelée. Il a des babines tombantes, de larges narines noires, des yeux ronds couleur noisette, de longues oreilles encadrant sa tête de plis gracieux. La queue est portée gaiement. Le poil, qui doit être dense et dru pour le protéger du froid, est noir avec des taches feu sur le museau, les membres et la poitrine.

Personnalité Travailleur acharné, le Coonhound est vigilant, intelligent, agressif, mais obéissant.

Aptitudes Comme son nom l'indique (*coon :* raton laveur), le Coonhound est avant tout un chasseur de ratons laveurs. Il peut également chasser le cerf, l'ours, l'opossum, même en terrain difficile. Il supporte aussi bien les rigueurs de l'hiver que les plus fortes chaleurs. Dans les concours, une trop grande nervosité ou une timidité excessive peuvent amener sa disqualification.

177 BLUETICK-COONHOUND

Nationalité Anglaise.

Origines Le Bluetick-Coonhound est issu du croisement de plusieurs variétés de chiens courants spécialisés dans la chasse au raton laveur.

Standard Taille : 56 à 69 cm pour les mâles, 51 à 64 cm pour les femelles. Poids : 25 à 36 kg pour les mâles, 20 à 29 kg pour les femelles. Il a la silhouette caractéristique des chiens courants : tête allongée, oreilles pendantes, queue portée à l'horizontale. Poil : mi-long, doux, luisant. La couleur dominante est claire, mouchetée de bleu, avec de grandes taches sur le corps et la tête.

Personnalité Chasseur passionné. Doux, patient avec les enfants.

Aptitudes Le Bluetick a la chasse dans le sang. Un court dressage suffit à en faire un chasseur accompli. Vif, observateur, il ne se laisse arrêter ni par les intempéries ni par la mauvaise qualité du terrain. Il chasse aussi bien le raton laveur que le couguar ou le renard. Il peut également vivre à l'intérieur. C'est un excellent chien de garde.

---

178 REDBONE-COONHOUND

Nationalité Nord-américaine.

Origines Chien élevé en Géorgie, probablement issu du croisement du Bloodhound et d'un ancien Chien courant Irlandais.

Standard Le Redbone a une structure plus puissante que les autres Coonhounds. Taille : 56 à 66 cm pour les mâles, 53 à 64 cm pour les femelles. Poids : 23 à 32 kg pour les mâles, 20 à 29 kg pour les femelles. Il a un museau allongé, des oreilles pendantes, une longue queue portée gaiement. Son poil est dense, fin et doux au toucher. Couleur : de préférence rouge pur, mais des traces blanches sur la poitrine et les pattes ne sont pas des défauts.

Personnalité Gai, doux, chasseur passionné.

Aptitudes Téméraire, pourvu d'un excellent odorat et d'une voix agréable, son gibier de prédilection est le raton laveur. Il donne également satisfaction dans la chasse au gibier plus dangereux (couguars et chats sauvages).

179 REDTICK-COONHOUND

Nationalité Anglaise.

Origines Issu comme lui de plusieurs chiens courants, le Redtick est un proche parent du Bluetick-Coonhound.

Standard Taille : de 56 à 69 cm pour les mâles, de 51 à 64 cm pour les femelles. Poids : de 25 à 36 kg pour les mâles, de 20 à 29 kg pour les femelles. Il a une tête massive, un museau allongé, des oreilles tombantes, une queue portée à l'horizontale. Poil : court, assez rude, luisant. Couleur : roux noisette très tacheté.

Personnalité Chasseur passionné. Doux, obéissant, affectueux, très patient avec les enfants.

Aptitudes Souple, téméraire, pourvu d'un bon sens de l'odorat, le Redtick donne le meilleur de lui-même dans la chasse au raton laveur, au couguar et au renard. Son dressage est aisé. Il fait de l'excellent travail, quels que soient le temps et le terrain. C'est aussi un excellent chien de garde.

---

180 TREEING-WALKER-COONHOUND

Nationalité Nord-américaine.

Origines C'est en croisant à bon escient, et de manière répétée, des chiens courants de Virginie et du Kentucky que les éleveurs américains ont obtenu le Treeing-Walker.

Standard Sa silhouette noble est proche de celle des chiens courants français. Il est à la fois énergique et gracieux. Taille : de 56 à 69 cm pour les mâles, de 51 à 64 cm pour les femelles. Poids : de 23 à 34 kg pour les mâles, de 8 à 13 kg pour les femelles. Le Treeing-Walker a une tête solide, un museau long et mince, un nez épaté, des yeux rêveurs. Oreilles : tombantes. Queue : portée haute. Son poil est doux fin, dense, luisant. Couleur : blanc, avec des taches noires et noisette.

Personnalité Courageux, infatigable, très obéissant.

Aptitudes Comme l'indique son nom, le Treeing-Walker grimpe aux arbres. Chasseur passionné de ratons laveurs coureur rapide doté d'un bon odorat, il ignore la peur et la fatigue.

181 TENNESSEE-TREEING-BRINDLE

Nationalité Nord-américaine.

Origines De création très récente, ce chien est le descendant des chiens de montagne utilisés autrefois par les Peaux-Rouges.

Standard Sa structure robuste est proche de celle du Pointer. Taille : de 46 à 61 cm pour les mâles, de 46 à 56 cm pour les femelles. Poids : de 16 à 23 kg pour les mâles, de 14 à 18 kg pour les femelles. Il a une tête robuste, un museau relevé, des lèvres légèrement tombantes. Ses membres antérieurs sont droits, ses membres postérieurs très musclés. Poil : court, doux, légèrement crêpé. Couleurs : bringé, ou noir avec des rayures.

Personnalité Chasseur impénitent, le Tennessee-Treeing-Brindle a besoin de l'affection d'un maître pour s'épanouir. Il supporte n'importe quel environnement, mais préfère à tout autre la chaleur du foyer.

Aptitudes Son sens de l'odorat est très développé, son allure rapide. Dans la chasse au raton laveur, il n'attend pas au sol, mais va directement chercher sa proie dans les arbres.

Remarque Bien que nouvellement apparue, la race est déjà très populaire aux États-Unis.

---

182 BASSET DE WESTPHALIE

Nationalité Allemande.

Origines Le Basset de Westphalie est le produit de croisements de chiens courants allemands et de Bassets.

Standard Taille : de 30 à 35 cm. Poids : de 15 à 18 kg. Le Basset de Westphalie est un chien robuste, modérément long, à la tête élégante ; son museau rappelle celui du mouton, ses lèvres sont tombantes. Yeux : brun clair, au regard pétillant. Oreilles : pendantes, aux extrémités arrondies. Dents : robustes, en tenaille ou en lames de ciseaux. Queue : portée comme un sabre. Membres postérieurs : très musclés. Le poil est lourd et épais. Toutes les couleurs du chien courant allemand sont admises, avec des plages blanches sur le cou la poitrine, le museau, les pieds et à l'extrémité de la queue.

Personnalité Combatif, intelligent, amical.

Aptitudes Il allie les qualités de chasseurs des chiens courants et des Bassets. Il peut suivre les pistes, alerter le chasseur, pénétrer dans les tanières. Sa silhouette plaisante son masque expressif, en font également un chien de compagnie très apprécié par les connaisseurs. Rarement présenté dans les concours, il gagnerait à être mieux connu du grand public.

183 CHIEN COURANT DE BOSNIE

Nationalité Yougoslave.

Origines Apparu au XIXe siècle, ce chien n'est connu et apprécié qu'en Yougoslavie.

Standard Taille : de 46 à 56 cm. Poids : de 16 à 24 kg. La longueur de son corps doit être supérieure de 10 % à sa hauteur (de 50 à 61 cm). Il a un museau fort, de forme rectangulaire, un stop marqué, une barbiche et des moustaches. Nez : noir, narines bien développées. Dents : solides, fermées en ciseaux. Yeux : ovales, couleur noisette, très expressifs. Oreilles : charnues, pendantes. Queue : légèrement repliée vers le haut. Poil : long, dur, hérissé, avec un sous-poil épais. Couleurs : jaune, orange, gris, noirâtre. Les taches blanches, les robes bicolores et tricolores sont également admises.

Personnalité Courageux, passionné à la chasse, paisible au foyer.

Aptitudes Ignorant la fatigue, le Chien courant de Bosnie chasse tous les gibiers, même sur les terrains les plus difficiles. Son aboiement bien modulé est agréable à l'oreille.

---

184 CHIEN DE MONTAGNE YOUGOSLAVE

Nationalité Yougoslave.

Origines Ce chien relativement ancien, très apprécié en Yougoslavie, est encore peu connu hors de son pays natal.

Standard Taille : de 45 à 55 cm. Poids : de 20 à 25 kg. Il a un corps souple, de forme rectangulaire, une tête large, un museau conique, un nez noir et relevé, des dents solides. Yeux : sombres, intelligents. Oreilles : pendantes, sans plis, aux extrémités arrondies. Queue : portée en sabre, touchant les jarrets. Poil : épais, grossier, aplati, avec un sous-poil abondant. La couleur de base est le noir, avec des taches rouges ou rouille sur les yeux. Les taches blanc-gris sur la poitrine sont admises. L'allure est assurée, élastique.

Personnalité Audacieux, intelligent, endurant, sûr de lui, peu enclin à l'énervement ou à la panique. Au foyer, aimable et affectueux.

Aptitudes Comme son nom l'indique, ce chien est à son affaire en terrain montagneux, rocailleux ou broussailleux. Son sens de l'odorat est développé, son aboiement plaisant.

185 CHIEN TRICOLORE DE YOUGOSLAVIE

Nationalité et origines Race apparue et développée en Yougoslavie.

Standard Taille : de 45 à 55 cm. Poids : de 20 à 25 kg. Chien de taille moyenne, bien dessiné, aux lignes élégantes, il a une longue tête, un nez noir bien développé, un canal nasal très apparent. Yeux : bruns ou noirs, pleins de douceur. Oreilles : pendantes, le long des joues. Queue : droite ou légèrement recourbée. Cuisses : musclées. Soles : dures. Poil : court, dense, brillant. Comme l'indique son nom, son poil est tricolore : noir (couleur dominante), rouge vif, et jaune ou blanc.

Personnalité Audacieux mais bien équilibré, affectueux, d'un bon naturel.

Aptitudes Son exceptionnel odorat et son endurance lui permettent de s'adapter à tous les types de chasses, y compris en terrain très difficile, sans craindre le froid ni les tempêtes.

---

186 SLOVENSKY KOPOV

Chien courant de la Forêt-Noire

Nationalité Tchèque.

Origines Chien courant le plus répandu en Tchécoslovaquie, et peu connu à l'extérieur, ses origines sont très anciennes, mais il n'a été reconnu qu'au lendemain de la Seconde Guerre mondiale.

Standard Il a un corps allongé et une ossature relativement légère. Taille : de 45 à 50 cm. Poids : entre 20 et 22 kg. Le crâne est arrondi, le nez noir et pointu, le museau fort, avec des dents solides. Le stop frontal est à 45°. Yeux : sombres, enfoncés, pétillants de vie. Oreilles : pendantes, collées aux joues, arrondies aux extrémités. Queue : en forme de faucille, touchant les jarrets. Poil : long (de 2 à 5 cm), épais, rude. Couleur : noir, avec des ombres acajou sur les lèvres, les joues, la gorge, la poitrine, les yeux et les membres.

Personnalité Indépendant, intelligent, facile à dresser, doté d'un sens très aigu de l'orientation.

Aptitudes Spécialiste de la chasse au sanglier, il est très populaire dans les régions montagneuses de Tchécoslovaquie. Son caractère entier en fait également un bon chien de garde.

187 GRAND ANGLO-FRANÇAIS

Nationalité Française.

Origines Croisement de chiens courants français et du Fox-Hound Anglais.

Standard Le Grand Anglo-Français est un chien élégant. Taille : entre 60 et 68 cm. Poids : de 30 à 32 kg. Tête : longue et racée. Yeux : sombres, à l'expression douce. Oreilles : courtes, pendantes. Queue : portée basse, légèrement recourbée. On distingue trois variétés : tricolore, noir et blanc, noir et orange. Chacune de ces variétés est divisée en trois catégories, selon la taille : petite, moyenne, grande. Le poil est très court, très solide, collé à la peau.

Personnalité Chasseur passionné, courageux, énergique, tenace ; paisible au repos.

Aptitudes Le Grand Anglo-Français est utilisé pour toutes sortes de chasses. Son odorat développé et sa parfaite connaissance du gibier en font le chien de chasse français actuellement le plus recherché. Il a un bel avenir devant lui, l'amélioration et la spécialisation de la race devant aller de pair avec une popularité croissante.

---

188 PORCELAINE

Nationalité Française.

Origines C'est le plus ancien des chiens courants français La race vit ses effectifs diminuer dangereusement pendant la Révolution française mais devint à nouveau populaire vers 1845, grâce à l'obstination de quelques éleveurs français et suisses.

Standard Distingué de forme et d'allure, le Porcelaine mesure entre 53 et 56 cm pour un poids allant de 25 à 28 kg. Il a une tête finement sculptée, un nez noir aux narines bien ouvertes, un front plat et un museau de bonne longueur Yeux : sombres, doux et intelligents. Oreilles : fines, coniques terminées en pointe. Cou : long et mince. Queue : forte à la naissance, s'amincissant graduellement vers l'extrémité Comme son nom l'indique, son poil est ras, fin, brillant, et très blanc. Sa robe est marquée de taches orange, de forme arrondie.

Personnalité Énergique, impétueux et féroce à la chasse doux et paisible au foyer.

Aptitudes Vigoureux, infatigable, doté d'un odorat subtil et d'une voix bien modulée, c'est un excellent chasseur de lièvres et de gros gibiers. Il compte parmi les rares chiens de chasse français dont la renommée se soit étendue à l'étranger.

189 ANGLO-FRANÇAIS TRICOLORE

Nationalité Française.

Origines On l'a obtenu en croisant le Harrier Anglais avec des chiens courants français (Poitevin, Porcelaine).

Standard Hauteur au garrot : autour de 50 cm. Poids : entre 22 et 25 kg. Oreilles : en forme de V, appliquées à plat contre les joues. Queue : portée en faucille. Poil : lisse, brillant, pas trop court. S'il n'existe pas de standard officiel pour cette race, trois variétés de robe sont admises depuis 1957 : tricolore, noir et blanc, blanc et orange.

Personnalité Intelligent, infatigable, obéissant, facile à dresser.

Aptitudes Son galop rapide et son flair particulièrement affûté en font un excellent chasseur de petit gibier. Il travaille sur tous les terrains, aussi difficiles soient-ils, et possède une voix fort agréable à l'oreille.

---

190 PETIT ANGLO-FRANÇAIS

Nationalité Française.

Origines La race provient de croisements entre Beagle e chiens courants français de taille moyenne.

Standard Le Petit Anglo-Français n'ayant pas été reconnu à ce jour, il n'existe pas de standard officiel pour lui. Hauteu désirée : entre 40 et 45 cm. Poids approximatif : 16 à 20 kg Yeux : noisette foncé. Oreilles : pendantes, pas trop longues Queue : portée gaiement. Poil : brillant. Robe : le plus souven tricolore (blanc, noir et orange), parfois bicolore (noir et blan ou blanc et orange).

Personnalité Réservé mais plaisant.

Aptitudes C'est un bon chasseur de lièvres, de faisans et d cailles. Calme et propre, il s'adapte facilement à une vi sédentaire et se révèle un agréable compagnon.

191 ERDELYI KOPO

Chien courant de Transylvanie

Nationalité Hongroise.

Origines Il descend des chiens amenés par les Magyars en Hongrie au IXe siècle, et résulte du croisement de ces derniers avec des races hongroises et polonaises bien adaptées à la chasse.

Standard C'est un chien de taille moyenne qui pèse entre 30 et 35 kg. Il en existe deux variétés : à pattes longues (hauteur : 55 à 65 cm), à pattes courtes (45 à 50 cm). La tête est longue mais non pointue, la peau dépourvue de rides, le nez droit. Dents : fortes et solides. Yeux : brun foncé, obliques. Oreilles : tombantes mais ne formant aucun pli. Membres : de bonne ossature. Queue : pendante lorsque l'animal est au repos, enroulée sur le dos durant la chasse. Poil : court, fort et serré. La variété à pattes longues est noire avec des taches blanches sur le front, la poitrine, les pieds et l'extrémité de la queue. La variété à pattes courtes a une robe à fond brun-rouge marqué de blanc.

Personnalité Courageux, tenace, obéissant, facile à dresser, de bonne nature, doué d'un sens aigu de l'orientation.

Aptitudes Originaire des Carpates, région particulièrement riche en forêts, en prairies et en rivières, l'Erdelyi Kopo peut chasser sur les terrains difficiles et résiste aussi bien aux grands froids de l'hiver qu'aux lourdes chaleurs estivales.

---

192 GRÄHUND

Chien d'Élan Gris Mineur

Nationalité Suédoise.

Origines Cette race est très ancienne. Des découvertes archéologiques ont révélé qu'elle existait déjà il y a 6 000 ans et qu'elle a traversé les âges sans grande modification.

Standard Le Grähund est un chien carré et compact qui rappelle le renard. Il mesure entre 49 et 52 cm pour un poids qui ne doit pas excéder 30 kg. Il a une tête élégante et en forme de coin, un nez droit, un museau pointu et des dents fermées en ciseaux. Yeux : brun foncé. Oreilles : portées droites et pointues. Queue : courte et enroulée sur le dos. Poil : fort et lustré, avec un sous-poil fin et doux. Robe : toutes les nuances de gris, avec des taches plus claires sur l'abdomen, la poitrine et les membres. Le poil des oreilles et du museau doit être de couleur sombre.

Personnalité Équilibré, obéissant, bon.

Aptitudes Comme par le passé, ce chien courageux, résistant et capable de couvrir de vastes territoires, est utilisé pour chasser l'élan, l'ours et le lynx. Agréable et chaleureux, il fait aussi un excellent chien de compagnie et voit sa popularité croître de jour en jour. S'il est amené à vivre dans les pays chauds, il doit être fréquemment brossé et baigné.

193 BALKANSKI GONIC

Chien courant des Balkans

Nationalité Yougoslave.

Origines Il fait partie de la grande dynastie des chiens courants amenés en Europe par les Phéniciens. Une sélection rigoureuse permit de transformer et d'améliorer cette race particulière, naturalisée yougoslave.

Standard C'est un chien de taille moyenne, robuste. Hauteur pour les mâles : de 46 à 54 cm ; pour les femelles : de 44 à 52 cm. Poids moyen : 20 kg. La tête est longue, le front large, le stop très légèrement marqué. Les prémolaires sont particulièrement fortes. Yeux : bruns, limpides, intelligents. Oreilles : pendantes, plates, arrondies. Queue : atteignant les jarrets. Épaules et membres : musclés. Pieds : ronds avec des ongles solides. Poil : épais. Robe : rouge ou rouille, avec une large tache noire sur le dos formant un manteau.

Personnalité Tenace, énergique, intelligent.

Aptitudes Infatigable et doté d'une voix remarquable, il traque tous les gibiers avec ardeur, quelle que soit la difficulté du terrain et par n'importe quel temps, mais est particulièrement recherché pour la chasse au lièvre, au cerf et au sanglier.

---

194 LUNDEHUND

Nationalité Norvégienne.

Origines Cette race est originaire des îles situées au nord de la Norvège.

Standard Pour un poids se situant autour de 6 kg, le mâle mesure entre 32 et 36 cm, la femelle entre 30 et 34 cm. Yeux : bruns, non saillants. Oreilles : droites et dirigées vers l'avant. Queue : courte, portée sur le dos. Poil : long et raide. Couleurs de la robe : noir, gris, ou marron mêlé de blanc.

Personnalité Vif, plein d'entrain, tenace, attentif, intelligent.

Aptitudes Ce chien courant est le spécialiste de la chasse aux macareux, oiseaux palmipèdes noirs et blancs des régions arctiques, dont les nids sont comestibles. Le Lundehund grimpe aux arbres et aux falaises avec une agilité étonnante, force l'oiseau à prendre son envol tout en esquivant les coups de bec meurtriers de ce dernier et prend dans sa gueule le nid qu'il apporte triomphalement à son maître. S'il s'acquitte aussi bien de cette tâche pour le moins délicate, c'est que la nature l'a doté de cinq doigts et de huit coussins plantaires. Lorsqu'il travaille dans des grottes, cet animal étonnant peut également se boucher les oreilles, de sorte que les gouttes d'eau ne pénètrent pas dans ses conduits auditifs.

195 NORSK ELGHUND

Chien courant Norvégien

Nationalité Norvégienne.

Origines De souche très ancienne, cette race apparut aux côtés de l'homme lorsque celui-ci découvrit l'efficacité de la fronde comme arme de chasse.

Standard Il existe deux variétés de Norsk Elghund : le gris et le noir. Le type gris ne doit pas mesurer plus de 52 cm (49 cm pour les femelles). Il a un corps court et ramassé, un museau de moyenne longueur, des mâchoires puissantes, des yeux foncés avec une expression amicale, des oreilles pointues et mobiles, une queue enroulée sur le dos, un poil épais et rude au toucher, dans toutes les nuances de gris. La taille du Norsk Elghund noir doit se placer entre 45 et 50 cm. Ce dernier type a un corps compact, une tête légère et conique, des yeux foncés au regard énergique, des oreilles pointues et très mobiles, une queue enroulée sur le dos, un poil dense et rude, d'un noir brillant.

Personnalité Loyal, affectueux, facile à dresser, docile, propre et intelligent.

Aptitudes Il excelle à la chasse à l'élan (qu'il sent à plusieurs kilomètres de distance) mais fait aussi un bon chien de traîneau ; en temps de guerre, le ministre de la Défense peut mobiliser tous les Norsk Elghund vivant sur le sol norvégien. S'il adore chasser et se dépenser physiquement, ce chien ne s'en montre pas moins un agréable compagnon, particulièrement pour les enfants.

---

196 SCHILLERSTÖVARE

Nationalité Suédoise.

Origines Connue depuis le Moyen Age, cette race a été améliorée par l'éleveur Per Schiller qui lui a donné son nom, et fixée officiellement en 1952.

Standard C'est un chien robuste mais pourvu d'une certaine noblesse, léger et dynamique. Le mâle ne doit pas mesurer plus de 57 cm, la femelle plus de 53 cm. Le poids se place entre 18 et 24 kg. La tête est allongée et, vue de côté, paraît conique. Il a un nez noir et bien développé, des lèvres non tombantes, un stop nettement marqué et des dents fermées en ciseaux. Yeux : noisette, vifs et pétillants. Oreilles : pendantes, douces au toucher. Queue : portée droite ou légèrement en sabre. Épaules : musclées. Doigts : élastiques. Soles : résistantes. Poil : fort et brillant, avec un sous-poil épais. Robe : noir et feu. Le cou, les épaules, les flancs et la naissance de la queue sont noirs.

Personnalité Vif, actif, intelligent, de bonne compagnie.

Aptitudes Le Schillerstövare est spécialisé dans la chasse en terrains neigeux.

197 ELLINIKOS ICHNILATIS

Chien courant Grec

Nationalité Grecque.

Origines Cette race n'est guère connue en dehors des frontières de la Grèce.

Standard Hauteur : de 47 à 55 cm pour les mâles, de 45 à 53 cm pour les femelles. Poids : entre 17 et 20 kg. Il a une tête allongée, un museau légèrement busqué, un nez noir, un stop peu marqué, des dents blanches et saines. Yeux : bruns, pétillants d'intelligence. Oreilles : plates, pendantes. Queue : plutôt courte, portée en sabre. Poil : ras, épais, un peu rude au toucher. Robe : noir et rouge ardent, avec des petites taches blanches sur la poitrine.

Personnalité Vif, très attentif, de bonne nature.

Aptitudes Doté d'un odorat extrêmement sensible et d'une grande résistance à la course sur terrains difficiles, ce chien traque toutes les sortes de gibiers et travaille seul, à deux ou en petites meutes d'une dizaine d'individus. Sa voix est particulièrement agréable à l'oreille.

---

198 SMALANDSSTÖVARE

Nationalité Suédoise.

Origines Cette race est originaire de Suède centrale. Son standard fut fixé en 1921 et remis à jour en 1952.

Standard Ce chien robuste et compact n'en est pas moins noble et élégant. La taille se situe autour de 50 cm, le poids entre 15 et 18 kg. Il a une tête étroite, un nez noir avec des narines très ouvertes, des dents solides, un museau plutôt carré. Yeux : sombres, au regard serein. Oreilles : plates, pendantes. Dos : légèrement creusé. Abdomen : musclé et rétracté. Queue : longue et atteignant les jarrets, ou écourtée. Poil : épais et lourd, lisse et brillant. Robe : noire, avec des traces plus claires au-dessus des yeux, à l'extrémité des membres antérieurs et dans la zone anale.

Personnalité Équilibré, intelligent, affectueux.

Aptitudes Son flair merveilleusement affûté et sa légèreté en font un redoutable chasseur de renards et de lièvres. Il travaille sur tous les terrains, par n'importe quelle saison.

199 HYGENHUND

Nationalité Norvégienne.

Origines Très répandue en Norvège, cette race est peu connue en dehors de son pays d'origine.

Standard Pour un poids allant de 20 à 24 kg, la taille varie entre 47 et 55 cm, mais certains mâles peuvent mesurer jusqu'à 60 cm. Les femelles sont plus petites. L'Hygenhund a une tête régulière et en forme de cône, un nez noir, des babines non pendantes, des dents fermées en ciseaux, et un stop nettement marqué. Yeux : foncés, de couleur s'harmonisant avec celle de la robe. Oreilles : douces et larges, atteignant le milieu du museau. Queue : portée gaiement, mais jamais enroulée sur le dos. Membres : solides, nerveux. Cuisses : larges et musclées. Poil : raide, dense, brillant, pas trop court. Couleurs : noisette, rouge-jaune (avec ou sans ombres noires), noir avec des plages noisette clair. Ces couleurs peuvent être mêlées de blanc.

Personnalité Vif mais équilibré, actif, de bonne compagnie.

Aptitudes Très fin de nez, grand coureur, infatigable, il traque tous les gibiers et ne se laisse jamais décourager par les terrains ou les températures défavorables.

---

200 HALDENSTOVER

Nationalité Norvégienne.

Origines Cette race très ancienne jouit d'une grande popularité en Norvège mais est peu connue dans les autres pays.

Standard L'Haldenstover est un chien compact, solide et robuste, au corps allongé. Sa taille atteint 47 à 55 cm (10 % de moins pour la femelle) pour un poids de 20 à 25 kg. La tête est bien proportionnée, le museau droit, le nez noir, le crâne en forme de dôme. Les babines ne doivent pas être trop pendantes. Yeux : marron foncé, avec une expression calme et sereine. Oreilles : plates et atteignant le milieu du museau. Cou : long et arqué, sans aucune trace de fanon. Queue : épaisse, portée basse. Membres : de bonne ossature. Cuisses : musclées. Pieds : de forme ovale, solides avec une sole résistante. Poil : dense et lustré. Robe : blanche avec des taches noires et marron (le noir ne doit pas dominer).

Personnalité Équilibré, actif, intelligent, agréable.

Aptitudes Bâti pour la course en plaine, il chasse tous les gibiers et se montre très efficace sur les terrains neigeux.

201 DUNKER

Nationalité Norvégienne.

Origines Cette race norvégienne n'a pas fait l'objet d'une grande diffusion à l'étranger.

Standard Le Dunker est robuste, mais sans lourdeur. Bâti en rectangle il mesure entre 47 et 55 cm pour un poids variant entre 16 et 22 kg. La tête est belle, sèche et allongée, le nez noir avec de vastes narines, la denture fermée en ciseaux. Yeux : sombres, au regard calme. Oreilles : douces, de moyenne longueur, plaquées contre les joues. Cou : long et mince. Queue : forte, jamais enroulée sur le dos. Membres : de bonne ossature. Pieds : compacts, avec des soles épaisses et résistantes. Poil : dense et raide. Couleurs de la robe : noir ou bleu moucheté.

Personnalité Équilibré, serein, bon.

Aptitudes Plus apprécié pour son courage que pour sa rapidité, il est à l'aise sur tous les terrains et supporte merveilleusement bien le froid.

---

202 HARRIER DU DEVON ET SOMERSET

Nationalité Anglaise.

Origines Il est né en 1800 de croisements répétés entre l'Harrier et divers chiens courants.

Standard Ce chien solide et bien construit mesure environ 55 cm pour un poids variant entre 15 et 18 kg. Il a une tête plutôt longue. un crâne large, un stop peu marqué et un nez bien développé, de couleur noire. Yeux : marron ou noisette, vifs et intelligents. Oreilles : plates, douces et fines, pas trop longues. Cou : avec un léger fanon. Membres : de bonne ossature. Poil : épais et plat. Couleurs de la robe : blanc pur, blanc et rouge pâle, blanc et orange, blanc et gris, blanc et feu.

Personnalité Vif et animé, distingué, gai, intelligent.

Aptitudes Son odorat très sensible, son galop souple et rapide, sa résistance et sa débrouillardise le rendent particulièrement apte à la chasse au renard et au lapin.

203 SABUESO ESPAÑOL

Nationalité Espagnole.

Origines Amenée en Europe par les Phéniciens, cette race s'est développée et transformée à l'intérieur des frontières de la péninsule Ibérique.

Standard Le Sabueso Español est un chien solide et élancé. Hauteur au garrot : mâles, entre 51 et 56 cm ; femelles, entre 49 et 52 cm. Poids moyen : 25 kg. Il a une tête allongée, un nez plutôt gros et pigmenté, des narines bien ouvertes, un crâne large et bombé, des babines légèrement pendantes. Yeux : marron. Oreilles : très longues et souples. Queue : dépassant les jarrets. Poil : fin, ne formant pas frange. Robe : généralement blanche avec des taches rondes orange ou noires. Il existe une variété plus légère de Sabueso Español. Celle-ci se signale par une peau fine et élastique, un poil court et brillant, une robe blanche avec des taches rouges ou noires qui recouvrent parfois entièrement le corps, à l'exception du cou, du museau et de la poitrine.

Personnalité A la fois vif et équilibré, loyal, affectueux.

Aptitudes Ce remarquable chien courant est apte à toutes les sortes de gibiers. D'une résistance à toute épreuve, il peut travailler plusieurs heures d'affilée sous un soleil de plomb sans jamais montrer le moindre signe de fatigue.

---

204 RASTREADOR BRASILEIRO

Nationalité Brésilienne.

Origines Le Fox-Hound Américain est son ascendant le plus direct.

Standard Ce chien allie la force à la vivacité. Il mesure autour de 65 cm pour un poids moyen de 25 kg. Sa tête est triangulaire, son nez de couleur sombre, son museau droit, son stop très légèrement marqué. Yeux : en amande, sombres et pailletés. Oreilles : pendantes, arrondies à leur extrémité. Cou : fort avec un léger fanon. Poitrine : large et profonde. Dos : long et bien soutenu. Queue : portée en sabre, plutôt basse que haute. Pieds : larges, avec des soles résistantes et élastiques. Poil : ras, dense, rude au toucher. Robe : fond blanc avec des petites taches bleues et marron sur les membres ; fond blanc avec de larges taches noires ou marron ; brune avec du noir sur la tête, le dos et de la queue.

Personnalité Courageux et ardent, intelligent, obéissant, jamais agressif.

Aptitudes Conçu pour chasser le jaguar, le Rastreador Brasileiro poursuit sa proie sans jamais se lasser, que ce soit à travers ronces, taillis ou marécages.

205 LEVESQUE

Nationalité Française.

Origines Cette race fut créée en 1873 par un éleveur français, Rogatien Levesque, à partir du Bleu de Gascogne, du Virelade, du Saintongeais, du Vendéen et du Fox-Hound. Elle a aujourd'hui pratiquement disparu.

Standard C'est un chien de grande taille, mince, vif, au squelette accusé. Il mesure entre 65 et 72 cm pour un poids allant de 25 à 30 kg. La tête est forte et allongée, avec un front large, un crâne arrondi, un nez bien développé, des babines épaisses et pendantes. Yeux : marron clair, assez grands mais enfoncés, doux et intelligents. Oreilles : légèrement papillotées. Cou : court et fort, avec traces de fanon. Queue : longue, attachée haut et relevée. Épaules et cuisses : musclées. Poil : ras, fort et serré. Robe : invariablement blanc et noir, le noir ayant souvent des reflets violacés.

Personnalité Exubérant, affectueux, passionné de la chasse.

Aptitudes Créé à l'origine pour chasser en meute, le Levesque a un odorat très sensible et est aussi rapide que résistant. Les rares survivants de cette race lèvent tous les gibiers.

---

206 BRIQUET GRIFFON VENDÉEN

Nationalité Française.

Origines C'est le petit frère du Grand Griffon Vendéen.

Standard Distingué de forme et d'allure, de structure courte mais bien proportionnée, le Briquet mesure entre 50 et 55 cm (48-53 cm pour les femelles) pour un poids variant entre 16 et 24 kg. Il a une tête plutôt courte et légère, un nez noir et bien ouvert, un museau large et droit, et des lèvres recouvertes de bonnes moustaches. Yeux : sombres, grands et vifs. Oreilles : souples, terminées en pointe, pas trop longues. Poitrine : profonde. Queue : portée en lame de sabre. Membres : de bonne ossature. Pieds : pas trop forts, avec une sole dure. Poil long, épais et broussailleux, avec un sous-poil fourni. Robe : fauve, poil-de-lièvre, blanc et orange, blanc et poil-de-lièvre, ou tricolore suivant les nuances précitées.

Personnalité Décidé, actif, intelligent, sociable et caressant.

Aptitudes Ardent et courageux, le Briquet n'a pas son pareil pour forcer le gibier, quelle que soit la difficulté du terrain (sablonneux, accidenté, inondé). Il travaille parfois en petites meutes, mais demeure le compagnon idéal des chasseurs modestes.

207 PETIT GRIFFON BLEU DE GASCOGNE

Nationalité Française.

Origines Il est né d'un croisement de Griffon à poil dur et de Bleu de Gascogne. La race ne survit aujourd'hui qu'à travers quelques rares spécimens.

Standard Hauteur : entre 43 et 52 cm. Poids moyen : 15 kg. La tête est longue et légère, le museau droit ou légèrement busqué, le nez de couleur noire. Yeux : châtains, très expressifs. Oreilles : pas très longues, légèrement papillotées. Cou : mince mais avec des traces de fanon. Dos : court. Queue : longue, très effilée à son extrémité. Poil : plat et rude au toucher sur le corps, ondulé sur les cuisses et la poitrine. Couleur de la robe : blanc moucheté de noir avec des taches noires et des marques de feu sur les joues, la poitrine et les pattes.

Personnalité Audacieux mais sage.

Aptitudes Doté d'un flair remarquable et d'une allure légère et nerveuse, ce chasseur méthodique et infatigable est apte à lever tous les gibiers, à plumes comme à poil.

---

208 GRIFFON FAUVE DE BRETAGNE

Nationalité Française.

Origines Très répandu au Moyen Age, ce chien connut une vogue certaine dans la seconde moitié du XIXe siècle. Il est encore prisé en France, mais peu diffusé à l'étranger.

Standard Osseux et musclé, il donne une grande impression de vigueur plutôt que de distinction. Hauteur : 50 à 55 cm pour les mâles ; 47 à 52 cm pour les femelles. Poids : autour de 20 kg. Il a un museau allongé, un nez noir ou brun foncé, des yeux foncés et hardis, des oreilles pointues et modérément longues. La queue est de moyenne longueur, souvent espiée. La robe présente un poil plutôt long et très dur, jamais laineux ni frisé. Couleurs : feu, froment doré, brun-rouge vif.

Personnalité Courageux, tenace, intelligent.

Aptitudes C'était, jusqu'au siècle dernier, un chien courant particulièrement recherché pour la chasse au loup. Aujourd'hui, on l'utilise surtout pour forcer le renard, le sanglier et le lapin.

Remarque La race a perdu de sa pureté, aussi est-il nécessaire d'appliquer le standard avec rigueur. Défauts éliminatoires : museau court, crâne large, babines pendantes, oreilles trop longues ou trop courtes et recouvertes de poil frisé, cuisses trop rondes, pieds mous et larges, apparence fine et grêle.

209 KURZHAAR

Braque Allemand à poil court

Nationalité Allemande.

Origines Ce chien d'arrêt descend du Braque Espagnol qui fut introduit en Allemagne au XVIIe siècle par des chasseurs flamands. De nombreux apports de sang Pointer et Braque Italien l'on rendu plus rapide et énergique. Il jouit aujourd'hui d'une popularité croissante à travers toute l'Europe.

Standard Le Braque Allemand est noble et harmonieux, à la fois élégant et vigoureux. Taille souhaitée pour les mâles : 62 à 64 cm. Poids : entre 25 et 32 kg. Il doit avoir une tête sèche et bien ciselée, un crâne suffisamment large et légèrement bombé, un nez brun et proéminent (les truffes couleur chair ne sont pas désirées), les babines légèrement pendantes, des dents fortes et saines, s'adaptant bien entre elles. Yeux : bruns (les yeux jaune clair sont à rejeter). Oreilles : modérément longues, couvertes de poil lisse, plaquées contre les joues, arrondies à leur extrémité. Poitrine : plus profonde que large, avec des côtes bien bombées, mais jamais en forme de tonneau. La queue sera écourtée pour éviter les blessures à la chasse. Le poil doit être court et serré, dur et sec au toucher. Couleurs permises : brun sans tache ; brun avec un peu de blanc à la poitrine et aux membres ; rouan sombre avec tête brune et plaques brunes ; blanc avec un masque brun, plaques brunes ou mouchetures ; noir dans les mêmes nuances que celles précitées. Le jaune n'est pas considéré comme un défaut.

Personnalité Débordant d'entrain et d'énergie (mais pas nerveux), intelligent, obéissant et facile à dresser. Gai et malicieux, il adore jouer avec les enfants.

Aptitudes Le Braque Allemand rend les services les plus divers aux chasseurs. Il sait tenir l'arrêt avec une remarquable fermeté, quel que soit le terrain (bois, montagnes, broussailles ou marais), fait preuve d'une grande endurance. Cet excellent chasseur est aussi un agréable compagnon, mais il ne devrait pas être considéré comme chien d'appartement. Néanmoins, il peut s'adapter à n'importe quelle situation, aussi longtemps qu'il dispose d'un espace suffisamment grand pour prendre de l'exercice lorsque la saison de chasse est close.

Alimentation Pour éviter qu'il ne prenne du poids, il faut lui donner quotidiennement 300 à 350 g de viande découpée en morceaux moyens et légèrement cuite, ainsi que 200 g de pâte ou de riz et des légumes cuits. En période de chasse, augmenter la quantité de viande et diminuer celle de féculents.

210 DRAHTHAAR

Chien d'arrêt Allemand à poil dur

Nationalité Allemande.

Origines Il est né au début du XXe siècle de croisements judicieux entre Braque Allemand, Griffon à poil dur, Pointer, Bloodhound et Airedale. Le Club allemand du Drahthaar sélectionne les six meilleurs chiots de chaque portée afin de préserver la pureté de la race.

Standard Hauteur au garrot : mâles, 60 à 67 cm ; femelles, 56 à 62 cm. Poids : entre 27 et 32 kg. Museau : large, long et fort. Dents : solides, saines et fermées en ciseaux. Babines : jamais pendantes. Yeux : foncés et limpides. Oreilles : de moyenne longueur, appliquées à plat contre les joues. Cou : mince et robuste. Poitrine : large et profonde. Dos : court et droit. Queue : écourtée comme il est d'usage pour la chasse. Poil : dur et raide, rappelant au toucher la laine d'acier, particulièrement fourni aux sourcils et à la barbe. Robe : toutes les nuances allant du brun foncé au marron clair.

Personnalité Équilibré, vigoureux, vif et plein d'entrain, très attaché à son maître et jaloux des autres chiens.

Aptitudes Le Drahthaar a hérité des principales qualités de chacun de ses ancêtres : une finesse et une sûreté de nez remarquables, une fermeté spectaculaire dans l'arrêt, une profonde intelligence, un aspect des plus harmonieux. C'est un des plus sûrs coéquipiers du chasseur.

---

211 GROSSER MÜNSTERLÄNDER

Grand Épagneul de Münster

Nationalité Allemande.

Origines Née au début du XXe siècle, cette race est originaire de la ville de Münster et issue de divers croisements pratiqués entre Épagneul et Braque Allemand à poil long.

Standard Hauteur au garrot : 58 à 62 cm. Poids : autour de 20 kg. Tête : allongée. Museau : sec. Yeux : sombres, avec des paupières ne laissant pas voir la conjonctive. Oreilles : légères, très riches en poil. Queue : porté à l'horizontale, écourtée de plusieurs centimètres de sa longueur initiale. Pelage : lisse. Couleur : blanc avec des taches noires ou des mouchetures. Une robe entièrement noire n'est pas souhaitée.

Personnalité Courageux, intelligent, obéissant, gai et enjoué.

Aptitudes Ce chien est capable de travailler sur tous les terrains (plaine, bois, marais) et par n'importe quel temps, de chasser tous les gibiers. Particulièrement apprécié pour la fermeté de son arrêt et la subtilité de son flair, il se montre aussi un ennemi féroce des oiseaux de proie qui tentent d'attaquer les animaux de la ferme et, de fait, est recherché comme chien de garde.

212 KLEINER MÜNSTERLÄNDER

Petit Épagneul de Münster

Nationalité Allemande.

Origines Né au début du siècle, à Münster, d'un croisement entre Épagneul et Braque Allemand à poil long.

Standard Hauteur au garrot : mâles, 48 à 56 cm ; femelles, 44 à 52 cm. Poids : autour de 15 kg. Tête : sèche et élégante. Nez : brun (les taches couleur chair ne sont pas souhaitées). Museau : allongé. Babines : non pendantes et moyennement épaisses. Yeux : sombres, doux et intelligents. Oreilles : pointues et très fournies en poil. Cou : musclé et arqué. Poitrine : large, avec des côtes bien bombées. Queue : légèrement incurvée, garnie de longues soies. Membres antérieurs : droits et solides. Cuisses : larges et fortes. Poil : lisse et couché. Robe : blanc et marron.

Personnalité Courageux, obéissant, gai et enjoué.

Aptitudes Son énergie n'ayant d'égale que sa très grande résistance, il est à l'aise sur tous les terrains et est autant estimé comme chien d'arrêt que comme retriever. Ses belles oreilles frémissantes, son port distingué, sa robe soignée et sa queue portée gaiement lui donnent une allure particulièrement plaisante et séduisante et, de fait, en font un chien de compagnie très recherché.

---

213 LANGHAAR

Nationalité Allemande.

Origines Les origines de cette race se perdent dans la nuit des temps. On peut toutefois penser que le Langhaar est le produit de divers croisements opérés entre le Pointer et le Setter.

Standard Le Langhaar est un chien robuste et musclé, mais non dépourvu d'élégance. Hauteur : de 63 à 70 cm. Poids : entre 25 et 30 kg. Crâne : bombé. Museau : allongé. Nez : brun et non proéminent. Dents : saines et solides. Yeux : foncés. Oreilles : appliquées à plat contre les joues, arrondies à leur extrémité. Dos : court et bien soutenu. Queue : légèrement écourtée, frangée. Poil : long sur le corps (5 cm environ), plus court sur la tête et formant des franges aux membres. Robe : marron.

Personnalité Équilibré, docile, très obéissant, facile à dresser. Il cherche toujours à établir un lien étroit avec son maître.

Aptitudes Doué d'un odorat subtil, il sait marquer l'arrêt pour signaler la présence du gibier, ne se lasse jamais et garde son calme en toutes circonstances. On peut regretter que sa renommée n'ait guère dépassé les frontières de son pays d'origine, l'Allemagne.

214 BRAQUE DE WEIMAR

Nationalité Allemande.

Origines Cette race est très ancienne. La première représentation connue du Braque de Weimar est due à Van Dyck, au début du XVIIe siècle. On connaît mal son origine. Pour certains, il serait le résultat de l'albinisme qui affecta certains chiens d'arrêt allemands, aujourd'hui disparus. Pour d'autres, il proviendrait du Chien courant Allemand connu sous le nom de Braken. Pour d'autres encore, il serait le fruit des croisements effectués par le grand-duc Karl August de Weimar entre le Braque et un certain type de Pointer à robe jaune.

Standard C'est un chien de taille moyenne, de belle forme, nerveux, à la musculature puissante. Taille : de 59 à 70 cm pour le mâle, de 57 à 65 cm pour la femelle. Poids : entre 32 et 38 kg. Tête : large et sèche. Museau : long et fort, avec un stop peu marqué. Nez : couleur chair foncé, jamais rosé. Yeux : ambrés, intelligents. Oreilles : larges et longues, arrondies à leur extrémité. Queue : à écourter le premier ou deuxième jour, à 4 ou 4,5 cm. Membres : longs et musclés. Poil : court et fin. Couleurs de la robe : toutes les nuances de gris. La tête et les oreilles sont généralement plus claires.

Personnalité Gai, vif, affectueux mais quelque peu têtu.

Aptitudes Son endurance, sa finesse de nez et son ardeur le rendent apte à toutes les formes de chasse. Il est, par ailleurs, tout à fait capable d'assumer des fonctions de chien de défense.

---

215 PERDIGUERO DE BURGOS

Braque de Burgos

Nationalité Espagnole.

Origines Cette race très ancienne est originaire de la province de Burgos (Espagne du Nord).

Standard Ce chien de bonnes ossature et musculature se signale par une tête massive, un fanon important, des lèvres épaisses et pendantes. Taille : de 65 à 75 cm. Poids : entre 25 et 30 kg. Museau : de forme presque carrée. Nez : de couleur sombre, mais jamais noir. Yeux : foncés et mélancoliques. Oreilles : larges, longues, tombantes. Cou : rond et fort. Poitrine : profonde. Dos : légèrement arqué. Queue : écourtée d'un tiers de sa longueur originale, portée haute et gaiement. Membres : longs. Cuisses : musclées. Poil : court et fin. Robe : fond blanc tacheté ou moucheté de foie, ou foie avec des mouchetures blanches.

Personnalité Docile, affectueux, aimable.

Aptitudes Cet excellent chien d'arrêt et retriever est surtout destiné à la chasse au faisan, au lièvre et au chevreuil. Son intelligence et sa souplesse rendent son dressage aisé et il supporte aussi bien les lourdes chaleurs que le froid ou la pluie. Son odorat est des plus sensibles.

216 PODENCO IBICENCO

Lévrier des Baléares

Nationalité Espagnole.

Origines Ce chien de type Lévrier est originaire des Baléares, plus précisément de l'île d'Ibiza.

Standard Hauteur : mâles, de 60 à 66 cm ; femelles, de 57 à 63 cm. Poids : mâles, autour de 22,5 kg ; femelles, environ 19 kg. Il a une tête longue et étroite, un museau convexe, un nez de couleur chair, des lèvres minces et des dents remarquablement solides. Les yeux sont obliques et ambre clair, les oreilles droites et raides. Le cou est long et légèrement arqué, la queue portée basse au repos, en forme de faucille pendant la quête. Il existe trois variétés de Podenco Ibicenco : à poil lisse, à poil dur, à poil long. Les couleurs admises pour la robe sont le blanc et rouge, le blanc et feu, le blanc pur ou encore le rouge sans tache.

Personnalité Très vivant, actif, intelligent. Le mâle fait parfois preuve d'agressivité envers les autres chiens.

Aptitudes De galop très rapide, il est particulièrement recherché pour la chasse au lièvre, et sa fierté naturelle lui interdit de se reposer tant qu'il n'a pas trouvé sa proie. C'est un agréable compagnon pour les veneurs qui pratiquent la chasse de nuit.

---

217 BRAQUE DE L'ARIÈGE

Nationalité Française.

Origines Cette race ancienne a vu le jour en Ariège et a été légèrement modifiée par un apport de sang Braque Saint-Germain.

Standard Le Braque de l'Ariège allie la robustesse et la puissance à l'élégance. Hauteur : entre 60 et 67 cm. Poids : 25 à 30 kg. Le crâne est légèrement bombé, le museau de forme carrée, le nez de couleur rouge ou marron clair, le regard franc et intelligent. Oreilles : longues et larges. Cou : pourvu d'un léger fanon. Queue : écourtée. Jarrets : nerveux. Poil : fin et opaque. Couleur de la robe : blanc avec des taches orange ou marron, et des mouchetures plus claires.

Personnalité Plein d'entrain et indépendant. Relativement difficile à dresser, il a besoin d'un maître ferme et autoritaire.

Aptitudes C'est le plus puissant de tous les chiens d'arrêt français. Son odorat très développé en fait un excellent rapporteur de gibier et sa robuste constitution lui permet de courir sur les terrains les plus accidentés sans jamais se fatiguer. Il est très répandu en France, mais peu connu à l'étranger.

218 BRAQUE D'AUVERGNE

Nationalité Française.

Origines Elles sont très discutées. Certains pensent qu'il est né en Auvergne et descend du Braque Français de vieille souche. D'autres soutiennent qu'il vient de Malte et fut introduit en France lors de la conquête de l'île par Napoléon, à la fin du XVIIIe siècle.

Standard Le Braque d'Auvergne, pour être robuste et puissant, ne manque ni d'élégance ni de noblesse. Taille : de 57 à 63 cm pour les mâles, de 55 à 60 cm pour les femelles. Poids : entre 22 et 28 kg. Tête : allongée. Nez : noir et brillant, avec des narines ouvertes. Museau : carré. Dents : solides et blanches. Crâne : de forme ovale. Sourcils : arqués et bien relevés. Yeux : grands, noisette foncé, avec une expression loyale. Oreilles : fines, légères, longues, légèrement spiralées. Cou : fort et un peu arqué. Dos : court et droit. Queue : écourtée (longueur idéale : 15 à 20 cm). Poil : court, lustré, jamais dur. Robe : fond blanc avec ou sans taches et mouchetures noires, ou gris charbon (un mélange de noir et de blanc). La tête doit toujours avoir de larges plaques noires.

Personnalité Vif, sensible, obéissant, affectueux.

Aptitudes Léger et élégant à la chasse, ce grand « rustique » est habile à traquer toutes les sortes de gibiers. Doté d'une musculature puissante, il se montre très efficace sur tous les terrains, qu'ils soient volcaniques ou boisés.

---

219 BRAQUE FRANÇAIS

Nationalité Française.

Origines Elles sont contestées. La plupart des cynologues pensent que tous les Braques viennent d'Italie et résultent de croisements entre Molosse et Chien courant, mais une petite poignée d'entre eux affirment que le berceau de cette variété de Braque est la France.

Standard Son aspect est celui d'un chien noble, puissant mais sans lourdeur. Sa taille se place entre 56 et 65 cm pour un poids variant entre 25 et 32 kg. Sa tête est imposante, son crâne légèrement bombé, son museau de forme rectangulaire, son nez épais et de couleur marron. Yeux : marron ou jaune foncé bien ouverts, avec une expression confiante et affectueuse. Oreilles : légèrement plissées et encadrant bien la tête. Queue : écourtée. Poitrine : large et profonde. Épaules et membres : très musclés. Poil : épais et dense, plus fin sur la tête et les oreilles. Robe : blanche avec taches marron, avec ou sans truitures.

Personnalité Obéissant, loyal, calme au foyer.

Aptitudes Il donne grande satisfaction à la chasse. Sa quête est régulière, son galop souple et rapide, et il tient l'arrêt avec une remarquable fermeté. Le seul reproche qu'on puisse lui faire est qu'il mord sa proie un peu trop fort.

220 BARBET

Nationalité Française.

Origines Cette race dérive de l'ancien *Canis aquaticus,* et ne survit qu'à travers quelques rares spécimens. Ce chien d'arrêt doit son nom à sa barbe, qui lui donne un aspect des plus débonnaires.

Standard Le Barbet mesure entre 55 et 60 cm, pour un poids moyen de 15 kg. Il a des oreilles larges et pendantes, des membres courts, un corps épais. Son poil est brillant, hirsute et broussailleux. Les couleurs admises pour la robe sont le noir, le gris, ou le marron avec des taches blanches.

Personnalité Gai et enjoué, obéissant, intelligent, facile à dresser, très affectueux.

Aptitudes C'est un excellent chien d'eau. Très bon nageur, il est surtout utilisé pour la chasse aux oiseaux aquatiques. On peut regretter que ce chien pétri de qualités soit si peu répandu en France et pratiquement inconnu à l'étranger.

Remarque Le Barbet est généralement considéré comme étant l'ancêtre de la plupart des chiens d'arrêt et le père du Caniche.

---

221 VIZSLA

Braque Hongrois à poil court

Nationalité Hongroise.

Origines Il semblerait que le Vizsla compte parmi ses ascendants deux chiens aujourd'hui disparus : le Chien courant de Transylvanie et le Chien Jaune de Turquie. Il a subi récemment de nombreux apports de sang Pointer et Braque Allemand à poil court.

Standard Le Vizsla est un chien de taille moyenne, distingué de forme et d'allure, à la fois robuste et léger. Hauteur au garrot : de 57 à 62 cm pour les mâles, 53 à 58 cm pour les femelles. Poids : entre 22 et 28 kg. Tête : bien chargée en joues. Museau : plutôt carré. Nez : marron foncé. Dents : solides et saines, très blanches. Yeux : de couleur s'harmonisant avec celle de la robe. Oreilles : longues, pendantes, arrondies à leur extrémité. Cou : musclé et dépourvu de fanon. Queue : écourtée d'un tiers de sa longueur initiale. Corps : musclé et harmonieux. Poil : court, abondant et bien couché sur la peau. Toutes les nuances de jaune sable sont admises, mais le marron est considéré comme un défaut.

Personnalité Intelligent, obéissant, facile à dresser, équilibré, affectueux et attaché à son maître.

Aptitudes Doué d'un flair remarquable et d'une endurance à toute épreuve, c'est un merveilleux rapporteur de gibier. On l'utilise sur tous les terrains, même les marais. Il jouit aujourd'hui d'une popularité croissante, dans son pays d'origine, la Hongrie, comme à l'étranger.

222 ÉPAGNEUL BRETON

Nationalité Française.

Origines Elles sont très contestées. Beaucoup pensent que « épagneul » vient non pas d'« espagnol » mais du verbe « s'espaignir » qui signifiait en vieux germain s'étendre ou se coucher, deux attitudes typiques de ce chien lorsqu'il se trouve en présence de gibier. Une autre hypothèse veut que l'Épagneul Breton soit né d'un croisement entre le Setter orange et blanc et quelque chien français non identifié. C'est en 1896 que l'Épagneul Breton fut pour la première fois présenté dans une exposition canine. Il faudra pourtant attendre 1938 avant que la race, longtemps considérée comme bâtarde, obtienne ses lettres de noblesse et soit officiellement reconnue.

Standard C'est un chien élégant, quoique vigoureux et trapu, à la physionomie intelligente. Hauteur : 48 à 50 cm pour les mâles, 47 à 49 cm pour les femelles. Poids : entre 15 et 18 kg. Il doit avoir un crâne arrondi et de moyenne longueur, un museau droit ou légèrement busqué, un stop accentué, et un nez plus ou moins foncé suivant la couleur de la robe. Babines : jamais épaisses, ni tombantes. Yeux : ambre foncé en harmonie avec le pelage, vifs et expressifs. Oreilles : plutôt courtes, légèrement arrondies et bien garnies en poil. Dos : court, avec garrot bien sorti. Queue : toujours courte (10 cm environ). Épaules et cuisses : musclées. Poil : fin sans excès, plutôt plat ou très légèrement ondulé, jamais frisé ou trop soyeux. Couleurs de la robe : blanc et orange, blanc et marron, blanc et noir, ou tricolore.

Personnalité Intelligent, facile à dresser, de bonne tenue, très doux, gai et enjoué. Il perd toute assurance lorsque son maître le traite brutalement.

Aptitudes C'est le chien d'arrêt par excellence. Extrêmement résistant, supportant bien le froid et l'humidité, il est capable de chasser une journée entière sans donner de signes de fatigue. Il est à l'aise sur tous les terrains et rend autant de services en plaine, en forêt ou au marais. Bécasse, perdreau, faisan, lièvre, il chasse tous les gibiers avec une passion égale. Sa finesse de nez en fait un très bon rapporteur de gibier d'eau. Sa petite taille lui permet de se glisser partout et d'être transporté facilement. En un mot, c'est l'auxiliaire idéal du chasseur, son meilleur et son plus sûr coéquipier. Sa douceur et sa bonne humeur justifient le succès qu'il connaît aujourd'hui comme chien de compagnie. Si actif et sportif soit-il, il s'adapte très bien à une vie en appartement et se montre un compagnon des plus agréables.

Alimentation Comme il a tendance à prendre du poids, la ration quotidienne suivante est à conseiller : 200-250 g de viande cuite, 150 g de riz et de légumes cuits.

223 ÉPAGNEUL FRANÇAIS

Nationalité Française.

Origines Elles sont incertaines. Vient-il d'Espagne, comme le mot « épagneul » pourrait l'indiquer, ou est-il né en France et dérive-t-il des Chiens d'Oysel, aujourd'hui disparus, qui se laissaient envelopper avec le gibier, dans un même filet, lors de certaines chasses ?

Standard Ce chien couchant allie la puissance à l'élégance. Hauteur au garrot : 55 à 60 cm pour les mâles, 54 à 58 cm pour les femelles. Poids : entre 20 et 25 kg. La tête est forte mais sans lourdeur, le crâne légèrement convexe, le museau plutôt long et assez large, le stop bien marqué, le nez toujours marron avec de vastes narines. Yeux : grands, ambre foncé, extrêmement doux. Oreilles : longues, encadrant bien la tête, garnies d'une frange soyeuse, arrondies à leur extrémité. Queue : incurvée en S, touffue. Épaules et cuisses : musclées. Poil : long, souple, plat ou légèrement ondulé (les frisures ne sont admises qu'aux oreilles, au cou, aux pattes et à la naissance de la queue). Robe : à fond blanc avec taches marron.

Personnalité Docile, expansif, intelligent, facile à dresser.

Aptitudes Il cherche le gibier à plumes et le gibier à poil avec la même ardeur et sait maintenir son arrêt avec une fermeté spectaculaire. Peu encombrant, c'est un compagnon agréable pour les chasseurs. Pourtant sa renommée n'a guère, à ce jour, dépassé les frontières françaises.

---

224 ÉPAGNEUL PICARD

Nationalité Française.

Origines Cette race renaît depuis peu du brusque déclin qu'elle connut à la fin du XIXe siècle et qui la vouait, voici quelques années encore, à une extinction rapide.

Standard Hauteur : entre 55 et 60 cm. Poids : autour de 20 kg. Crâne : large et rond. Museau : plutôt droit. Nez : marron. Yeux : ambre foncé, très expressifs. Oreilles : pendantes, garnies de longs poils formant frange. Cou, épaules, cuisses : musclés. Queue : fournie. Robe : épaisse, lourde, légèrement ondulée. Couleur : blanc-marron rouanné avec des mouchetures.

Personnalité Très bon, gai, intelligent, sensible.

Aptitudes Doué d'un remarquable odorat, c'est un excellent compagnon pour celui qui aime chasser le lièvre et le canard sauvage dans les prairies, les bois et les marais.

225 ÉPAGNEUL DE PONT-AUDEMER

Nationalité Française.

Origines Comme son nom l'indique, il est né à Pont-Audemer, dans l'Eure, d'un croisement entre le vieil Épagneul Français et l'Épagneul d'eau Irlandais.

Standard Son aspect est celui d'un chien de petite taille, robuste et vigoureux. Sa taille se situe entre 52 et 58 cm. Il a un crâne arrondi, un nez pointu de couleur marron et un museau légèrement busqué. Yeux : petits, ambre foncé, très doux. Oreilles : pendantes, richement garnies de poils qui se rassemblent en un petit toupet et donnent à l'animal une allure débonnaire. Queue : écourtée d'un tiers de sa longueur initiale, en perpétuel mouvement. Poil : riche, brillant, légèrement ébouriffé. Robe : marron avec des reflets gris.

Personnalité Ardent et courageux à la chasse ; doux et affectueux en famille.

Aptitudes Le Pont-Audemer a gardé toutes les qualités qui font de l'Épagneul Irlandais un excellent chien d'eau. De ce fait, il est très apprécié comme retriever et principalement utilisé pour la chasse au canard. Son énergie et sa résistance le rendent néanmoins apte à toutes les formes de chasse, quel que soit le terrain. D'aspect plaisant et de tempérament agréable, il se montre aussi un agréable compagnon mais est essentiellement répandu dans le sud de la France.

---

226 BOULET
Griffon à poil laineux

Nationalité Française.

Origines Le Boulet fut créé en 1872 par l'éleveur Emmanuel Boulet qui croisa pour ce faire un chien de berger, un Caniche et un vieux Griffon Français. Une sélection rigoureuse lui permit de donner une teinte feuille morte à la robe, initialement blanche.

Standard Hauteur : de 55 à 60 cm pour les mâles, 50 à 55 cm pour les femelles. Poids : entre 20 et 25 kg. Museau : large et long, avec des moustaches imposantes. Nez : marron plus ou moins foncé, avec des narines bien ouvertes. Yeux : jaunes, surmontés d'épais sourcils. Oreilles : pendantes et garnies de longs poils. Poitrine : profonde. Rein : court. Queue : droite, plantée basse. Poil : lisse ou ondulé, jamais frisé. Robe : couleur feuille-morte, avec ou sans taches blanches (le blanc ne doit jamais dominer).

Personnalité Actif, intelligent, gai et enjoué, très doux.

Aptitudes Doté d'un flair sensible et d'une grande résistance, ce bon chasseur donne autant de satisfaction dans les bois que dans les marécages. Il est aussi très apprécié comme chien de compagnie.

227 KORTHALS

Griffon d'arrêt à poil dur

Nationalité Française.

Origines Eduar Korthals, éleveur d'origine hollandaise, l'obtint vert 1873 en croisant des Griffons, des Braques, des Épagneuls et des Setters. La race fut reconnue en 1887.

Standard Taille : de 55 à 60 cm pour les mâles, 50 à 55 cm pour les femelles. Poids : entre 23 et 27 kg. Tête : grande et longue, avec moustaches et sourcils bien accusés. Yeux : grands, bruns ou jaune foncé, d'expression très intelligente. Oreilles : de moyenne grandeur et appliquées à plat. Cou : plutôt long, dépourvu de fanon. Poitrine : profonde. Membres : robustes et musclés. Pieds : ronds et solides. Queue : portée horizontalement ou la pointe légèrement relevée, écourtée d'un tiers. Poil : dur et grossier, rappelant au toucher les soies de sanglier, avec un sous-poil fin et serré. Couleurs de la robe : gris acier avec taches marron, marron pur, blanc et marron, blanc et orange.

Personnalité Vif et animé, intelligent, affectueux et doux.

Aptitudes Souvent considéré comme « la bonne à tout faire » par les chasseurs, le Korthals est particulièrement habile à traquer le lièvre et la caille. Il possède un flair absolument remarquable.

---

228 GRAND GRIFFON VENDÉEN

Nationalité Française.

Origines Il a pour ancêtres le Saint-Hubert, le Braque Italien et le Griffon Nivernais. Jadis très prisé à la cour de France, il était connu sous le nom de Chien Blanc du Roy.

Standard C'est un chien distingué de forme et d'allure, de structure bien proportionnée, robuste mais sans lourdeur. Taille : entre 60 et 65 cm. Tête : allongée, pas trop large entre les oreilles. Nez : noir, fort et bien ouvert. Lèvres : recouvertes de bonnes moustaches. Yeux : grands, vifs, de couleur foncée. Oreilles : étroites et fines, terminées en ovale. Dos : solide et court. Flancs : relevés. Queue : portée en lame de sabre. Membres : de bonne ossature. Poil : long et broussailleux. Robe : fauve, poil-de-lièvre, blanc et orange, blanc et gris, blanc et poil-de-lièvre, ou tricolore selon les nuances précitées. Un pelage laineux est considéré comme un défaut éliminatoire.

Personnalité Intelligent, décidé, très agréable.

Aptitudes Ardent et courageux, doué d'un flair excellent, habile sur tous les terrains, c'est un vrai professionnel de la chasse. Son seul défaut est qu'il se dépense sans compter au début de la chasse et, de fait, se fatigue rapidement ; penaud, il voit alors sa proie lui échapper et la seule chose qu'il lui reste à faire est de se reposer... C'est, pour cette raison, le compagnon idéal des veneurs qui ne chassent qu'une demi-journée.

229 CHIEN D'ARTOIS

Nationalité Française.

Origines Issu de croisements entre Chien courant et Braque, le Chien d'Artois actuel se trouve très modifié par un apport de sang anglais.

Standard C'est un chien de taille moyenne, solide et de bonne musculature. Hauteur au garrot : entre 52 et 58 cm. Tête : forte et large. Museau : carré. Nez : noir, bien ouvert. Babines : un peu épaisses. Yeux : grands, saillants, à l'air mélancolique et doux. Oreilles : larges, plates mais assez longues. Cou : long et puissant. Dos, épaules, cuisses : très musclés. Queue : longue et portée en faucille. Pieds : forts mais secs, avec une sole résistante et compacte. Poil : ras, épais et fort. Robe : tricolore (fauve foncé, blanc et charbonné).

Personnalité Actif, intelligent, gai et enjoué.

Aptitudes Il a gardé les principales qualités du Braque et du Chien courant : un sens aigu de l'orientation, une finesse et une sûreté de nez remarquables, une fermeté exemplaire dans l'arrêt. Jadis utilisé pour la chasse au chevreuil, c'est aujourd'hui un bon chasseur de lièvres qui ne se décourage jamais quelle que soit la difficulté du terrain.

---

230 GAMMEL DANSK HONSEHUND

Nationalité Danoise.

Origines Né au Danemark, il résulte de croisements réalisés entre divers chiens de chasse du cru.

Standard C'est un chien fortement charpenté, de bonne musculature, à la démarche souple et élastique. Hauteur au garrot : de 52 à 58 cm pour les mâles, de 48 à 54 cm pour les femelles. Poids : variant entre 18 et 24 kg. Tête : plutôt courte. Nez : couleur foie, avec des narines bien développées. Babines : légèrement pendantes. Dents : fermées en ciseaux. Yeux : noisette clair ou foncé. Oreilles : très longues, arrondies à leur extrémité. Cou : fort et musclé avec des traces de fanon. Queue : épaisse à la naissance, effilée à son extrémité. Cuisses : larges et musclées. Poil : dense, court et serré. Robe : blanche avec des taches foie plus ou moins foncé.

Personnalité Tenace, tranquille, doux et affectueux, facile à dresser.

Aptitudes Il donne grande satisfaction aux chasseurs qui le choisissent pour compagnon. Courageux et endurant, il est apte à toutes les formes de chasse et peut travailler sur tous les terrains, aussi difficiles soient-ils. On peut regretter que ce chien pétri de qualités soit si peu connu hors du Danemark.

231 WETTERHOUN

Spaniel Hollandais

Nationalité Hollandaise.

Origines Cette race ancienne est connue depuis longtemps dans son pays d'origine, la Hollande, mais peu répandue à l'étranger.

Standard Le Wetterhoun mesure environ 55 cm. Il a une tête forte et sèche, un museau qui, sans être pointu, s'amincit à la hauteur du nez, des lèvres non pendantes, des dents solides et fermées en ciseaux. Ses yeux sont modérément grands, obliques et marron, ses oreilles arrondies à leur extrémité et garnies de soies ondulées. Sa queue s'enroule en spirale. Son corps tout entier, à l'exception de la tête, est recouvert d'une fourrure frisée et huileuse au toucher. Les couleurs admises pour sa robe sont le noir, le blanc et marron, le blanc et bleu.

Personnalité Actif, courageux, souvent agressif.

Aptitudes Jadis spécialisé dans la chasse à la loutre, il rend aujourd'hui les services les plus divers aux veneurs. Très bon gardien, il se dresse devant tout étranger en laissant échapper un grondement menaçant.

---

232 STABY-HOUN

Nationalité Hollandaise.

Origines Elles sont mystérieuses. On suppose toutefois que cette race est originaire de Hollande et qu'elle s'est modifiée naturellement au fil des ans.

Standard Le Staby-Houn a un corps allongé et ne doit pas mesurer plus de 50 cm pour un poids oscillant entre 15 et 20 kg. Tête : sèche et de bonne longueur. Museau : large et droit. Nez : bien ouvert et noir. Dents : solides et saines. Yeux : marron (le jaune est considéré comme un grave défaut pouvant entraîner la disqualification). Oreilles : tombant en plis gracieux et recouvertes, pour leur partie supérieure, de poils soyeux. Queue : longue, pendante au repos, relevée lorsque l'animal est en mouvement. Poil : court sur la tête, long et lisse sur le reste du corps. Couleurs de la robe : noir, bleu, marron ou orange, avec des taches.

Personnalité Docile, calme, loyal, obéissant, intelligent, facile à dresser.

Aptitudes Sans être spectaculaire, son arrêt ne manque ni de fermeté ni de précision. Son tempérament exceptionnellement doux et agréable en fait un chien de compagnie très recherché... particulièrement par les enfants.

233 SPINONE

Nationalité Italienne.

Origines Il paraît aujourd'hui établi que cette race descend en droite ligne d'un Chien courant à poil dur qui naquit dans le Piémont en 1600 et fut plus tard introduit en France où il devint le père du Griffon Français. Notons cependant que la première figuration ressemblante a été effectuée par Andrea Mantegna au tout début du XVe siècle.

Standard Ce chien à l'aspect rustique se signale par une forte ossature et une musculature bien développée. Taille : de 60 à 70 cm pour les mâles, 58 à 65 cm pour les femelles. Poids : entre 32 et 37 kg pour les mâles, 28 et 32 kg pour les femelles. Tête : de longueur égale aux 4/10e de la hauteur prise au garrot. Nez : volumineux, rouge ou marron suivant la couleur du pelage. Mâchoires : puissantes. Dents : solides, saines et s'adaptant parfaitement entre elles. Yeux : jaunes ou orange. Oreilles : triangulaires, ne devant pas dépasser 5 cm au-dessous de la gorge. Comme son nom l'indique (*spinone* dérive du mot *spino* qui signifie épine), son poil sera dur, épais et serré. De longues soies couvrent les sourcils bien arqués, les joues et les lèvres. Couleurs admises pour la robe : blanc, blanc tacheté d'orange, blanc moucheté d'orange, blanc avec des taches marron, rouan.

Personnalité Sociable, patient, affectueux, courageux. Il s'adapte très bien à la vie en appartement.

Aptitudes Très recherché au début du XVIIIe siècle par les veneurs de toutes conditions sociales, il connut un long déclin après la Révolution française mais jouit depuis la fin du XIXe siècle d'une popularité croissante. Extrêmement robuste, infatigable, ferme et précis dans son arrêt, doué d'un odorat particulièrement sensible, c'est le compagnon idéal pour les chasseurs d'aujourd'hui. Sa peau huileuse et résistante en fait un excellent chien d'eau, qui peut patauger des heures entières dans les marais sans jamais tomber malade. La saison de la chasse terminée, il se plie bien volontiers aux contraintes de la vie en famille et se montre des plus agréables dans son rôle d'animal domestique. Ce grand barbu joue avec les enfants sans la moindre brutalité et ne mord jamais, même lorsque ses petits amis se croient tout permis avec lui.

Alimentation Sobre et modeste, le Spinone se contente d'un seul repas par jour. Pendant la saison de la chasse, son dîner doit être composé au minimum de 350 g de viande, 250 g de riz et divers légumes.

234 BRAQUE ITALIEN

Nationalité Italienne.

Origines C'est le chien d'arrêt le plus ancien d'Europe. On le trouve dans les œuvres de Xénophon, Pline, Dante et Cellini. Il connut son âge d'or au XVIe siècle, lorsque les armes à feu firent leur apparition à la chasse.

Standard Le Braque Italien est un chien bien bâti et vigoureux, à la physionomie intelligente et sérieuse, au trot long et rapide. Sa taille se situe entre 55 et 67 cm pour un poids variant entre 25 et 40 kg. Il a une tête longue et anguleuse, des arcades sourcilières accusées, un nez épais rouge ou marron suivant la couleur du pelage, des babines pendantes. Ses yeux seront jaunes ou ocre, ses oreilles longues, appliquées à plat contre les joues et spiralées. Sa queue devra être écourtée et mesurer entre 15 et 25 cm. Sa robe présente un poil court et fin. Couleurs : blanc pur, blanc avec des taches orange, ambre ou marron, blanc moucheté d'orange ou de marron. Un fanon important est considéré comme un grave défaut.

Personnalité Sérieux et réfléchi, docile, obéissant, facile à dresser, loyal et attaché à son maître.

Aptitudes Fin de nez et résistant, il est aussi bon chien d'arrêt qu'excellent retriever. Il chasse tous les gibiers avec la même ardeur et est l'auxiliaire parfait du chasseur. Propre et tranquille, le Braque Italien s'adapte parfaitement à une vie sédentaire.

---

235 PERDIGUEIRO PORTUGUES

Braque Portugais

Nationalité Portugaise.

Origines Il dérive du Braque Italien.

Standard C'est un chien aux formes harmonieuses, à la fois robuste et élancé. Les mâles mesurent 56 cm environ, les femelles 52 cm. Le poids varie entre 20 et 27 kg. Tête : large mais bien ciselée. Museau : long et droit. Lèvres : pendantes. Stop : très marqué. Yeux : marron, expressifs. Oreilles : longues de 15 cm, larges de 11 cm, douces et fines. Queue : généralement écourtée d'un tiers de sa longueur initiale. Poil : court, ferme, bien réparti sur tout le corps, velouté au toucher sur la tête et les oreilles. Robe : jaune ou marron, avec ou sans taches.

Personnalité Ardent et courageux à la chasse, vif et animé, rusé, intelligent. Il accepte mal le voisinage des autres chiens.

Aptitudes Son arrêt est unique, spectaculaire. Si son galop manque de souplesse et de rapidité, son approche est très silencieuse, son odorat extrêmement sensible, son endurance remarquable. Lièvre ou perdrix, il chasse tous les gibiers avec une passion égale et se montre un coéquipier très sûr.

236 CESKY FOUSEK

Chien d'arrêt de Bohême à poil rêche

Nationalité Tchèque.

Origines Née en Bohême, cette race connut une grande vogue entre 1850 et la Première Guerre mondiale. Puis le public des expositions canines la bouda jusque vers 1930, date à laquelle elle redevint populaire grâce à un apport de sang Braque Allemand à poil court.

Standard C'est un chien à l'aspect noble et harmonieux. Hauteur : mâles, 60 à 66 cm ; femelles, 58 à 62 cm. Poids : mâles, 28 à 34 kg ; femelles, 22 à 28 kg. Tête : longue et fine. Museau : légèrement busqué. Nez : de couleur sombre. Mâchoires : puissantes. Dents : solides et fermées en ciseaux. Yeux : ambre foncé ou marron, doux. Oreilles : pendantes, larges à la base, effilées à leur extrémité. Queue : écourtée d'un tiers de sa longueur initiale. Le Cesky Fousek a un sous-poil épais et dense, de 1,5 cm de long. La fourrure extérieure est composée de poils longs de 3 à 4 cm, durs et rudes au toucher, de soies raides rappelant celles du sanglier et longues de 5 à 7 cm (notamment sur la poitrine, le dos et le museau). Couleurs de la robe : blanc sale avec ou sans taches marron, ou marron pur.

Personnalité Fougueux, affectueux, un brin aristocratique.

Aptitudes Ce chien est apte à toutes les formes de chasse. Il est rapide dans sa quête du gibier, habile sur tous les terrains (même marécageux), infatigable, capable de résister aux climats les plus durs.

---

237 DRENTSE PATRIJSHOND

Nationalité Hollandaise.

Origines Cette race hollandaise est probablement issue d'un croisement entre Braque et Setter.

Standard Hauteur idéale : 65 cm. Poids moyen : 20 kg. Tête : large et plate. Museau : en forme de coin. Nez : bien développé. Dents : fortes et solides. Yeux : couleur ambre, intelligents. Oreilles : plutôt légères, garnies de longs poils et appliquées à plat contre les joues. Cou : court et puissant sans aucune trace de fanon. Poitrine : profonde avec des côtes longues. Queue : pendante au repos, relevée lorsque l'animal est en mouvement. Poil : court mais formant frange sur la poitrine et le cou. Couleur de la robe : blanc avec des taches marron ou orange.

Personnalité Obéissant, docile, sage et avisé, extrêmement loyal, très facile à dresser, de bonne tenue.

Aptitudes Il est aussi à l'aise en plaine que sur terrain spongieux et chasse tous les gibiers, à plumes comme à poil. Il est particulièrement estimé pour sa finesse de nez et la fermeté de son arrêt. Il est regrettable que cet excellent chasseur soit peu connu hors de son pays d'origine.

POINTER

Nationalité Anglaise.

Origines D'après l'hypothèse la plus plausible, le Pointer a été créé il y a deux siècles avec du sang de Braque Italien, de Fox-Hound, de Bull-Terrier, de Lévrier, de Terre-Neuve, de Setter et de Bull-Dog. Au terme de ce remarquable travail de sélection devait surgir, vers 1900, le type parfait que nous connaissons aujourd'hui.

Standard Le Pointer allie la puissance à la souplesse et se signale par un corps athlétique aux muscles longs. Taille : entre 55 et 62 cm pour les mâles, 54 et 60 cm pour les femelles. Poids : variant entre 20 et 30 kg. Sa tête aux proportions harmonieuses respire la bonté, l'intelligence et le courage. Museau : légèrement concave. Nez : généralement foncé et proéminent. Lèvre supérieure : pleine mais ferme. Dents : saines et s'ajustant bien entre elles. Yeux : noisette ou marron suivant la couleur de la robe. Oreilles : de moyenne longueur et collées à la tête. Queue : épaisse à la naissance et s'amincissant graduellement vers la pointe. Membres antérieurs : droits et solides. Cuisses : musclées. Pieds : ovales, avec des doigts bien arqués, et une sole résistante. Poil : fin, court, dur et également réparti, parfaitement plat et droit, très brillant. Couleurs admises pour la robe : blanc et jaune, blanc et orange, blanc et foie, blanc et noir. Les robes unies et tricolores sont également acceptées. La couleur du nez doit s'harmoniser avec les teintes sombres du pelage.

Personnalité Stylé, patient avec les enfants, affectueux, intelligent, propre, ardent et passionné à la chasse. Sage et réservé à la maison, il s'adapte à toutes les situations mais, bien que prompt à donner de la voix, ne devrait pas être considéré comme chien de garde.

Aptitudes Le Pointer est le chien d'arrêt par excellence (*point* : arrêt). Rapide et fougueux, il quête au galop, le nez haut, et fait preuve d'une remarquable fermeté dans l'arrêt. Particulièrement apte à la chasse en plaine, il excelle à lever la bécasse, la caille et le faisan. Très facile à dresser, on peut lui enseigner le rapport. C'est, en un mot, le compagnon de chasse complet.

Alimentation Il est important de surveiller la ligne d'un Pointer et de lui donner une alimentation rationnelle. En période de chasse, son dîner sera composé de 400 g de viande coupée en morceaux, 250 g de riz ou féculents et de divers légumes. Il est bon de lui faire faire de temps à autre de petites cures de vitamines et de calcium.

239 SETTER LAVERACK

Setter Anglais

Nationalité Anglaise.

Origines Le premier type de Setter fut créé en France, en 1500, avec du sang de Braque Italien et de Braque Français. Ce n'est qu'au XIXe siècle que l'on commença à l'importer en Angleterre. L'éleveur Edward Laverack pratiqua une sélection judicieuse dont nous pouvons voir aujourd'hui les heureux résultats.

Standard Le Setter Laverack est un chien élégant, noble, racé et puissant. La taille varie pour les mâles de 56 à 62 cm, pour les femelles de 53 à 58 cm. Le poids se situe entre 27 et 32 kg. Tête : longue et sèche, avec un stop bien marqué. Museau : droit, long, large, de longueur égale à la moitié de celle de la tête. Nez : gros et large, noir ou marron foncé. Mâchoires : assez fortes et s'adaptant bien l'une sur l'autre. Babines : jamais pendantes. Yeux : grands, brillants, doux et intelligents, couleur noisette foncé. Oreilles : minces et souples, bien collées contre les joues. Queue : légèrement incurvée, garnie de soies formant frange. Poil : fin, soyeux et brillant, très ras sur la tête à l'exception des oreilles, plat, jamais frisé ni trop ondulé, formant de longues franges sur la nuque, les membres et les fesses. Couleurs : noir et blanc, blanc et citron, blanc et orange, blanc et marron, ou tricolore (noir, blanc et feu). Les robes unicolores existent mais sont peu recherchées. Les mouchetures peuvent être plus ou moins nombreuses et les taches plus ou moins larges.

Personnalité Doux, sensible, vivant, affectueux, doté de très bons réflexes. Discipliné mais exubérant. Son dressage doit être progressif et se faire avec tact, doigté et patience.

Aptitudes Comme son nom l'indique (*Setter* dérive du verbe anglais qui signifie « tomber en arrêt »), ce chien s'aplatit au sol lorsqu'il arrive à proximité du gibier. Son extraordinaire finesse de nez lui permet de sentir le gibier plusieurs heures après qu'il est passé. Par ailleurs infatigable, actif et vigoureux, il se montre habile sur tous les terrains, même marécageux, et supporte aussi bien les grands froids hivernaux que les lourdes chaleurs de l'été. On peut l'utiliser pour tous les types de chasses mais c'est incontestablement en la seule compagnie de son maître qu'il travaille le mieux.

Alimentation Doté d'un fort appétit, le Setter a tendance à grossir lorsqu'il ne chasse pas. En période de chasse, son repas quotidien devrait être constitué de 350 g de viande et de 200 g de riz et de légumes cuits.

Remarque Ce sportif, pour qui le besoin d'exercice est presque vital, n'hésite pas à sauter par-dessus les clôtures d'un jardin ou à creuser un tunnel pour s'octroyer quelques heures de liberté complète.

240 SETTER IRLANDAIS

Nationalité Irlandaise.

Origines C'est probablement le plus ancien de tous les Setters. Comme son cousin anglais, il descend du Braque Espagnol.

Standard Il est robuste mais sans lourdeur, élégant et distingué. Taille : mâles, 54 à 62 cm ; femelles, 52 à 60 cm. Poids : mâles, 18 à 25 kg ; femelles, 15 à 22 kg. Tête : longue et légère, avec un stop peu marqué. Museau : assez carré à son extrémité, de longueur égale à la moitié de celle de la tête. Nez : noir ou très foncé. Dents : solides et s'adaptant parfaitement. Yeux : marron ou noisette foncé. Oreilles : triangulaires, fines et douces au toucher. Poitrine : plutôt étroite vue de face. Thorax : profond et fuselé. Queue : portée à l'horizontale, frangée. Poil : court et fin sur la tête, plat, long et soyeux sur le reste du corps (les pieds doivent être bien garnis entre les doigts). Robe : rouge vif sans aucune trace de noir.

Personnalité Plein d'énergie et sentimental, expansif, indépendant, parfois intolérant vis-à-vis des étrangers.

Aptitudes Il possède d'incontestables dons de chasseur. Son galop est très rapide, son odorat remarquablement sensible, sa résistance à toute épreuve. On l'utilise en plaine, au bois, au marais, et pour tous les types de chasses.

Remarque Le Setter Irlandais peut vivre jusqu'à 18 ou même 20 ans.

---

241 SETTER GORDON

Nationalité Anglaise.

Origines La race fut créée en Écosse à la fin du XVIIIe siècle par le duc Alexander Gordon. Son introduction en France remonte à 1860.

Standard Sa constitution est nettement plus lourde que celle de ses cousins anglais et irlandais. Il se distingue également de ces derniers par une tête plus volumineuse, des lèvres plus épaisses et la couleur de son poil, soyeux et ondulé. Taille : entre 59 et 64 cm pour les mâles, 56 et 60 cm pour les femelles. Poids : entre 24 et 33 kg. Tête : légèrement arrondie, avec un stop bien accusé. Nez : noir avec des narines très ouvertes. Mâchoires : fortes avec un palais noir. Yeux : brillants, marron, vifs et intelligents. Oreilles : légèrement pointues, bien collées à la tête et aux joues, fines et souples. Queue : droite ou portée en sabre. Robe : noir brillant avec marques acajou. Une tache blanche à la poitrine est tolérée.

Personnalité Intelligent, diligent, serviable, de bonne tenue, extrêmement agréable.

Aptitudes S'il est moins agile, moins rapide et moins stylé que les Setters Irlandais ou Anglais, il figure parmi les chiens d'arrêt les plus intelligents et les plus consciencieux. Son flair affûté en fait un excellent rapporteur de gibier. Bois, marais, plaine, il travaille sur tous les terrains et excelle à la chasse à la bécasse.

242 BRAQUE DU BOURBONNAIS

Nationalité Française.

Origines Le vieux Braque Français et le Pointer sont ses ascendants les plus directs. Il est peu connu en dehors du sol français.

Standard Le Braque du Bourbonnais a pour caractéristique essentielle d'être anoure ou seulement pourvu d'un embryon de queue (5 cm maximum). Sa taille se situe autour de 55 cm pour un poids oscillant entre 18 et 24 kg. Il a un crâne et un museau allongés, une truffe marron et des lèvres légèrement pendantes. Ses yeux, couleur ambre foncé, dénotent un tempérament bon et doux. Ses oreilles bien papillotées sont appliquées à plat contre les joues. Son cou musclé et court présente un léger fanon. Sa poitrine est profonde, son dos convexe. Ses membres antérieurs sont droits, ses cuisses très musclées. Son poil est fort et court, blanc ou marron clair avec des mouchetures sombres.

Personnalité Calme et serein, tendre et affectueux, très attaché à son maître.

Aptitudes Habile à chasser toutes les sortes de gibiers, il est particulièrement apprécié pour son odorat subtil, son arrêt spectaculaire et la facilité avec laquelle il s'adapte aux terrains les plus difficiles.

---

243 BRAQUE DUPUY

Nationalité Française.

Origines Connue depuis le XVIIIe siècle, cette race fut sauvée de l'extinction par un garde-chasse qui vivait sous la Révolution française et lui donna son nom. Elle est probablement issue d'un croisement entre Braque et Lévrier.

Standard Le Braque Dupuy est un chien noble d'allure et de formes. Fin et léger, sa taille ne doit pas dépasser 68 cm pour un poids variant entre 22 et 28 kg. Les femelles sont plus petites (65 à 66 cm). La tête est longue et étroite, le museau légèrement busqué, le nez noir et épais. Ses lèvres sont fines, ses dents solides, ses yeux jaune d'or ou marron, avec une expression douce et rêveuse, ses oreilles longues et papillotées. Son cou léger ne doit présenter aucune trace de fanon. Sa queue portée basse et de moyenne longueur ne doit pas dépasser les jarrets. Il a un poil court et lustré, une robe blanche avec des taches marron foncé pouvant former manteau.

Personnalité Vif, intelligent, digne.

Aptitudes La rapidité et la souplesse de son galop le rendent particulièrement apte à la chasse en plaine. Il est très apprécié pour sa finesse de nez.

244 BRAQUE SAINT-GERMAIN

Nationalité Française.

Origines Né au milieu du XIXe siècle d'un croisement entre Braque Français et Pointer à robe blanc et citron.

Standard C'est un chien élégant et bien bâti, de bonne musculature. Taille : entre 50 et 62 cm pour les mâles, 54 et 59 cm pour les femelles. Poids : de 18 à 26 kg. Museau : allongé. Nez : rose et bien ouvert. Babines : du même rouge vif que le palais, légèrement pendantes. Dents : saines et solides, très blanches. Yeux : jaune d'or, très doux. Oreilles : douces, fines et encadrant bien la tête. Cou : long et musclé (un léger fanon est toléré). Queue : portée à l'horizontale et ne devant jamais dépasser les jarrets. Poil : court, ni trop fin ni trop dur. Couleur de la robe : blanc opaque mêlé d'orange et tacheté d'orange vif.

Personnalité Doux, intelligent, affectueux, obstiné.

Aptitudes On l'utilise pour la chasse au faisan et au lapin. Bon coureur, il est particulièrement à l'aise dans les bois et fait preuve d'une grande conscience professionnelle dans sa quête du gibier. Il n'est cependant pas très populaire et n'a qu'un cercle très limité d'admirateurs.

---

245 STICHELHAAR

Nationalité Allemande.

Origines Cette race est née à Francfort-sur-le-Main au début du XXe siècle. Elle provient de divers croisements réalisés entre chiens d'arrêt « non couchants » à poil dur et Bergers Allemands.

Standard Le Stichelhaar est un chien robuste mais sans lourdeur, dont la taille doit se situer entre 60 et 66 cm et le poids osciller autour de 20 kg. Crâne : légèrement bombé. Museau : long, large et plutôt carré. Stop : marqué sans exagération. Yeux : ovales et marron (le jaune est éliminatoire) avec d'épais sourcils. Oreilles : appliquées à plat contre les joues, jamais papillotées. Queue : de moyenne longueur, parfois écourtée. Poil : long de 4 cm et raide. Couleurs de la robe : marron et blanc avec de larges taches marron.

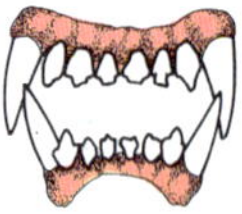

Personnalité Coriace et indomptable, agressif envers les étrangers et féroce avec le gibier. Il n'accepte qu'un seul maître.

Aptitudes Habile sur tous les terrains, on l'utilise pour chasser diverses sortes de gibiers. Ce chien ne jouit pas d'une grande popularité auprès du public.

246 PUDELPOINTER

Nationalité Allemande.

Origines Né à la fin du XIXe siècle, le Pudelpointer dérive d'un mélange de Caniche et de Pointer. De ses ancêtres, il a conservé les aptitudes naturelles et est autant apprécié pour ses qualités de chasseur que pour son tempérament agréable.

Standard De constitution plus lourde que le Pointer, le Pudelpointer mesure entre 60 et 65 cm de haut pour un poids situé autour de 25 kg. Tête : modérément longue, avec d'épais sourcils et une barbe. Yeux : ronds, vifs et éveillés, jaunes ou marron-jaune. Oreilles : plates, collées contre les joues, bien garnies en poil. Cou : fin et musclé, avec une nuque arquée. Queue : portée à l'horizontale. Poil : épais et ébouriffé, dur et rude au toucher, bien réparti sur tout le corps. Robe : marron ou feuille-morte.

Personnalité Vif et intelligent, débordant d'énergie et d'enthousiasme, affectueux, obéissant et loyal.

Aptitudes A l'aise sur tous les terrains, capable de supporter le froid, la chaleur et l'humidité, il rend les services les plus divers à la chasse. Il est un très bon retriever et excelle à la chasse à la perdrix, au lièvre, au renard et aux oiseaux aquatiques. Comme le Caniche, c'est un parfait chien d'eau.

---

247 CURLY-COATED-RETRIEVER

Retriever à poil frisé

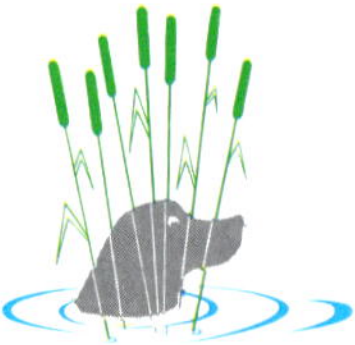

Nationalité Anglaise.

Origines Créée au XIXe siècle, cette race est le produit de croisements entre Irish-Water-Spaniel, Labrador et Caniche.

Standard Pour être robuste, ce chien ne manque ni d'élégance ni de souplesse. Hauteur : environ 66 cm. Poids : variant entre 31,5 et 36,2 kg. Tête : aux proportions harmonieuses. Nez : toujours noir et bien ouvert. Museau : pointu. Dents : solides et saines. Yeux : grands, noirs ou marron. Oreilles : petites, collées à la tête et garnies de boucles. Membres : forts et musclés. Poil : frisé des pieds à la tête. Robe : noire ou foie.

Personnalité Affectueux, loyal, facile à dresser.

Aptitudes Comme son nom l'indique, il a été conçu pour rapporter tout gibier, mort ou blessé, qu'il soit sur terre ou sur l'eau. Le Curly-Coated ne mord jamais sa proie mais la prend délicatement dans sa gueule pour la ramener à son maître. Comme tous les retrievers, son flair est remarquablement développé et sa fourrure épaisse le protège de l'humidité et des griffures de ronces.

248 FLAT-COATED-RETRIEVER

Retriever à poil plat

Nationalité Anglaise.

Origines Né au début du XIXe siècle, ce chien compte parmi ses ascendants le Labrador, le Setter Irlandais, le Curly-Coated-Retriever et, probablement, le Terre-Neuve.

Standard Hauteur : entre 27 et 31,5 cm. Poids : 27 à 32 kg. Tête : longue et bien ciselée. Museau large et puissant. Yeux : marron clair ou foncé, vifs et intelligents. Oreilles : petites, couchées à plat sur les joues. Poitrine : large et profonde. Dos : court et carré. Queue : relevée sur le dos. Membres antérieurs : parfaitement droits. Cuisses : bien gigotées. Pieds : ronds et forts. Poil : fin, plat et dense. Robe : noire ou foie.

Personnalité Obéissant, facile à dresser, intelligent, affectueux, patient avec les enfants.

Aptitudes Ce chien doit chasser car il en a la passion et l'instinct. Doué d'un odorat subtil, il est particulièrement apte à la chasse en plaine ou dans les régions riches en bois et en taillis. Cet excellent retriever est aussi un bon nageur qui donne grande satisfaction au marais.

---

249 GOLDEN-RETRIEVER

Nationalité Anglaise.

Origines Cette race serait le résultat d'un croisement entre le Bloodhound et un chien à robe jaune non identifié qui aurait appartenu à un cirque russe venu travailler en Angleterre au milieu du XIXe siècle.

Standard Hauteur : 58 à 61 cm pour les mâles, 55 à 57 cm pour les femelles. Poids : entre 29 et 34 kg pour les mâles, 27 et 32 kg pour les femelles. Le Golden-Retriever a un museau large et puissant, les dents fermées en ciseaux, un stop nettement marqué, des yeux sombres et doux, des oreilles pendantes et modérément longues. Son cou est musclé, sa poitrine ample, sa queue longue mais jamais enroulée sur le dos. Ses membres sont de bonne ossature et ses cuisses musclées. Il doit avoir un poil brillant et ondulé formant de belles franges, et un sous-poil résistant à l'eau. Toutes les nuances de jaune d'or et de crème sont admises pour la robe. Les taches rouges sont considérées comme un grave défaut.

Personnalité Actif et animé à la chasse, doux, de bonne tenue, affectueux et aimable en famille.

Aptitudes Solide et vigoureux, doué d'un excellent odorat, ce chien assume à merveille ses fonctions de retriever. Aussi beau que bon, il est très apprécié comme chien de compagnie et adore jouer avec les enfants.

250 LABRADOR-RETRIEVER

Nationalité Anglaise.

Origines Né dans l'île de Terre-Neuve, il fut introduit en Grande-Bretagne au XIXe siècle par des navires anglais en provenance de la péninsule canadienne du Labrador.

Standard C'est un chien fortement bâti, court et solide. Hauteur souhaitée pour les mâles : 55-57 cm ; femelles : 54-56 cm. Poids : entre 24 et 34 kg. Il a une tête robuste et pointue, avec un nez épais, des dents fermées en ciseaux et un stop prononcé. Yeux : bruns ou noisette, de grandeur moyenne, exprimant l'intelligence. Oreilles : pendantes et portées plutôt vers l'arrière. Cou : fort et vigoureux. Queue : modérément longue et revêtue d'un poil court et dru qui lui donne une apparence de queue de loutre. Membres : de bonne ossature. Poil : court et dense sans ondulation, dur au toucher, avec un sous-poil résistant à l'eau. Robe : de couleur unie, noire, foie ou jaune. Il arrive parfois de rencontrer un chiot jaune dans une portée entièrement noire.

Personnalité Très vivant, affectueux, plaisant et agréable.

Aptitudes Le Labrador a toutes les qualités du chien d'eau et du retriever. Très intelligent, il comprend le moindre des gestes de son maître et est un excellent coéquipier pour les veneurs habitués à la chasse au marais. Ce chien robuste et plein de santé n'hésite jamais à s'élancer dans l'eau, même au besoin pour aider les pêcheurs à tirer leurs filets.

---

251 CHESAPEAKE-BAY-RETRIEVER

Nationalité Nord-américaine.

Origines En 1807, un navire anglais avec deux Terre-Neuve à bord fit naufrage près des côtes du Maryland (États-Unis). Tous les passagers furent sauvés, et les chiens donnés à une famille de cynophiles qui pratiquèrent un croisement avec des retrievers du cru. Conçue pour chasser dans la Chesapeake Bay, cette race nouvelle se révéla d'emblée excellente.

Standard Hauteur au garrot : mâles, 58 à 66 cm ; femelles, 53 à 61 cm. Poids : mâles, entre 29 et 34 kg ; femelles, 25 et 29 kg. Tête : large et ronde. Museau : court et pointu. Lèvres : minces. Yeux : jaunâtres. Oreilles : pendantes. Cou : très musclé. Poitrine : forte et large. Queue : très longue (30 à 37,5 cm). Poil : court et épais avec un sous-poil laineux. Couleurs admises pour la robe : toutes les nuances allant du marron foncé au rouge pâle et au jaune foin.

Personnalité Vif et débordant d'enthousiasme à la chasse, courageux, affectueux, gai et enjoué, facile à dresser.

Aptitudes Parfaitement à son aise dans l'eau, il peut être utilisé par n'importe quel temps et rend d'inestimables services comme retriever. Il évolue remarquablement dans les marais, rivières et terrains marécageux et c'est un spectacle étonnant de le voir revenir sur la terre ferme le pelage à peine humide.

252 COCKER-SPANIEL

Nationalité Anglaise.

Origines Le *Livre de la Chasse* écrit par Gaston Phœbus en 1387 témoigne de l'ancienneté du Spaniel. Originaire d'Espagne, celui-ci fut introduit en France au XIVe siècle mais se répandit surtout en Angleterre. Il faudra attendre le XIXe siècle pour que les sept variétés d'English Spaniels – Clumber, Sussex, Welsh-Springer, English-Springer, Field, Irish-Water et Cocker – soient chacune reconnues officiellement comme une race à part entière. Tous ces Spaniels ont un ancêtre commun : le Chien d'Oysel ou premier chien couchant.

Standard Le Cocker-Spaniel est un petit chien gai et alerte, bien bâti, alliant l'élégance à la vivacité. Taille : de 39,5 à 41 cm pour les mâles, 38 à 39,5 cm pour les femelles. Poids : 12,7 à 14,5 kg. Tête : longue, sèche et distinguée. Museau : carré. Stop : prononcé. Nez : large avec des narines bien ouvertes. Mâchoires : puissantes. Dents : fermées en ciseaux. Yeux : marron, éveillés et brillants. Oreilles : larges, encadrant bien la tête, attachées dans le prolongement de l'œil, garnies de longs poils soyeux. Cou : long et musclé. Épaules : obliques. Queue : plantée bas, portée gaiement, modérément coupée. Membres : de bonne ossature, frangés. Pieds : ronds et solides. Poil : soyeux, jamais ondulé, formant des franges sur le corps. Toutes les couleurs sont admises mais chez les chiens unicolores aucune tache n'est permise, sauf une blanche sur la poitrine.

Personnalité Doux, affectueux, extrêmement fidèle, intelligent, obéissant. Il adore jouer avec les enfants, se montre peu méfiant envers les étrangers et n'aboie pas à tout propos. Très sensible, il doit être dressé avec douceur et patience. Un maître brutal et humiliant n'obtiendra jamais de bons résultats.

Aptitudes Il était autrefois spécialisé dans la chasse à la bécasse et dans les couverts (son nom dérive de *woodcock* qui signifie bécasse). Le chasseur ne peut guère trouver compagnon plus efficace et plus enthousiaste. Quel que soit le terrain, le Cocker n'a pas son pareil pour lever le gibier, et possède entre autres de remarquables qualités de retriever. Il est regrettable que la mode le fasse passer aujourd'hui, au mépris de sa véritable nature, dans les rangs des chiens de compagnie et d'agrément.

Remarques Le Cocker a tendance à prendre du poids, aussi est-il nécessaire de lui donner une alimentation rationnelle (200-250 g de viande, 60-80 g de riz et divers légumes pendant la saison de la chasse). Sa robe soyeuse doit être fréquemment brossée et peignée. La teigne et les tiques pouvant entraîner la surdité, il est bon d'examiner régulièrement ses longues oreilles qui balayent souvent le sol lorsque l'animal est à la chasse.

253 COCKER AMÉRICAIN

Nationalité Nord-américaine.

Origines C'est le cousin du Cocker-Spaniel et l'heureux résultat d'une sélection rigoureuse.

Standard Son aspect séduisant est essentiellement dû à la richesse de son poil. La taille ne doit jamais être supérieure à 38 cm pour les mâles, à 36,8 pour les femelles. Le poids se placera entre 10,9 et 12,7 kg. Le Cocker Américain a une tête ronde, un museau large et profond, une lèvre supérieure qui recouvre la mâchoire inférieure, des dents solides et fermées en ciseaux, un nez large aux narines bien développées. Yeux : de couleur s'harmonisant à celle de la robe, d'expression douce et intelligente. Oreilles : très longues, pendantes, garnies de poils ondulés. Cou : musclé et dépourvu de fanon. Queue : attachée dans le prolongement de la ligne du dos, frétillant continuellement. Poil modérément long et de texture soyeuse. Couleurs de la robe ; noir pur, noir avec des reflets, chamois, crème, rouan, bringé.

Personnalité Gai et enjoué, doux, équilibré, intelligent, respectueux de l'autorité du maître. Les enfants n'ont pas d'ami plus fidèle que lui.

Aptitudes Sa petite taille et sa gaieté le font surtout apprécier comme chien de compagnie, alors qu'il est avant tout un chien de travail courageux et persévérant, doué de toutes les qualités de l'Épagneul de chasse. Très populaire en Amérique, il est moins répandu en France que le Cocker-Spaniel.

254 CLUMBER-SPANIEL

Nationalité Anglaise.

Origines Le Clumber est né dans les chenils de la famille de Noailles. Introduit en Angleterre pendant la Révolution française, il obtint un vif succès lors de sa première apparition officielle, au début du XIXe siècle.

Standard C'est un chien massif, dont la taille se place entre 30 et 35 cm et le poids entre 25 et 31,5 kg. Tête : imposante et de forme carrée. Crâne : large. Stop : accusé. Nez : couleur chair, bien ouvert. Lèvres : pleines. Yeux : ambre foncé, légèrement enfoncés. Oreilles : larges, en forme de feuille de vigne, portées vers l'avant et encadrant bien la tête, garnies de poils soyeux. Cou : lourd et épais, frangé au niveau de la gorge. Queue : courte, frangée, portée dans le prolongement de la ligne du dos. Épaules : robustes et musclées. Membres : courts, droits, de bonne ossature. Poil : plat, dru et soyeux. Couleur de la robe : blanc avec des taches citron.

Personnalité Calme, intelligent, gai et enjoué, plaisant.

Aptitudes Autrefois utilisé comme chien de meute, le Clumber aime aujourd'hui travailler en la seule compagnie de son maître et se montre très doué pour la chasse au faisan et à la perdrix. Il s'adapte facilement à une vie sédentaire et se révèle un agréable compagnon. Peu répandu, c'est un chien qui mérite d'être connu.

---

255 ENGLISH-SPRINGER-SPANIEL

Nationalité Anglaise.

Origines C'est le père de tous les Épagneuls anglais. Considéré comme le parfait auxiliaire des chasseurs européens à la Renaissance, il conquit le public des cynophiles américains au début du XIXe siècle.

Standard Son apparence est celle d'un chien compact et fort, bâti pour l'endurance et l'activité. La hauteur moyenne doit être de 50 cm et le poids varier entre 22 et 24 kg. L'English-Springer a un crâne large et légèrement arrondi, des narines bien développées, des mâchoires solides et des lèvres pleines. Yeux : marron ou noisette foncé suivant la couleur de la robe, avec une expression douce et vive. Oreilles : attachées près de la tête. Cou : long et musclé, sans fanon. Queue : portée basse et gaiement. Poil : modérément long et formant franges à la gorge et à la poitrine. Couleurs préférées pour la robe : foie et blanc, noir et blanc, avec ou sans taches.

Personnalité Gai, courageux, méticuleux à la chasse ; affectueux, sincère et agréable au foyer.

Aptitudes Quel que soit le terrain, le Springer trouve, fait lever ou rapporte le gibier avec une conscience professionnelle égale. Il excelle particulièrement à la chasse dans les ronces ou la bruyère. Robuste et haut sur pattes, il est plus puissant et rapide que les autres Spaniels. Doux et confiant, il est aussi très apprécié comme chien de compagnie.

256 WELSH-SPRINGER-SPANIEL

Nationalité Anglaise.

Origines C'est le résultat d'une sélection rigoureuse pratiquée par des éleveurs qui désiraient obtenir un Épagneul de chasse doté d'une extrême résistance.

Standard Robuste et compact, le Welsh-Springer-Spaniel mesure de 38 à 43 cm pour un poids moyen de 15,75 à 20, 25 kg. Il a un museau modérément long et plutôt carré, avec des mâchoires puissantes et un stop prononcé. Ses yeux sont noisette foncé, ses oreilles pendantes et frangées comme celles du Setter. Son cou long et musclé ne doit présenter aucune trace de fanon. Sa queue, portée basse, est garnie de franges qui s'effilent à la pointe. Son poil est droit, épais et soyeux. Le blanc et le rouge vif sont les seules couleurs admises pour la robe.

Personnalité Gai et plein d'entrain, sensible, indépendant.

Aptitudes D'une endurance à toute épreuve, il travaille sur les terrains les plus difficiles et supporte les conditions climatiques les plus défavorables. Il lève et rapporte le gibier avec une ardeur égale, s'enfonce dans l'eau la plus glacée sans la moindre réticence, se dépense sans compter et sans jamais montrer le moindre signe de fatigue.

Remarque Le Welsh-Springer a une nette tendance à manifester son indépendance et à s'éloigner de son maître. Il est donc nécessaire de le dresser dès l'âge de six mois.

---

257 IRISH-WATER-SPANIEL

Nationalité Irlandaise.

Origines Née au début du XIXe siècle, cette race est vraisemblablement issue d'un croisement entre Caniche et Setter Irlandais.

Standard C'est un chien compact et bien bâti, dont l'énergie n'a d'égale que l'endurance. Hauteur : 53 à 58 cm pour les mâles, 51 à 56 cm pour les femelles. Poids moyen : 26 kg. Tête : plutôt large que longue. Crâne : bombé. Museau : long et carré. Nez : bien ouvert. Yeux : petits, bruns, brillants. Oreilles : collées contre les joues, couvertes de petites boucles. Cou : vigoureux. Queue : épaisse à la naissance, s'effilant vers l'extrémité. Membres antérieurs : droits et de bonne ossature. Membres postérieurs : longs et nerveux. Poil : abondant et bien bouclé, sauf sur le museau, huileux et résistant à l'eau. Robe : foie foncé tirant sur le violet.

Personnalité Gai, obéissant, intelligent.

Aptitudes Comme le Caniche, c'est un excellent chien d'eau, particulièrement apte à chasser le canard sauvage dans les marais ou les lacs.

Remarque Son épaisse toison résiste aux toilettages les plus minutieux, aussi est-il peu recherché comme chien de compagnie. Ce caprice de la mode est tout à fait regrettable, car l'Irish-Water-Spaniel a gardé le tempérament agréable qui a fait la renommée de ses ascendants.

258 SUSSEX-SPANIEL

Nationalité Anglaise.

Origines Cette race, née dans le Sussex (Angleterre), au début du XIXe siècle, a été officiellement reconnue en 1885.

Standard C'est un chien robuste et massif qui mesure entre 38 et 40 cm pour un poids allant de 18 à 20 kg. Il doit avoir une tête aux proportions harmonieuses, un nez de couleur foie, des dents fermées en ciseaux, et un stop bien marqué. Ses yeux noisette expriment une grande douceur. Ses oreilles assez larges et collées contre les joues sont garnies de poils ondulés et doux au toucher. Son cou est légèrement arqué, sa poitrine large et profonde, sa queue écourtée (12,5 à 17,5 cm de longueur). Sa robe présente un poil épais et plat, jamais bouclé, de couleur feu.

Personnalité Débordant d'enthousiasme à la chasse, sage et tranquille au repos.

Aptitudes Sa démarche balancée et coulante le rend particulièrement habile à la chasse dans les bois et les fourrés. L'une de ses caractéristiques est de donner continuellement de la voix lorsqu'il lève ou rapporte le gibier. Ce sportif est aussi un agréable compagnon.

Remarque La teinte rouge doré de son pelage se mêlant à la couleur des feuillages et du gibier (surtout au coucher du soleil), il n'est pas rare qu'il soit pris pour cible par le chasseur. Cela explique sans doute le peu de succès qu'il a aujourd'hui.

---

259 FIELD-SPANIEL

Nationalité Anglaise.

Origines Identiques à celles du Cocker.

Standard Si le Field-Spaniel ressemble étonnamment au Cocker, il s'en distingue pourtant par un corps plus long et des pattes plus courtes. Hauteur désirée : 46 cm. Poids : entre 16 et 22,5 kg. Il a un museau régulier, ni trop large ni trop pointu, un nez bien développé et des narines très ouvertes. La ciselure au-dessous des yeux doit être prononcée (caractéristique importante de la race). Yeux : marron ou noisette foncé, doux et pensifs. Oreilles : larges et plutôt longues, frangées comme celles du Setter. Cou : fort et musclé. Queue : portée basse, garnie de longs poils formant frange. Poil : plat ou légèrement ondulé, jamais frisé ni cordé, de texture épaisse et soyeuse, plus long sur la poitrine, l'abdomen et les membres. Robe : invariablement unie, noire, foie, ou rouge acajou.

Personnalité De tous les Spaniels, c'est celui qui a le tempérament le plus agréable. Il est doux, affectueux, calme et serein, très intelligent.

Aptitudes Robuste, rapide, agile, animé, il est particulièrement habile à la chasse en plaine. Sa douceur exceptionnelle en fait un compagnon des plus recherchés, surtout en Grande-Bretagne et aux États-Unis.

260 AMERICAN-WATER-SPANIEL

Nationalité Nord-américaine.

Origines Elles sont incertaines. On pense qu'il a dans les veines du sang d'Irish-Water-Spaniel et de Curly-Coated-Retriever. La race a été reconnue par l'American Kennel Club en 1940.

Standard C'est un chien robuste et musclé, vif et actif, qui mesure entre 38 et 45 cm pour un poids variant entre 13 et 20 kg. Il a une tête large et bien développée, un museau carré et de moyenne longueur, un stop prononcé, des dents solides et bien plantées, un nez fort avec de larges narines. Ses yeux marron ou noisette pétillent d'intelligence (les yeux jaunes constituent un grave défaut). Ses oreilles sont longues et larges, ses membres solides et puissants. Sa queue modérément longue se relève légèrement sur le dos. Sa robe est composée de boucles épaisses et serrées, douces au toucher. Les couleurs admises sont le foie et le chocolat foncé. On tolère un peu de blanc sur la poitrine et les doigts de pieds.

Personnalité Plein d'enthousiasme à la chasse, tenace, obéissant, affectueux, très facile à dresser.

Aptitudes Son épaisse toison le protégeant de l'eau et des ronces, il excelle à la chasse en terrains accidentés, marécageux et boisés. On l'utilise surtout pour lever et rapporter le canard, la caille, le faisan, la grouse, le lièvre. Il est aussi très apprécié comme chien de garde et de compagnie.

---

261 BOYKIN-SPANIEL

Nationalité Nord-américaine.

Origines Il est vraisemblablement issu d'un croisement entre Cocker-Spaniel et American-Water-Spaniel.

Standard Par son aspect, il rappelle étonnamment l'American-Water-Spaniel. Sa taille se place entre 38 et 43 cm, son poids varie de 14 à 17 kg. Les femelles sont légèrement plus petites. Le Boykin-Spaniel a un museau allongé, un nez marron, des yeux jaunes et de longues oreilles couvertes de petites boucles. Sa queue frangée se relève sur son dos. Sa robe est composée de poils ondulés ou bouclés, résistants à l'eau, de couleur acajou foncé ou foie.

Personnalité Gai et enjoué, docile, sensible.

Aptitudes Il est généralement utilisé pour rapporter les pigeons et les canards tombés dans l'eau, mais son flair infaillible lui vaut d'être aussi très recherché pour lever le gibier dans les bois. Le Boykin-Spaniel se montre un agréable compagnon et sait au besoin assumer les fonctions de chien de garde.

LES CHIENS DE COMPAGNIE

262 CANICHE

Nationalité Française.

Origines Son origine est controversée : est-il né en France, en Allemagne, au Danemark, ou dans le Piémont ? On peut toutefois affirmer avec certitude que son ancêtre est certainement un chien d'eau français, assez semblable au Barbet.

Standard Il existe trois variétés de Caniches : le Grand Caniche, haut de 45 à 55 cm, le Caniche Moyen, de 35 à 45 cm, et le Caniche nain, qui a moins de 35 cm. Le poids moyen des trois variétés est respectivement de 22, 12 et 7 kg. La tête du Caniche est élégante, rectiligne et proportionnée au corps, avec une truffe noire pour les sujets noirs, gris ou blancs, et marron pour les sujets marron. Il a des joues plates, un crâne bien modelé ; des yeux noirs ou bruns d'expression assez vive ; des oreilles retombant sur les joues, et recouvertes de poil ondulé. Il a aussi un cou solide et légèrement arqué, qui porte fièrement la tête. Il a encore une queue attachée haut, raccourcie de moitié ou d'un tiers, un poil frisé, bouclé ou cordé, dans les coloris noir, blanc, marron, gris, et toujours d'une teinte unie. Dans les tailles naines, il existe des sujets de couleur champagne ou bleue. En règle générale, le Caniche doit être toiletté régulièrement. Sa présentation habituelle est dite : « taille en lion » ou encore « tonte 1960 ». Les autres présentations ne sont pas admises aux expositions.

Personnalité Fondamentalement doux, très intelligent, audacieux, joyeux, apte au dressage.

Aptitudes Le nom de Caniche dérive de « canard », car le Caniche a été, dans le passé, un excellent rapporteur de sauvagine des marais, qualité héritée de son ancêtre le Barbet. Il possède une ouïe remarquable et un sens aigu de l'orientation et, plus que de nombreux autres chiens, il comprend le sens des mots. Il est patient au cours du toilettage, et adore jouer avec les petits enfants. Cependant, il n'accepte pas une éducation imposée par la manière forte.

Alimentation Taille naine : 100 g de viande hachée par jour. Taille moyenne : 200 g par jour de viande coupée en petits morceaux. Grande taille : 300 g de viande coupée en petits morceaux. Ajouter à cela, en proportion, du riz bien cuit et des légumes.

Remarque Éviter les croisements consanguins de Caniches : cela prédispose les chiots aux névroses et à l'épilepsie.

263 GRAND SPITZ

Grand Loulou

Nationalité Allemande.

Origines Descendant du *Canis familiaris palustris* (Chien courant des marais), il peut être considéré comme l'un des géniteurs de toutes les races canines. Des restes fossiles de Spitz remontant à une dizaine de milliers d'années ont été retrouvés en Asie, en Afrique et dans le nord de l'Europe.

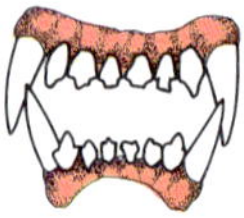

Standard Sa stature n'est jamais inférieure à 40 cm. Il a une tête de grandeur moyenne, et le crâne qui s'allonge en forme de cône. La truffe est ronde, légèrement aplatie, noire ou marron, selon la teinte de la robe. Les yeux sont sombres, obliques, les oreilles petites, pointues, triangulaires et toujours dressées. La queue est enroulée sur l'échine. Le poil est abondant sur tout le corps, court sur le museau, sur les oreilles et sur les pattes. La couleur de la robe détermine les quatre variétés suivantes : Spitz loup (gris argent, avec des zones plus sombres), Spitz noir (poil, sous-poil et peau noirs), Spitz blanc (blanc franc, sans la moindre zone jaunâtre), Spitz marron (marron dense, unicolore). Le Spitz loup présente une taille supérieure à celle des autres variétés.

Personnalité Vif, fidèle, intelligent, aboyeur, méfiant avec les étrangers.

Aptitudes C'est un chien de compagnie qui aime beaucoup son intérieur, au point de défendre la maison comme un authentique gardien. Il atteint sa maturité physique et psychique à l'âge de 3 ans.

Alimentation Comme tous les Loulous, le Grand Spitz aime exclusivement la viande, c'est pourquoi il est nécessaire d'habituer les chiots à accepter le pain, le riz, les pâtes et les légumes cuits.

Remarque Deux ou trois bains complets par an suffisent pour son hygiène. En revanche, le brossage doit être effectué le plus souvent possible, avec une brosse à poils courts et rigides. Pour démêler les nœuds éventuels des poils, utiliser un peigne d'acier à dents larges.

264 PETIT SPITZ

Petit Loulou

Nationalité Allemande.

Origines Les mêmes que celles du Grand Spitz.

Standard Le Petit Spitz est la copie conforme en réduction du Grand Spitz. Il ne doit pas dépasser la taille de 28 cm et un poids de 3,750 kg. Il a le crâne cunéiforme, les yeux plutôt sombres et légèrement en amande, les oreilles pointues et droites, la queue enroulée sur le dos. Il est revêtu d'un manteau de poils abondants et ressemble à un jouet en peluche. Le standard, en ce qui concerne la couleur du manteau, le subdivise en cinq variétés : Petit Spitz noir, blanc, marron, gris loup et orange (roux).

Personnalité Très affectueux en famille, méfiant avec les étrangers, intelligent et rusé.

Aptitudes Possède toutes les qualités, le tempérament et la beauté nécessaires pour être un chien de compagnie idéal. Il aime tellement sa maison qu'il est capable de la défendre contre les malfaiteurs.

Remarque C'est un chien résistant aux maladies, mais dont il faut soigneusement surveiller l'alimentation (viande, riz, légumes et sans aucun « extra »), pour éviter les troubles intestinaux.

---

265 LOULOU NAIN ITALIEN

Nationalité Italienne.

Origines Les mêmes que celles de tous les Loulous. Au XVIIe siècle, il était connu comme Volpino de Florence (Loulou de Florence), et au XVIIIe siècle, sous le nom de Chien du Quirinal.

Standard Il y a peu de différences entre le Loulou Italien et le Loulou de Poméranie. L'Italien a le crâne plus robuste, les yeux plus grands et la robe de couleur blanche ou rousse ; tandis que l'Allemand peut être également gris, noir, orangé. La taille du mâle est de 27 à 30 cm et de 25 à 28 cm pour la femelle ; la tête pyramidale ; la truffe toujours noire et humide ; les dents blanches et régulières ; le stop accentué ; les yeux de couleur ocre et d'expression vive et intelligente. Il doit encore avoir des oreilles triangulaires portées droites, et une queue de 14 cm environ fournie de poils longs et portée enroulée sur le dos.

Personnalité Vif, exubérant, bruyant, affectueux en famille, méfiant avec les étrangers.

Aptitudes C'est un chien de compagnie résistant à la maladie et doué d'une certaine longévité.

Remarque Son poil épais, long et raide, doit être souvent brossé. Quand le poil tend à jaunir, il est conseillé de lui passer une savonnette de talc, suivie d'un léger brossage.

266 SPITZ JAPONAIS

Nationalité Japonaise.

Origines C'est le descendant direct du Spitz Nordique qui fut introduit il y a plusieurs siècles au Japon, où il a trouvé d'excellents éleveurs et connaît une grande popularité.

Standard Taille du mâle : 30 à 40 cm ; de la femelle : 25 à 35 cm. Il a la tête plutôt grande, avec une truffe petite et noire ; les dents solides, sans prognathisme ; le stop peu accentué ; les yeux obliques et de couleur sombre ; les oreilles petites et à pointe droite. La queue fournie, à longs poils, est portée enroulée sur le dos. La robe, épaisse, est exclusivement blanche.

Personnalité Joyeux, audacieux, rusé, très intelligent ; affectueux avec ses maîtres comme tous les Loulous, et méfiant avec les étrangers.

Aptitudes C'est un chien de compagnie très sympathique qui défend à l'occasion sa maison contre les malfaiteurs, en aboyant et en montrant les dents. Son poil doit être entretenu avec soin : il faut le baigner peu et le brosser souvent.

---

267 PINSCHER ARLEQUIN

Harlekinpinscher

Nationalité Allemande.

Origines Race ancienne, dérivée du Pinscher Allemand à poil ras.

Standard D'aspect trapu, sec, musclé, il présente une hauteur moyenne de 30 à 35 cm, une tête modérément allongée ; un museau et un crâne bien fondus ensemble ; une truffe noire (prognathisme et mâchoire inférieure en retrait constituent des défauts). Il a des yeux sombres, s'harmonisant avec la couleur de son manteau ; des oreilles petites, érigées mais avec la pointe à peine repliée ; une queue partiellement amputée et portée légèrement haute. Il a un poil court, plat, adhérent. Couleurs de fond : blanc ou gris, avec des taches noires ou sombres qui justifient son nom d'Arlequin.

Personnalité Vif, affectueux, distrayant.

Aptitudes Par l'originalité de sa robe, son tempérament très doux et la dignité de son comportement, c'est un chien de compagnie idéal. Il s'adapte parfaitement à la vie en appartement.

268 DALMATIEN

Nationalité Yougoslave.

Origines Il y a désaccord total sur ses origines. C'est certainement une race très ancienne, car on en trouve des traces dans les bas-reliefs égyptiens et sur les fresques helléniques. Au XVIIIe siècle, il existait en Angleterre un chien très semblable au Dalmatien, le Braque du Bengale, ce qui jette des doutes sur son origine yougoslave.

Standard Chien musclé et symétrique de ligne, mesurant de 55 à 60 cm (50 à 55 pour la femelle) et pesant autour de 25 kg. Il possède une tête d'une bonne longueur ; un museau vigoureux ; un stop modéré ; une truffe noire ou marron (suivant la couleur de la robe). Les yeux, noirs ou marron, sont arrondis et d'expression intelligente. La queue, forte à la racine, va en s'amincissant vers la pointe avec une légère courbure vers le haut. Le poil du Dalmatien doit être dense, court, dur et luisant. La couleur de base est toujours le blanc pur, avec des taches noires ou feu. Plus les taches sont abondantes, plus le chien est apprécié. Les chiots naissent totalement blancs.

Personnalité Serein, fidèle, indépendant, mais facile à dresser, sensible. Il a besoin de la compagnie de l'homme ; sinon, il sombre dans la mélancolie. Il joue volontiers avec les jeunes enfants. Doué d'une grande mémoire, il se souvient plusieurs années après des mauvais traitements.

Aptitudes Au Moyen Age, il était utilisé comme chien courant. Au XVIIIe siècle, sa popularité a beaucoup augmenté comme chien de promenade, car il suivait infatigablement son maître, qu'il soit à pied, à cheval ou en voiture à chevaux. Par la suite, il a acquis une renommée comme chien de compagnie et, plus récemment, de chien de garde. Il est propre, évite les flaques et les mares et il aime l'eau et le savon.

Alimentation Ration quotidienne idéale : 300-350 g de viande, 200 g de riz et de légumes cuits. Ne lui donner aucune nourriture en boîte. Pour éviter de le laisser engraisser, il faut lui faire accomplir de longues promenades.

Remarque Le Dalmatien a bénéficié d'une grande publicité grâce au célèbre film de Walt Disney *Les 101 Dalmatiens*.

269 KROMFOHRLÄNDER

Nationalité Allemande.

Origines Créé au XVIIIe siècle, il n'existe aucune information sur les races dont il est issu.

Standard Taille entre 38 et 46 cm, tête allongée et conique avec une truffe noire bien ouverte ; denture en ciseaux ou en tenaille ; yeux ovales et sombres, oreilles triangulaires adhérant à la tête. Le cou est légèrement arqué. Il existe trois variétés de Kromfohrländer : à poil court, à poil ras et raide, à poil long et raide. Les couleurs sont blanc pour la base, avec des taches marron clair. Le noir n'est pas admis.

Personnalité Vif, fidèle, obéissant.

Aptitudes Bien qu'il soit essentiellement un chien de compagnie, qui s'adapte parfaitement à la vie en appartement, il jouit d'une grande considération comme chien de garde et de défense. Son ouïe extrêmement fine le fait réagir au moindre bruit.

---

270 PINSCHER

Nationalité Allemande.

Origines D'origine très ancienne, il n'a été reconnu officiellement qu'à la fin du XVIIIe siècle.

Standard De taille moyenne (45 à 48 cm) et d'aspect élégant, il a la tête longue et droite ; les naseaux droits et longs ; la denture vigoureuse ; les yeux ovales et sombres ; les oreilles (coupées) portées droites ; le cou long, arqué, mince ; le corps carré ; la queue, raccourcie à la troisième vertèbre, est portée verticalement. Il a également un poil court, dur, luisant, adhérant au corps. Couleurs de la robe : noir avec des taches feu en surcharge ; noir uni ; marron ; rouge cerf ; bleu-gris avec des taches feu ; poivre et sel.

Personnalité Bien que son nom signifie en allemand « mordeur », c'est un chien docile, dévoué, affectueux, propre et intelligent. En général, il aboie hargneusement et, contre les malfaiteurs, il sait faire valoir sa denture bien aiguisée.

Aptitudes Ce chien de compagnie est utilisé également comme gardien de la maison, du jardin ou de la voiture.

Remarque Il existe une variété de Pinscher nain connue sous le nom de Reh (chevreuil), de couleur noir luisant, avec des taches feu. Bien que très léger (4 kg), il est robuste et musclé.

271 SCHNAUZER NAIN

Zwergschnauzer

Nationalité Allemande.

Origines Comme ses frères aînés, le Géant et le Moyen, il descend du Terrier, mais du sang d'Affenpinscher coule également dans ses veines.

Standard Sa hauteur est comprise entre 30 et 35 cm pour le mâle comme pour la femelle, une taille inférieure étant considérée comme un défaut. La tête est longue, le museau fort, la truffe bien développée ; la denture en ciseaux ; les yeux sombres et ovales ; les oreilles taillées en pointe. Le cou est long, arqué ; la queue amputée à la troisième vertèbre. Le poil, dur et raide, se développe en sourcils broussailleux et forme une barbe hirsute. Couleurs de la robe : noir ou poivre et sel.

Personnalité Très affectueux, énergique, aboyeur, obéissant, facile à dresser.

Aptitudes Outre ses qualités esthétiques et « miniaturisées » de Schnauzer, il possède le même tempérament de gardien vigilant et de chasseur de rats. Il est généralement considéré comme étant exclusivement un chien d'appartement.

---

272 SCHIPPERKE

Nationalité Belge.

Origines Sélectionné en Flandre par le commandant de marine Renssens, c'est en 1880 qu'il a participé pour la première fois à une exposition. Depuis lors, il a été exporté dans le monde entier.

Standard Il existe en trois tailles différentes : grande, de 5 à 9 kg ; moyenne de 3 à 5 kg ; petite, inférieure à 3 kg. La hauteur n'est pas indiquée dans le standard. Il a la tête d'un renard, avec un museau effilé ; une truffe petite ; un front large et légèrement bombé ; des yeux ovales de couleur brun sombre ; des oreilles triangulaires érigées et très mobiles. Le corps est court et ramassé ; la queue complètement absente. Le poil est abondant, dur et court sur la tête et sur la partie antérieure des membres, mais se répand en une ample crinière. L'unique couleur admise dans le standard belge est le noir uni.

Personnalité Exubérant, apte au dressage, intelligent, curieux, méfiant envers les étrangers.

Aptitudes Autrefois, il était le chien favori des bateliers belges qui l'avaient dressé à la nage, à la chasse et à la garde. C'est un chien de compagnie apparemment distant, mais très attaché à son maître. Parmi ses qualités les plus importantes, c'est un défenseur acharné de sa maison contre les malfaiteurs, et un excellent ami des jeunes enfants.

273 GRIFFON BELGE

Nationalité Belge.

Origines Créé au XVIIIe, par croisement avec le Yorkshire, l'Affenpinscher, le Schnauzer Nain et le Carlin.

Standard La variété de petite taille ne doit pas dépasser 3 kg et la grande ne doit pas excéder 5 kg. Il s'agit donc d'un chien minuscule avec une tête ronde, un front convexe ; une truffe large et noire ; un museau court avec une barbe et des sourcils en broussaille. Les dents inférieures avancent par rapport aux supérieures. Les yeux sont grands, ronds, sombres ; les oreilles droites, taillées en pointe. Le cou est fort, le thorax profond. La queue amputée aux deux tiers est portée haute. Le poil dur est abondant et désordonné, et de couleur noire, noir et feu, noir et roux mêlés. Il a besoin d'un stripping deux fois par an.

Personnalité En dépit de son aspect hargneux, c'est un chien plutôt doux, affectueux, obéissant, apte au dressage et très vif.

Aptitudes Né chien de chenil et d'écurie, grand chasseur de rats, il aime la liberté des bois et des prairies. Il est aussi considéré comme un chien de compagnie agréable. Un inconvénient : il ne porte pas une affection particulière aux jeunes enfants.

Remarque En raison du crâne en boule des chiots, la femelle rencontre parfois des difficultés au cours de l'accouchement et il est quelquefois nécessaire de recourir à la césarienne.

---

274 GRIFFON BRABANÇON

Nationalité Belge.

Origines Les mêmes que celles du Griffon Belge.

Standard Est semblable au Griffon Belge. Il se différencie seulement par un poil court, et par la couleur de sa robe, qui est rouge (parfois avec des taches sombres) ou noire avec des taches feu.

Personnalité Affectueux, vif, curieux, intelligent, mais d'humeur changeante.

Aptitudes C'est un chien de compagnie sympathique plutôt rare, spécialiste de la chasse au rat et excellent gardien.

275 BULL-DOG

Bouledogue Anglais

Nationalité Anglaise.

Origines La race descend de l'ancien Mâtin asiatique, mais s'est complètement formée en Grande-Bretagne. Le nom de ce chien est d'origine médiévale et se réfère non seulement à son aspect robuste de petit taureau, mais aussi à son attitude agressive, à la puissance avec laquelle il affrontait dans les arènes les taureaux de combat (combats qui furent interdits au XVIIIe siècle).

Standard Il est petit, large et compact, avec une tête forte et massive. Le poids optimal du mâle est de 25 à 30 kg (de 22 à 23 kg pour la femelle). La taille, non indiquée dans le standard, doit être comprise entre 30 et 35 cm. Le crâne doit être large et la peau du crâne et du front doit faire des rides épaisses. Le museau est court et camus, la truffe large et noire, les narines amples. Les babines supérieures sont retombantes et la mâchoire inférieure doit avancer très fortement devant la mâchoire supérieure. Les yeux, ronds, sont écartés et très sombres. Les oreilles sont petites, repliées en arrière, dites « en feuille de rose ». Le cou est arqué, avec des fanons. La queue est courte et portée basse. Le poil est court, épais et de couleur fauve et blanc ou bien blanc bariolé. Le noir n'est pas toléré.

Personnalité Jusqu'au XVIIIe siècle, quand il était utilisé comme chien de combat, c'était un chien agressif, si féroce et sanguinaire qu'à Rome un décret interdisait de le promener dans la rue s'il n'était tenu en laisse à l'aide d'une chaîne. Les sélections opérées au cours du siècle dernier, tout en ayant préservé ses qualités, ont fait du Bull-Dog un chien doux, réservé, digne, fidèle, casanier, propre et aristocratique.

Aptitudes Une fois terminée sa carrière de chien de combat, il a été utilisé comme gardien, chien policier, auxiliaire militaire (aux États-Unis, un Bull-Dog a été décoré de cinq médailles militaires, tandis qu'un autre a été promu caporal). C'est aujourd'hui un excellent chien de compagnie.

Alimentation Afin qu'il n'engraisse pas, il faut lui donner quotidiennement 300 g de viande, 250 g de riz et de légumes verts.

Remarque En raison de la grosseur de la tête, à la naissance, il faut parfois recourir à la césarienne. En outre, beaucoup de femelles sont infécondes. Tout cela contribue à rendre coûteux un exemplaire de Bull-Dog.

276 BOULEDOGUE FRANÇAIS

Nationalité Française.

Origines Il s'agit d'une race autochtone française, avec, bien sûr, du sang de Bull-Dog. Sa vaste diffusion a atteint son point culminant dans la seconde moitié du XVIIIe siècle.

Standard C'est un chien de petite taille (poids 6 à 12 kg) avec une tête forte et carrée, un nez court et camus, des lèvres noires et flasques qui recouvrent les dents des mâchoires fortes et puissantes. Il a un stop très accentué, des yeux sombres, ronds et légèrement saillants ; des oreilles dressées, larges à la base et arrondies au sommet ; un cou épais sans fanon ; un thorax large avec des côtes bien arrondies, une queue réduite portée basse. Son poil est ras, brillant et fourni, bringé ou caille (blanc et bringé).

Personnalité Courageux, actif, équilibré, affectueux, sensible, intelligent.

Aptitudes C'est un chien de compagnie qui peut se rendre utile comme gardien de la maison. C'est également un excellent chasseur de taupes.

Alimentation Ne pas le laisser engraisser : en gonflant, son abdomen pourrait gêner sa respiration.

---

277 BICHON BOLOGNAIS

Nationalité Italienne.

Origines Connu dès la fin du XIIe siècle, il était particulièrement apprécié à l'époque de la Renaissance, à la cour des Médicis, des Gonzague et de la maison d'Este.

Standard Stature du mâle : de 27 à 30 cm ; de la femelle : 25 à 28 cm. Poids : de 2,5 à 4 kg. Il a le tronc carré, la tête de longueur moyenne avec un nez rectiligne et une truffe noire, humide et fraîche ; de grands yeux à l'expression intelligente ; des oreilles longues et pendantes, mais légèrement écartées du crâne ; la queue portée recourbée sur le dos. Le poil, blanc, est formé de boucles qui recouvrent l'animal des pieds à la tête.

Personnalité Très sérieux, mais très affectueux et intelligent. Attaché à sa famille.

Aptitudes Bien qu'il ait été transformé parfois en gardien de la maison, le Bolognais, depuis sa création, a toujours été un délicieux chien de compagnie. Aujourd'hui, malheureusement, il est devenu plutôt rare.

278 BICHON HAVANAIS

Nationalité Incertaine.

Origines Elles sont controversées. Selon les uns, il s'agit d'un croisement entre Bolognais et Caniche Nain réalisé en Argentine. Pour d'autres, il résulterait d'un croisement entre Maltais et Chiens Nains des Antilles.

Standard Le crâne est aplati, large ; les joues plutôt plates ; le museau effilé, la truffe noire ; les yeux grands et de préférence noirs ; les oreilles pointues et retombantes. Le corps est plus long que haut. La queue est portée relevée. Les membres sont droits et minces. Le poil est long et plat, de couleur blanche, beige, gris ou blanc tacheté.

Personnalité Vif, affectueux, digne et propre.

Aptitudes Ce chien rare et sympathique est uniquement de compagnie.

---

279 CHIEN A PEAU NUE

Nationalité Incertaine.

Origines Il a été introduit au Mexique au XVIIe siècle, vraisemblablement en provenance d'Afrique. Il est connu aussi, en fait, sous le nom de *Canis africanus.*

Standard Elégant, d'ossature fine mais robuste, sa ligne ressemble à celle de la Levrette d'Italie. Il mesure de 24 à 40 cm et pèse de 4 à 8 kg. Il a la tête bien développée ; la denture régulière ; les yeux petits et brillants ; les oreilles « en rose » ou dressées ; la peau lisse et glabre. Ses seuls poils sont rassemblés sur le sommet de la tête ou, quelquefois, à l'extrémité de la queue. Couleur de la peau : gris éléphant ou gris avec des taches grises ou noires. Le corps du Chien à peau nue est souvent parcouru par de légers frissons : cela est dû à son hypersensibilité et sa nervosité, et non au besoin de chaleur.

Personnalité Vif, affectueux et sensible.

Aptitudes C'est uniquement un chien de compagnie dont la diffusion est presque uniquement limitée au Mexique.

280 CHOW-CHOW

Nationalité Chinoise.

Origines La première représentation d'un Chow-Chow apparut il y a 2 000 ans sur un bas-relief chinois, mais sa diffusion en Europe remonte seulement à la seconde moitié du XVIIIe siècle. Le Chow-Chow, en fait, fut introduit en Angleterre par des navires marchands britanniques en même temps que des marchandises exotiques. Un exemplaire en fut offert au prince de Galles, le futur Édouard VII.

Standard Aspect léonin et apparence fière. La tête est large et le crâne plat. Le museau, qui s'élargit vers les yeux, s'amincit vers le nez, mais sans devenir pointu. La truffe est noire, les yeux sont petits, obliques et sombres ; les oreilles triangulaires, érigées, sont tournées vers l'avant. La langue, le palais, les gencives et les lèvres doivent obligatoirement être violacés. Le poil est long, épais, abondant, avec un sous-poil laineux. Un ample collier de fourrure confère au Chow-Chow une allure léonine. Couleurs : fauve, rouge, crème, bleu, noir, gris argent, rarement blanc, et toujours de teinte unie. La taille du Chow-Chow doit être comprise entre 55 et 60 cm et ne doit pas descendre au-dessous de 45,7 cm. La poitrine est large et profonde ; les reins courts et forts ; la queue très poilue est portée retombante sur le dos.

Personnalité En Chine, le Chow-Chow était employé à la garde des jonques et à la traction de petites charrettes. Il arrivait que l'on mangeât sa chair, et on faisait commerce de sa peau. La triste situation de ses ancêtres et l'absence de maîtres affectueux lui ont conféré un caractère peu expansif, distant, indifférent d'apparence. Cependant, c'est un chien fidèle, sincère, très attaché à son maître. Il est, en outre, bien élevé, propre et patient. Il supporte mal la laisse et la muselière.

Aptitudes C'est un chien de compagnie qui convient bien aux personnes tranquilles. Il a besoin de fréquents brossages, particulièrement en hiver. Naguère, il était utilisé comme chien de traîneau, pour la garde et pour la chasse au loup.

Alimentation D'origine chinoise, il est habitué à manger du riz en abondance. Régime quotidien idéal : 300 g de riz, 250 g de viande, et légumes cuits.

281 CARLIN

Nationalité Anglaise.

Origines Importé de Chine en Hollande il y a quatre siècles, il a été ensuite « mis au point » en Angleterre.

Standard De corps compact et musclé, bien développé : son poids doit se situer entre 6,3 et 8 kg. Il a la tête ronde et massive, le museau court et carré, et des rides profondes sur le front ; les oreilles retombantes et épaisses comme du velours ; les yeux proéminents, d'expression douce ; la queue retournée sur la hanche. Les membres sont droits et forts. Le poil, épais et luisant, est de couleur jaune abricot, argent, noire, avec le masque le plus noir possible.

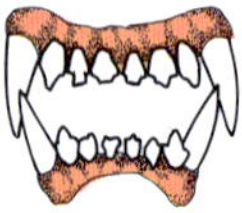

Personnalité Tendre, passionné, très affectueux avec son maître et méfiant envers les étrangers.

Aptitudes Il a toujours été un chien de compagnie, très apprécié des dames de la bonne société.

Remarque Son nom est dérivé de celui d'un acteur italien, Carlino, qui interpréta sur toutes les grandes places d'Europe le rôle d'Arlequin en portant un masque noir sur le visage.

---

282 SHAR-PEI

Chien de combat Chinois

Nationalité Chinoise.

Origines Incertaines. Ce pourrait être un descendant du Chow-Chow, encore que les deux races n'aient vraiment en commun que la langue violette.

Standard C'est un animal compact, agile, fort, dont la peau épaisse retombe en grosses rides sur tout le corps. Taille du mâle : 45 à 50 cm ; de la femelle : 40 à 45 cm. Poids du mâle : 20 à 25 kg ; de la femelle : 16 à 20 kg. Il a les oreilles petites et recourbées, retombant sur la tête. Le poil est modérément épais et fauve, crème, roux, noir.

Personnalité Bien qu'il ait toujours l'air un peu triste, il est heureux de vivre à la maison. Tranquille, bon, loyal, il est un excellent ami des petits enfants.

Aptitudes Il fut un féroce chien de combat, à une époque où les combats de chiens étaient très populaires en Chine. Par la suite, grâce aux efforts d'éleveurs passionnés et à des sélections réalisées en Amérique, il est devenu presque exclusivement un chien de compagnie.

283 ÉPAGNEUL TIBÉTAIN

Nationalité Tibétaine.

Origines Nous ne disposons d'aucun élément certain sur son ascendance mais l'on peut supposer que le sang du Pékinois coule dans ses veines, ainsi que celui du Carlin et de l'Épagneul Japonais (Tchin-Tchin).

Standard C'est un chien de taille moyenne et pesant de 2,5 à 6 kg, avec un museau fort, un crâne en dôme, des yeux marron, des oreilles pendantes et frangées à la partie inférieure. La queue est en panache, recourbée sur l'échine. Le poil est abondant, plat, et de couleur : fauve, doré, noir, noir et feu, crème, blanc ou marron.

Personnalité Vif, affectueux, gentil, attentif au moindre bruit, sympathique et amical en famille, revêche avec les étrangers.

Aptitudes Chien d'appartement d'une très grande délicatesse.

Remarque Les chiots naissent nus. Ils ne commencent à se recouvrir de poils qu'à l'âge de 3 à 4 mois.

---

284 CAVALIER KING-CHARLES

Nationalité Non définie.

Origines Vraisemblablement la même que celle de l'Épagneul King-Charles.

Standard Hauteur de 25 à 34 cm et poids de 4,4 à 8,8 kg. Il a le museau conique et le crâne plat, avec des narines bien ouvertes ; des yeux sombres et larges, mais non proéminents, et des oreilles longues avec des franges abondantes ; une queue de moyenne longueur, et parfois amputée. Le poil est long, soyeux et non bouclé. Comme pour le King-Charles, il existe quatre variétés : noire avec des taches feu, rouge uni, blanche avec des taches châtaines, tricolore (noir, blanc et châtain).

Personnalité Vif, sportif, sans timidité.

Aptitudes Chien de compagnie sympathique, doté d'un flair et d'une ouïe remarquables, qui le font encore utiliser pour de courtes chasses en plaine.

Remarque Tous les éleveurs ne procèdent pas à l'amputation de la queue, car cet élément du standard n'est pas pris en considération dans les expositions.

285 TELOMIAN

Nationalité Nord-américaine.

Origines Il s'agit d'une race très ancienne élevée par les aborigènes de Malaisie et introduite aux États-Unis en 1963. Bien nourri et entouré, il s'est développé en améliorant à la fois sa taille et son tempérament.

Standard D'aspect vigoureux et rustique, le Telomian ressemble assez au Basenji, avec lequel il doit avoir une lointaine parenté. Les mâles mesurent de 40 à 48 cm et les femelles de 38 à 45 cm. Poids du mâle : 11 à 13 kg ; de la femelle : 10 à 12 kg. Il a la tête conique, le corps compact, la queue portée « en faucille », les membres robustes, le ventre creux, le thorax ample et le poil court et épais. Le manteau peut avoir toutes les nuances de la couleur sable, avec des petites taches parsemées sur la poitrine et sur l'extrémité des pattes.

Personnalité Vif, intelligent, gai, grand ami des enfants, attaché à sa maison et à ses maîtres.

Aptitudes C'était un chien à tout faire dans son pays d'origine : de chasse, de garde, de berger et de compagnie. Il est apprécié pour sa propreté et sa dignité. Il aboie très peu.

---

286 SHIBA-INU

Nationalité Japonaise.

Origines Chien très ancien, probablement avec du sang de Chow-Chow et de Kyushu, arrivé au Japon en provenance de Chine il y a au moins 2 000 ans.

Standard Hauteur du mâle : 38 à 41 cm ; de la femelle : 35 à 38 cm. Il a le museau pointu, le front large, le dessus du museau plat et la truffe sombre ; les oreilles triangulaires, portées droites ; le cou robuste, et la queue portée enroulée, ou « en faucille ». Le poil est dur et épais, le sous-poil fin. Il est de couleur rousse, poivre et sel, poivre-roux, poivre-noir, noire, tigrée ou blanche.

Personnalité Affectueux, gentil, apte au dressage, courageux et propre.

Aptitudes C'est un chien de compagnie aimable et apprécié, ainsi qu'un bon gardien. Il est également utilisé à la chasse aux petits animaux sauvages.

LES TOYS

287 LOULOU DE POMÉRANIE

Nationalité Allemande.

Origines Les mêmes origines préhistoriques que celles de tous les Loulous, mais il a été sélectionné dans la province prussienne de Poméranie.

Standard Hauteur maximale : 30 cm ; poids : environ 5 kg. Tête en forme de cône, yeux sombres, plutôt petits, intelligents ; oreilles pointues et droites ; queue repliée sur le dos ; poil touffu et long, et de teinte unie, blanc, roux, orange, noir ou gris. La robe, parfaite à l'âge de 3 ans, peut laisser apparaître des plaques de calvitie lorsque l'animal vieillit.

Personnalité Vif, gai, rusé, obéissant, aboyeur avec les étrangers.

Aptitudes Après avoir été un chien de garde et de berger, il est devenu, à partir de la Renaissance, un chien de compagnie de luxe. Il affectionne beaucoup sa maison, et, à l'occasion, s'improvise chien de garde.

Remarque Les chiots de Loulou de Poméranie sont minuscules à la naissance (trois d'entre eux peuvent tenir dans le creux d'une seule main).

288 AFFENPINSCHER

Nationalité Allemande.

Origines Nous ne possédons de cette race aucune date de naissance précise. Elle est vraisemblablement apparentée au Griffon Belge et probablement au Terrier.

Standard Il a une taille de 25 à 38 cm, une tête grosse et ronde ; le museau et le nez courts, le stop accentué, le crâne convexe, au poil ébouriffé. Il a des expressions de petit singe, ce qui lui a valu son nom (*Affe* signifiant « singe » en allemand). Il a des yeux sombres, ronds, proéminents, intelligents ; des oreilles droites et pointues, le cou court et arqué ; le corps compact, avec une poitrine large ; la queue portée haute et raccourcie aux deux tiers de sa longueur. Il a les membres droits avec une bonne ossature. La robe est composée de poils longs, raides au toucher, avec un sous-poil légèrement frisé. Couleurs : noir grisâtre, gris bleuâtre, jaune roussâtre. Il ne requiert pas de toilettage.

Personnalité Autoritaire, agressif, exubérant, très affectueux en famille, curieux de tout.

Aptitudes Chien de compagnie et d'appartement, qui apprécie beaucoup les grands espaces. C'est un chasseur de rats acharné et un excellent gardien de la maison.

289 ÉPAGNEUL KING-CHARLES

Nationalité Indéterminée.

Origines On présume que ses géniteurs sont l'Épagneul Japonais, le Bichon Maltais et le Carlin. Son nom lui vient de Charles II Stuart qui promut la diffusion de la race.

Standard Taille : entre 23 et 30 cm ; poids : entre 3,6 et 6,3 kg. Le museau est carré, camus ; le nez est noir avec des narines bien ouvertes. Il a des yeux grands et sombres, et d'expression douce ; des oreilles longues et avec des franges, qui pendent au long des joues. Le poil est long, droit, soyeux, avec des franges sur les membres et la queue. Il y a quatre variétés de King-Charles : noir et acajou (King-Charles), acajou (Ruby), tricolore (Prince-Charles), blanc et roux (Blenheim).

Personnalité Timide, mais sociable quand on le traite affectueusement. Il est gai, vif, d'un naturel profondément doux. Parfois timide avec les étrangers, il se révèle rapidement sociable et d'une amitié sincère. La solitude le rend triste.

Aptitudes C'est uniquement un chien de compagnie. Il aboie rarement et, pour cela, n'est pas utile comme chien de garde.

Alimentation Ce n'est pas un chien gourmand et il est capable de sauter un repas. D'habitude, il accepte seulement, mais volontiers, le lait, les biscottes pour chien, le poisson frais, un peu de viande crue. Il vaut mieux lui éviter les sucreries.

Remarque Souvent fragile, le King-Charles craint le froid et l'humidité et il est conseillé de lui mettre un manteau en hiver. Les bains devront remplacer le plus possible les peignages. Dans tous les cas, il devra être séché à fond. Les chiots naissant en hiver doivent être gardés au chaud jusqu'à ce que le printemps soit assez avancé.

290 TOY-TERRIER

Nationalité Anglaise.

Origines Obtenu par des croisements répétés avec les sujets les plus petits du Manchester-Terrier.

Standard Hauteur du mâle : 25 cm ; poids jamais inférieur à 2,5 kg. Il a une tête conique, le crâne plat et droit ; la denture en ciseaux ; les yeux sombres et saillants ; les oreilles droites et pointues ; la queue robuste et légèrement amputée. Le poil est épais et ras, luisant, noir uni ou noir avec des taches feu.

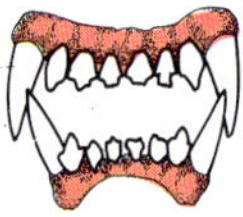

Personnalité Hardi, très vif, intelligent, affectueux, méfiant vis-à-vis des étrangers.

Aptitudes Il a toujours fait partie des chiens de compagnie très appréciés des dames, qui avaient l'habitude de le porter dans leur manchon ou dans une poche de leur manteau. En dépit de sa petite taille, il ne dément pas son sang de Terrier, car c'est un ennemi acharné des rats.

---

291 TOY-FOX-TERRIER

Fox-Terrier Nain

Nationalité Nord-américaine.

Origines Descend directement du Fox-Terrier. Son standard a été établi en 1876. Il a été miniaturisé en Amérique par de savants croisements.

Standard Taille et poids (pour le mâle et pour la femelle) : 25 cm et de 1,5 à 3 kg. Le museau est allongé ; les oreilles droites ; la queue courte et portée haute ; les yeux sombres et arrondis ; le poil court, épais et blanc, avec des taches noires ou marron.

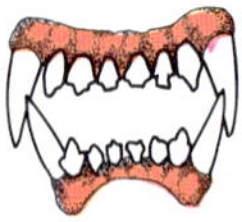

Personnalité Curieux, intelligent, sympathique et sensible.

Aptitudes C'est un chien de compagnie qui n'a rien perdu de son instinct de Terrier et fait une chasse impitoyable aux rats et aux petits animaux.

292 GRIFFON BRUXELLOIS

Nationalité Belge.

Origines Les mêmes que celles du Griffon Belge.

Standard Il se différencie du Griffon Belge par le poil qui est long, dur, ébouriffé, et de couleur roux vif uniforme. Sa robe requiert des peignages quotidiens, ainsi que plusieurs toilettages (strippings) par an. Les bains doivent être limités au strict nécessaire, afin que le poil ne perde pas sa rudesse caractéristique.

Personnalité Affectueux, vif, curieux, intelligent, d'humeur changeante.

Aptitudes Chien de compagnie qui exprime son tempérament de Terrier en chassant les rats et en défendant sa maison avec des aboiements irrépressibles.

---

293 BICHON MALTAIS

Nationalité Italienne.

Origines Chien très ancien décrit par le philosophe grec Théophraste comme appartenant à la race « Mélita », nom ancien de Malte. Il a été sélectionné en Italie avec l'apport de Caniches Nains et d'Épagneuls Nains.

Standard Hauteur du mâle : 21 à 25 cm ; de la femelle : 20 à 23 cm ; poids : de 3 à 4 kg. La longueur du museau doit faire le tiers de la longueur totale du corps. La truffe est noire et volumineuse ; les narines bien ouvertes ; les yeux grands et de teinte ocre clair ; les oreilles retombantes sont bien fournies de poils ; la queue retombant sur le dos est ornée d'une frange richement garnie. Mais la caractéristique la plus importante du Maltais est sa robe de toute beauté, composée de poils luisants, fournis et très longs (22 cm). Couleur : blanc pur, mais aussi ivoire clair. Le peignage quotidien est nécessaire.

Personnalité Discret et gentil, mais aussi astucieux, gai, plein d'amour pour son maître. Le moindre bruit suspect le met en alerte.

Aptitudes C'est le chien de compagnie le plus classique. Il peut vivre jusqu'à l'âge de 18 ans, mais il faut lui éviter l'humidité.

Remarque Le poil du Maltais est d'autant plus fourni qu'il ne fait l'objet d'aucune mue.

294 BICHON PETIT CHIEN LION

Nationalité Française.

Origines Dérivé du Maltais au XVIIe siècle.

Standard Taille : de 20 à 35 cm ; poids : de 2 à 4 kg. Il a la tête courte, avec un crâne large ; une truffe noire ; des yeux arrondis, sombres, intelligents ; des oreilles pendantes, garnies de franges ; le corps bien proportionné ; la queue de longueur moyenne. Le poil est long. Les couleurs les plus recherchées sont le blanc, le noir et le jaune citron, mais des variétés tachetées sont admises. Le corps du Bichon Petit Chien Lion doit être tondu comme celui des petits Caniches : du milieu du corps vers l'arrière, queue comprise. On doit laisser un petit plumet au bout de la queue, afin de lui donner, comme au Caniche, l'aspect d'un petit lion.

Personnalité Gentil, gai, affectueux, intelligent.

Aptitudes Ce chien de compagnie sait, à l'occasion, défendre sa maison en aboyant rageusement. Il n'est guère répandu en dehors de France.

---

295 BICHON A POIL FRISÉ

Nationalité Française.

Origines Dérivé du Maltais au XVe siècle.

Standard Hauteur maximale : 30 cm. Le museau est moyen, avec un stop peu accusé ; la denture est en ciseaux ; les yeux arrondis, sombres, intelligents ; les oreilles retombantes sont bien garnies de poils. Le cou est long, et le thorax bien développé. La queue se recourbe sur l'échine. Le poil est fin et soyeux, long de 7 à 10 cm, blanc uni, avec parfois des taches marron ou grises. Il peut être exposé avec sa robe intégrale, ou avec seulement le museau et le bout des pattes tondus, ou toiletté en lion, comme le Caniche.

Personnalité Hardi, vif, digne, intelligent, affectueux et doué d'un fort tempérament.

Aptitudes L'époque de sa splendeur fut la Renaissance, puis il fut immortalisé dans la peinture de Goya ; aujourd'hui, il est apprécié par beaucoup de cynophiles, aussi bien en Europe qu'en Amérique.

296 PHALÈNE

Épagneul Nain Continental à oreilles tombantes

Nationalité Française.

Origines Très répandu en Italie à la Renaissance, il a été ensuite perfectionné par les éleveurs français.

Standard Structure harmonieuse et aspect vivace. La hauteur ne doit pas dépasser 28 cm et le poids doit être compris entre 2,5 et 4,5 kg (mais les femelles ne pesant qu'un kilo et demi sont admises). Il a la tête légère, le crâne avec un stop accentué ; la truffe petite et noire, légèrement aplatie. La denture est plutôt forte ; les yeux en amande, sombres et expressifs. La queue, qui forme un beau panache, est portée incurvée sur le dos. Les oreilles fines, pendantes et mobiles, sont garnies de longs poils ondulés. Le poil, abondant et ondulé, est long, mais reste court sur le museau et sur la partie antérieure des membres. Toutes les couleurs sont admises : roux, jaune, bicolore, tricolore.

Personnalité Vif, équilibré, obéissant, supportant bien les changements de lieu et les voyages.

Aptitudes C'est un chien de compagnie idéal dont la robe atteint toute sa beauté à l'âge de 18 mois. Il est robuste, résistant à tous les climats, et chasse volontiers les rats.

---

297 PAPILLON

Épagneul Nain Continental à oreilles droites

Nationalité Française.

Origines Le Chien Papillon porte les oreilles droites, avec la conque bien ouverte et retournée, de telle manière qu'elles rappellent les ailes ouvertes d'un papillon. L'intérieur de l'oreille est recouvert de poils fins et ondulés, tandis que la face externe est revêtue d'une frange retombante. Il faut éviter les croisements entre Papillons et Phalènes, qui entraîneraient la naissance de sujets aux oreilles mixtes (semi-droites), ce qui constitue un grave défaut. A l'exception des particularités très importantes relatives aux oreilles, le standard est le même pour les deux variétés.

Personnalité Équilibré, obéissant, silencieux.

Aptitudes C'est un très gracieux chien de compagnie, robuste en dépit de sa petite taille. Il est doué d'une grande faculté d'adaptation.

298 COTON DE TULÉAR

Nationalité Malgache.

Origines C'est un chien connu à Tuléar (Madagascar) depuis des siècles.

Standard Ce délicieux petit chien ressemble au Bichon Maltais. Hauteur du mâle : 31 cm ; de la femelle : 28 cm. Poids du mâle : 4 kg ; de la femelle : 3,5 kg. La principale caractéristique du Coton de Tuléar, comme son nom l'indique, est son manteau composé d'un poil long et dense, comme du coton, blanc, avec de légères taches jaunâtres sur les oreilles.

Personnalité Dévoué, affectueux, très attaché à sa maison et à ses maîtres.

Aptitudes C'est un chien de compagnie qui aime autant le grand air que la maison, nage volontiers et peut suivre son maître en promenade pendant des kilomètres.

---

299 CHIEN A PEAU NUE DU MEXIQUE

Xoloitzcuintle

Nationalité Mexicaine.

Origines Ce chien nu d'origine mexicaine est répandu dans toute l'Amérique du Sud. Son nom lui vient de l'ancien dieu aztèque Xolotl.

Standard Il mesure 50 cm (mais il existe une variété de 30 cm) et ressemble à un robuste Manchester-Terrier. Il a le crâne large et le museau long, avec une truffe noire ou rosée ; les yeux de grandeur moyenne, légèrement en amande, avec des couleurs variant du noir au jaune. Le regard est vif et intelligent. Les longues oreilles (10 cm) ressemblent à celles de certaines chauves-souris. Le cou est élégant, le dos droit et souple, la queue longue et lisse, avec des poils courts à l'extrémité. La peau, de couleur gris roussâtre, forme des rides abondantes sur la tête et le cou. Les chiots naissent roses comme des petits cochons et ne prennent l'aspect prévu par le standard qu'à l'âge d'un an.

Personnalité Gai en famille, réservé avec les étrangers, très intelligent.

Aptitudes Autrefois, les Mexicains appréciaient beaucoup sa chair. Depuis la fin du XVIIIe siècle, il est considéré exclusivement comme chien de compagnie. Sa façon d'aboyer en fait également un excellent chien de garde.

300 CHIHUAHUA

Nationalité Mexicaine.

Origines C'est à la fois la race la plus ancienne du continent américain et la plus petite du monde. Originaire du Mexique (son nom est celui d'une province de ce pays). Toutefois, il semblerait qu'il y ait été introduit par les Chinois. Il n'a été importé en Europe qu'à la fin du XVIIIe siècle.

Standard Sa taille, comprise entre 16 et 22 cm, est proportionnée à son poids (de 900 g à 2,6 kg). Les petites tailles sont les plus appréciées. Il a la tête en forme de pomme, avec un museau court et pointu, les yeux ronds et très noirs ; de grandes oreilles semi-érigées ; le corps compact, plus long que haut, et une queue portée recourbée sur le dos ou sur le côté. Il existe deux variétés de Chihuahuas : à poil court et à poil frisé (rare). Les couleurs les plus fréquentes sont : fauve clair, sable, marron, argent, bleu acier. Le manteau peut être unicolore ou tacheté.

Personnalité Courageux, très vif, rusé, affectueux, fidèle, intelligent.

Aptitudes Chien de compagnie qui chasse les rats avec enthousiasme et qui se défend également contre les chiens plus gros que lui. Il a besoin d'exercice, et c'est une erreur que de le garder enfermé dans l'appartement en craignant pour sa santé.

---

301 CHIEN CHINOIS A TOUPET

Nationalité Chinoise.

Origines Peu de données précises à ce sujet. Certaines études contestent ses origines chinoises et le font naître en Éthiopie ou en Turquie.

Standard Taille : 30 cm. Crâne large et museau long ; yeux sombres, oreilles érigées ; queue avec des poils à l'extrémité. D'autres poils se présentent en toupet sur le sommet de la tête ; le reste du corps est nu, et de couleur gris rosâtre.

Personnalité Vif, gai, intelligent.

Aptitudes Chien de compagnie qui a besoin d'une température ambiante tiède.

302 CHIEN IMPÉRIAL CHINOIS
Chin

Nationalité Chinoise.

Origines Parent du Chien de Temple Chinois, du Pékinois, de l'Épagneul Japonais, c'est un chien très ancien. Il y a quelques dizaines d'années, il était encore la propriété exclusive de la famille impériale de Chine.

Standard Il existe quatre tailles de Chins : géante (22 à 25 cm et 7 kg), moyenne (10 à 15 cm et environ 2 kg), miniature (10 cm et 1,5 kg) et « manchon » (7 cm et 0,6 à 0,8 kg). La tête est massive, au profil plat ; la truffe courte et large ; les oreilles frangées, longues et retombantes. La queue est enroulée sur le dos ; le manteau est abondant et cotonneux, dans les couleurs blanc et noir, noir uni et, rarement, feu.

Personnalité Le Chin a été défini comme étant le plus sensible, le plus royal, le plus intelligent et le plus exigeant des chiens ; il passe le plus clair de son temps dans une attitude « méditative ».

Aptitudes A toujours été un chien de compagnie. La dernière impératrice de Chine en avait 50 dans la salle du trône. A l'instant où elle entrait dans cette salle, ils se mettaient tous en rang, dressés sur leurs pattes postérieures, et restaient ainsi jusqu'à ce que Sa Majesté se fût assise.

Remarque C'est un chien qui supporte bien le froid.

---

303 CHIEN DE TEMPLE CHINOIS

Nationalité Chinoise.

Origines Appartient à la famille des Chins. Pendant des siècles, il a été utilisé comme gardien des temples chinois.

Standard Il a la tête grande, le museau court, le nez camus, la denture très robuste, l'aspect féroce. La race peut se présenter en quatre tailles : géante (30 à 35 cm et 9 kg), moyenne (25 à 30 cm et 4 à 7 kg), miniature (10 à 12 cm et environ 2 kg) et « manchon » (7 cm et 0,6 à 0,9 kg). Le poil est extrêmement long et soyeux, habituellement noir et blanc. Ce chien supporte les températures froides, et, quand il fait trop chaud, il perd tout son sous-poil.

Personnalité En dépit de son aspect féroce, c'est un chien tranquille, loyal et, en outre, doté d'un certain sens de l'humour.

Aptitudes Il a été élevé pour être un chien de compagnie, mais il est capable de se transformer en chien de garde aboyeur si des étrangers se présentent à la porte de la maison.

304 PÉKINOIS

Nationalité Chinoise.

Origines Il a probablement dans les veines du sang de Loulou, mais sa naissance remonte certainement à plus de 4 000 ans. Pendant de nombreux siècles, il fut le favori de la famille impériale de Pékin, et fut introduit en Europe par les soldats britanniques et français qui en avaient trouvé quelques rescapés de l'incendie du Palais d'Été (1860).

Standard Le poids doit être compris entre 2 et 8 kg. La tête est large, la truffe courte, mais bien en évidence, le museau rugueux, le stop profond. La bouche, bien close, ne doit pas laisser voir les dents ou la langue. Les yeux, grands, sombres et brillants, sont un peu proéminents ; les oreilles en forme de cœur, retombantes, avec de grandes franges. Le cou est court et fort ; la queue portée recourbée sur le dos, l'ossature forte ; le poil long et raide, avec une crinière importante et des franges abondantes. Toutes les couleurs sont admises, du brun-rouge au blanc.

Personnalité Sensible, affectueux avec son maître, méfiant envers les étrangers ; digne, loyal, obéissant, courageux jusqu'à l'inconscience.

Aptitudes C'est un chien d'appartement classique qui, à l'occasion, se transforme en gardien aboyeur.

Remarque Il doit être peigné très souvent et ses dents doivent être nettoyées régulièrement.

---

305 SHITZU

Nationalité Chinoise.

Origines Descendant du Lhassa-Apso, élevé il y a des siècles par les moines bouddhistes. Tout comme le Pékinois il était l'animal favori de la cour impériale chinoise. Les premiers exemplaires de Shitzu sont arrivés vers 1930 en Angleterre, où la race a fait l'objet d'une sélection de qualité.

Standard Son poids maximum est d'environ 9 kg et sa taille de 27 cm. Il a la tête arrondie et bien large entre les yeux, avec une barbe fournie et des moustaches. Le museau est carré et court ; le chanfrein est long et le nez noir ; les yeux sombres, grands et arrondis ; les oreilles longues et pendantes, avec un poil riche et long qui se confond avec celui du cou. La queue fournie est enroulée sur l'échine. La robe est composée de poils longs et abondants (non crêpés), avec un bon sous-poil. Toutes les couleurs sont admises.

Personnalité Vif, joueur, ami des enfants, plein de charme oriental.

Aptitudes C'est un chien de salon typique, mais qui possède la robustesse d'un chien de travail. Il atteint une certaine longévité (15 ans, assez facilement). Son pelage a besoin de soins quotidiens et attentifs.

Alimentation S'il engraisse, le Shitzu perd de son élégance. Régime quotidien idéal : 250-280 g de viande, du riz et des légumes.

306 LHASSA-APSO

Nationalité Tibétaine.
Origines La race a été formée à partir de sélections de Terriers et d'Épagneuls Tibétains. Il en existait des élevages dans les monastères tibétains de la ville sainte de Lhassa, dont cette race a pris le nom.
Standard La hauteur idéale pour le mâle est de 22,5 à 25 cm (à peine inférieure pour la femelle). Une cascade de poils retombe sur les yeux ; la barbe et les moustaches sont sombres. Le chanfrein est droit et mesure environ 3,8 cm. Le museau est de longueur moyenne mais sans être carré, les yeux sombres, petits et enfoncés. Les oreilles, très frangées, sont retombantes, avec une abondante écharpe de poils ; la queue, également frangée, est portée sur l'échine. La robe est de couleur miel, sable, ou ardoise ou noir tacheté. Le poil est raide, dur, dense mais non soyeux.

Personnalité Gai, sûr de lui, affectueux avec son maître, mais difficile avec les étrangers.
Aptitudes C'est un chien de salon gracieux doué d'une ouïe très fine, qui lui permet de jouer également le rôle de sentinelle (n'oublions pas qu'autrefois il était dressé à la garde des temples et des monastères).

---

307 ÉPAGNEUL JAPONAIS

Tchin-Tchin

Nationalité Coréenne.
Origines Probablement chien autochtone de Corée. La race a été ensuite sélectionnée au Japon et diffusée en Europe au XVIIIe siècle. Le sommet de sa popularité a été atteint en 1853, quand un Tchin-Tchin a été offert à la reine Victoria.
Standard Sa taille ne doit pas dépasser 30 cm et son poids doit être supérieur à 2,5 kg, mais plus le sujet est petit, plus il est apprécié. Il a la tête plutôt grande ; une truffe avec des narines bien ouvertes, le nez ultra-court ; les mâchoires sont petites, avec un prognathisme prononcé. Le stop est bien marqué ; le crâne est arrondi vers l'avant ; les yeux en amande, sombres et expressifs ; les oreilles en V renversé, bien garnies de poils ; la queue retombant sur le dos. Le poil est blanc, avec des taches noires ou rousses. Il est épais et long sur tout le corps, à l'exception de la tête.

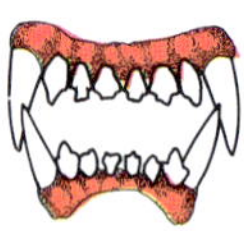

Personnalité Très dévoué à ses maîtres, docile, affectueux, intelligent, mais coléreux avec les étrangers.
Aptitudes C'est exclusivement un chien de compagnie. Il est facilement sujet à la maladie de Carré.

308 YORKSHIRE-TERRIER

Nationalité Anglaise.

Origines La race a été créée il y a un siècle, dans le comté anglais de Yorkshire, pour les mineurs qui cherchaient à obtenir un chien adapté à la chasse aux terribles rats qui infestaient les galeries des mines. A cette création ont contribué : le Skye-Terrier, le Terrier Black and Tan, le Dandie-Dinmont et le Maltais. Le premier Yorkshire correspondant au standard actuel a été présenté dans une exposition en 1870.

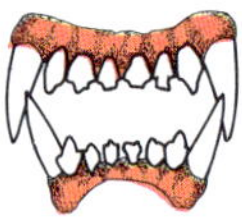

Standard C'est un chien bien proportionné et plutôt vigoureux, mesurant 25 cm et pesant 3,5 kg au maximum. Il a la tête petite et plate ; le museau de longueur moyenne ; la truffe noire ; la denture régulière ; les yeux sombres et vifs ; les oreilles en forme de V, petites, érigées ou semi-érigées. La queue, amputée à la moitié de sa longueur, est portée au niveau du dos ; les membres droits, avec des pattes rondes et des ongles noirs. La robe est composée de poils raides, luisants, longs et soyeux, de couleur bleu acier, feu et doré sur la tête, la poitrine et les membres. Sur la tête, les poils sont si abondants qu'il est nécessaire la plupart du temps de les maintenir avec un ruban, pour éviter au chien de les salir au moment des repas et lui permettre une meilleure visibilité. Ce ruban coloré sur le sommet de la tête fait en quelque sorte partie intégrante des caractéristiques esthétiques de cette race.

Personnalité Comme tous les Terriers, il est vif, respectueux, affectueux envers son maître, méfiant envers les étrangers, peu sociable avec les autres animaux.

Aptitudes Sa beauté exceptionnelle et sa gentillesse suffiraient à expliquer la grande diffusion du Yorkshire dans le monde entier comme chien de compagnie. Son sang de Terrier fait de lui un chasseur de rats intraitable. Comme il a l'ouïe très fine, il aboie au moindre bruit suspect. Il aime énormément la nature, mais se comporte en véritable seigneur dans un appartement.

Alimentation Ration quotidienne : 100 g de viande hachée, crue ou à peine cuite, et un peu de riz et de légumes.

Remarques Les femelles rencontrent parfois des difficultés au moment de la mise bas. L'intervention d'un vétérinaire est conseillée. Les chiots, qui naissent quasiment noirs, ne prennent leur couleur de poil définitive que vers l'âge d'un an. L'hiver, le Yorkshire souffre un peu du froid et il faut prévoir pour lui un petit manteau de laine.

309 TERRIER BLACK AND TAN

Nationalité Anglaise.

Origines Il a été produit au XVIIIe siècle à partir du Manchester-Terrier.

Standard Taille de 25 à 30 cm ; poids : de 2,7 à 3,6 kg. Il a la tête longue et droite, en forme de cône ; le crâne plat et le stop peu marqué ; la truffe noire ; les lèvres adhérentes ; les yeux en amande, noirs ; les oreilles érigées et pointues, avec l'intérieur retourné vers l'avant. Le cou est long et légèrement arqué ; la queue ne dépasse pas la hauteur du garrot. Le poil est épais, lisse et luisant. Les couleurs de la robe sont noir et acajou, bien distinctes l'une de l'autre.

Personnalité Affectueux, vif et très intelligent.

Aptitudes Ce petit chien de compagnie devient féroce contre les rats et les petits animaux des fourrés.

---

310 TERRIER AUSTRALIEN

Nationalité Australienne.

Origines La race a été créée en Australie au début du XIXe siècle à partir de croisements entre Yorkshire, Skye, Norwich et Cairn-Terrier. Sa reconnaissance officielle par le Kennel Club date de 1933.

Standard Hauteur moyenne : 25 cm ; poids : entre 4,5 et 5 kg. Bas sur pattes, c'est un chien actif et vif, avec une tête longue, une truffe noire, des mâchoires puissantes et une denture en ciseaux. Il a des yeux petits et sombres ; des oreilles érigées et tournées vers l'avant ; une queue amputée. Le poil est raide, dur, de longueur variant entre 5 et 5,5 cm. Le manteau est bleu ou gris argent avec des taches feu sur les pattes et sur le museau ; ou encore sable clair ou roussâtre. Les chiots naissent noirs et changent de couleur au bout de 3 ou 4 mois.

Personnalité Vif, impétueux, intelligent et digne.

Aptitudes Utilisé un temps comme chien de chasse au terrier, pour la petite sauvagine, et même comme chien de berger, et bien qu'il ait conservé toutes les qualités propres au Terrier, il n'est plus guère apprécié aujourd'hui que comme chien de compagnie.

311 TERRIER DE SOIE

Silky Terrier

Nationalité Australienne.

Origines Créé à partir de croisements entre Skye-Terrier, Cairn et Yorkshire, il est le cousin du Terrier Australien. Le premier standard de la race remonte à 1962 et a été révisé en 1967. Il est également connu sous le nom de Terrier de Sydney.

Standard C'est un chien compact, mais de structure légère. Taille moyenne : 22 cm ; poids compris entre 4 et 5 kg. Il a une tête de longueur moyenne, large entre les oreilles, forte et typique du Terrier. Il a aussi les mâchoires robustes ; une truffe noire ; des yeux arrondis et sombres ; les oreilles en V portées érigées ; le corps modérément allongé. La queue, partiellement coupée, doit être portée droite. Le poil, long de 12 à 15 cm, est fin comme de la soie. Couleurs : bleu et feu, et gris-bleu et feu.

Personnalité Vif, batailleur, gai, sociable, curieux, très intelligent.

Aptitudes En dépit de son fier instinct de chasseur (particulièrement de rats), il est surtout considéré comme un chien de compagnie.

Remarque La beauté de son pelage suppose des soins constants et attentifs.

---

312 TERRIER DE SOIE AUSTRALIEN

Australian Silky Terrier

Nationalité Australienne.

Origines La race a été sélectionnée en Australie à partir de croisements entre Yorkshire, Skye-Terrier, Norwich, Cairn et Manchester. Sa reconnaissance officielle date de 1933.

Standard Il mesure 25 cm de hauteur et son corps est proportionnellement assez long. Poids : entre 4,5 et 5 kg. Les yeux sont petits, sombres et vifs ; les oreilles érigées ou repliées vers l'avant ; la queue en partie coupée, et portée gaiement. Le poil, soyeux (*silk :* soie), est long. Couleurs : bleu ou gris argent, avec des taches feu diversement distribuées.

Personnalité Possède l'instinct, la vivacité, la sympathie et le caractère affectueux des meilleurs Terriers.

Aptitudes Bien qu'il ait tendance à se faufiler dans les terriers et à capturer les rats, c'est exclusivement un chien d'appartement.

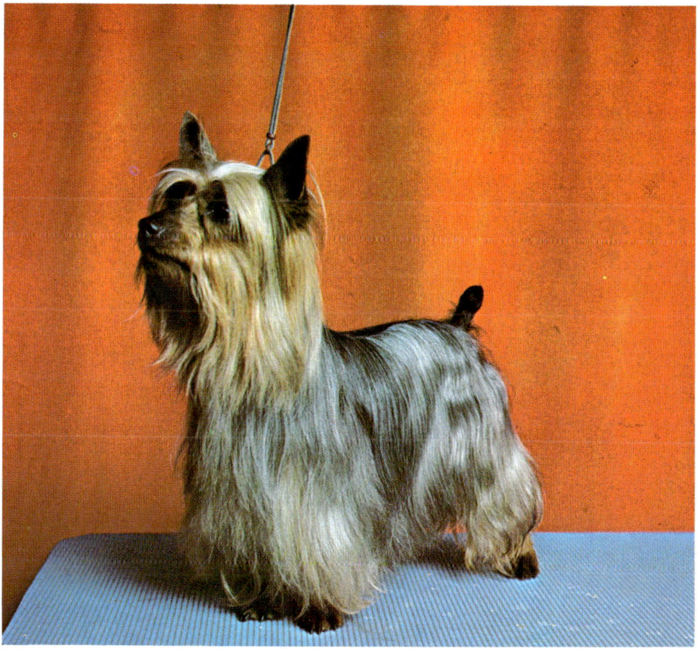

LES LÉVRIERS

313 LÉVRIER ANGLAIS A POIL RAS

Greyhound

Nationalité Anglaise.

Origines C'est un chien très ancien, probablement descendant du Lévrier Arabe importé en Europe par les navigateurs phéniciens. Au cours des siècles, les éleveurs anglais ont « reconstitué » un fabuleux chien de course et de chasse, aux extraordinaires facultés sportives et psychiques.

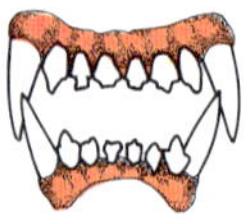

Standard Robuste, symétrique, vigoureux et haut de 71 à 78 cm (68,5 à 71 cm pour la femelle). Il a la tête longue et le museau fin et bien dessiné ; le crâne est large entre les oreilles ; le nez effilé et noir ; les mâchoires musculeuses avec une denture très forte ; un cou long et flexible ; des yeux sombres et vivaces ; des oreilles petites, repliées en arrière, la queue portée basse et légèrement recourbée ; les membres antérieurs longs et d'aplomb ; les cuisses larges et musclées et les coussinets plantaires robustes. Il a un poil court et lisse, collé au corps, de couleur noire, blanche, rousse, bleue, daim, tigrée ou encore pluricolore ou tachetée.

Personnalité Il possède une bonne intelligence, mais ses qualités sont souvent sous-évaluées en raison de la grande réserve qu'il affecte aussi bien envers son maître qu'envers les étrangers. Il est sensible, courageux, fidèle, aristocratique et vaniteux.

Aptitudes Son principal don est la rapidité à la course. Dès l'Antiquité, il a été utilisé à la chasse au cerf, au daim et au sanglier. C'est aussi un incorrigible ennemi des animaux domestiques, en particulier des poules et des chats. Mais, aujourd'hui, le Lévrier est essentiellement employé à la chasse au lièvre mécanique dans les cynodromes, particulièrement dans les pays anglo-saxons. Le Greyhound n'est pas un chien adapté à la vie en appartement, car il lui est absolument nécessaire de faire de longues courses quotidiennes.

Alimentation S'agissant d'un chien qui consume beaucoup de calories, le régime quotidien devra comprendre au moins 500 g de viande, avec du riz et des légumes cuits.

314 LEVRETTE D'ITALIE

Nationalité Italienne.

Origines C'est un Lévrier très ancien. Un chien semblable à ceux d'aujourd'hui a été mis à jour dans une tombe égyptienne datant de plus de 6 000 ans. Comme le Greyhound, il a été introduit en Europe par les Phéniciens, avant d'être sélectionné par des éleveurs italiens.

Standard Hauteur comprise entre 32 et 38 cm ; poids maximum : 5 kg. Il a une tête longue qui s'effile progressivement vers un museau pointu ; une truffe sombre ; des lèvres minces ; une denture saine en ciseaux ; des oreilles petites et fines ; des yeux sombres, grands et expressifs ; un cou long et sec ; une queue rectiligne qui se termine avec une légère courbe. Son poil ras et fin est unicolore, beige, gris, gris ardoise, noir ou fauve. On tolère du blanc sur les pattes et sur la poitrine.

Personnalité Très doux, timide, prudent, soumis, amoureux de ses maîtres.

Aptitudes C'est un chien de compagnie très plaisant, qui a besoin d'être traité avec gentillesse. Il craint les brutalités des enfants et aime beaucoup les personnes calmes.

Alimentation Ses repas quotidiens doivent consister en 100 g de viande accompagnée d'un peu de riz et de légumes.

Remarque C'est un chien notoirement frileux et qui a besoin, en conséquence, d'une couche chaude et d'une ambiance tiède.

---

315 WHIPPET

Nationalité Anglaise.

Origines Il a été créé à la fin du XVIIIe siècle à partir de croisements avec le Greyhound, la Levrette d'Italie et le Terrier. Son nom dérive de l'anglais *to whip :* se mouvoir rapidement.

Standard Stature idéale pour le mâle : 47 cm, et pour la femelle : 44. C'est un Greyhound en miniature, avec une tête longue et effilée ; des mâchoires puissantes ; une denture en ciseaux ; des yeux très vifs ; de petites oreilles « en rose » ; un cou à la courbe élégante, un dos large et long, un ventre déprimé ; une queue effilée. Il a aussi un poil fin et court de couleur noire, rousse, fauve, blanc tigré, bleu ardoise en teintes unies ou mêlées.

Personnalité Joyeux, affectueux, digne, intelligent et docile.

Aptitudes Employé dans les cynodromes sur des parcours brefs (courses dites « au mouchoir »), il peut atteindre la vitesse de 60 km/h. En raison de son heureux caractère, il est aussi devenu un chien de compagnie apprécié, qui peut se transformer suivant l'opportunité en gardien attentif. En dépit de son aspect gracile hérité de la Levrette d'Italie, il est résistant à la maladie et vit plutôt vieux.

Alimentation Pour le garder en bonne forme, il faut lui donner 200 g de viande par jour et 100 g de riz et de légumes.

316 LÉVRIER ANGLAIS A POIL RÊCHE

Deerhound

Nationalité Anglaise.

Origines Incertaines.

Standard Stature du mâle : plus de 76 cm ; de la femelle : plus de 71 cm. Poids du mâle : de 38,5 à 48 kg ; de la femelle : de 30 à 36 kg. Il a une tête longue avec un museau pointu et une truffe noire ou bleue ; une barbe et des favoris abondants ; des yeux marron ou noisette et d'expression douce ; des oreilles repliées vers l'arrière, mais érectiles, épaisses au toucher et toujours de couleur sombre. Il a un cou plutôt long, avec crinière ; un thorax profond ; un dos légèrement arqué ; un ventre plutôt déprimé ; une queue qui descend jusqu'à terre. Le poil qui couvre tout le corps est particulièrement long – plus de 10 cm – sur le thorax, la tête et le ventre. Les couleurs peuvent être des plus variées mais les préférées sont : le gris-bleu, le gris sombre, le jaune, le roux. Le blanc n'est pas admis.

Personnalité Loyal, tranquille, affectueux, obéissant, avec une tendance à la timidité et à l'indolence. L'écrivain Walter Scott a défini le Deerhound comme « la créature la plus parfaite au monde ».

Aptitudes Il existe encore de nombreux domaines où il peut être employé. Il a été utilisé à la chasse au daim, au cerf, au coyote. Agile et rapide, le Deerhound déloge, poursuit, rejoint et capture.

---

317 LÉVRIER IRLANDAIS

Irish Wolfhound

Nationalité Irlandaise.

Origines Utilisé dans l'Antiquité par les Celtes pour la chasse au loup, il fut ensuite introduit par les Romains en Irlande où il a fait l'objet d'une sélection rigoureuse. Dans la seconde moitié du XVIIIe siècle, la race a été revigorée avec du sang de Danois et de Deerhound.

Standard La hauteur minimale pour le mâle est de 79 cm et de 71 cm pour la femelle. (Certains mâles peuvent atteindre 90 cm). Poids minimum : 54 kg pour le mâle et 40 pour la femelle. Il a une tête longue, avec un museau modérément effilé ; le cou musculeux et arqué ; le thorax très profond et le ventre bien déprimé ; la queue légèrement recourbée ; les épaules fortes. Le poil rustique est gris, bringé ou roux, ou noir, ou encore blanc.

Personnalité Doux, patient, généreux, réfléchi, intelligent. Il tend à n'accorder son affection qu'à une seule personne.

Aptitudes Étant donné la bonté du caractère du Lévrier Irlandais, il pourrait être théoriquement un excellent chien de compagnie. Mais il a besoin de grands espaces pour y faire des courses effrénées. Il arrive qu'il soit encore utilisé à la chasse au cerf, au loup, au sanglier, au coyote. C'est encore un formidable chien de garde, qui doit être dressé avec soin pour éviter tout accident.

318 LÉVRIER ESPAGNOL

Galgo

Nationalité Espagnole.

Origines C'est le descendant direct du Lévrier Arabe importé en Espagne par les Maures au Moyen Age.

Standard Stature : 65 à 70 cm. Poids : environ 30 kg, plus léger pour la femelle. Il a une tête longue et droite avec une truffe proéminente et des narines bien ouvertes ; des mâchoires fortes avec des lèvres fines ; des yeux sombres au regard vif ; des oreilles « en rose », retombant vers l'arrière ; le dos long et le ventre déprimé. La queue, très longue, est portée basse. Le poil, collé au corps, est court, dans les couleurs : fauve avec des taches noires, noir, tigré sur fond fauve clair (avec le museau, le ventre et l'extrémité des pattes blancs).

Personnalité Aristocratique, obéissant, tranquille, courageux, inappréciable compagnon.

Aptitudes Depuis au moins dix siècles qu'il existe, il a toujours été le chien de chasse préféré des Grands d'Espagne, gardien de bétail et coureur dans les cynodromes.

Remarque Il existe une variété de Galgo qui ressemble davantage au Greyhound, appelée Anglo-Espagnole.

---

319 CHIEN PHARAON

Nationalité Espagnole.

Origines On pense que son berceau est l'Égypte et qu'il fut introduit en Espagne au moment des invasions sarrasines. Le climat des Baléares lui convient à merveille.

Standard Taille : de 63 à 70 cm pour les mâles, de 57 à 66 cm pour les femelles. Tête : de forme triangulaire. Crâne : aplati. Nez : de couleur feu moucheté de rose. Mâchoires : puissantes. Dents : fermées en ciseaux. Yeux : petits, ambre ou marron clair. Oreilles : larges et droites. Cou : fin et musclé. Poitrine : étroite. Dos : long et légèrement arqué. Abdomen : modérément relevé. Queue : portée basse, incurvée. Poil : court et brillant. Couleurs de la robe : blanc avec des taches rouges inégalement réparties sur le corps, ou rouge pur.

Personnalité Docile, loyal, affectueux, très gai.

Aptitudes Lapin, lièvre, faisan, il chasse tous les gibiers avec une ardeur égale. Sa bonne humeur et son caractère enjoué en font aussi un chien de compagnie très agréable, mais il a besoin, pour garder sa forme, de prendre régulièrement de l'exercice.

320 LÉVRIER AFGHAN

Nationalité Afghane.

Origines Chien très ancien, originaire du Sinaï, plusieurs fois cité dans des papyrus égyptiens datant de plus de 5 000 ans et représenté dans des cavernes afghanes. Resté pur pendant des siècles, son exportation a été interdite et il n'a pu arriver en Europe en contrebande qu'au début du XIXe siècle.

Standard D'allure puissante et altière, le Lévrier Afghan mâle atteint 68,58 à 73,66 cm. La femelle mesure quelques centimètres de moins. Il a une tête longue et fine avec un crâne légèrement convexe. Il a un nez noir ou marron-feu ; des mâchoires puissantes ; des yeux quasiment triangulaires de nuance sombre ou dorée ; des oreilles retombantes portées à plat de chaque côté de la tête et couvertes de longs poils soyeux ; un cou long et fort ; une queue terminée « en anneau ». La robe est composée de poils soyeux et longs (courts sur le dos). Une perruque caractéristique orne son crâne. Toutes les couleurs sont admises ; les plus courantes sont le blanc, le fauve, le noir et feu, le tricolore.

Personnalité Courageux, indomptable, doux, sensible, digne, très intelligent, méfiant, mais non hostile envers les étrangers. Il faut lui inculquer les « bonnes manières » dès le plus jeune âge.

Aptitudes Dans son pays d'origine, c'est un excellent berger et un très grand chasseur de loups, de chacals et de léopards. Depuis qu'il a été introduit en Europe et en Amérique, et en raison de son extraordinaire beauté, il est devenu un chien exclusivement de compagnie et de luxe, amoureux de sa maison et heureux en compagnie de son maître.

Alimentation La ration journalière (répartie sur 2 repas) doit comporter 400 à 500 g de viande de bœuf ou de cheval coupée en petits morceaux, à peine cuite, avec environ 200 g de riz très cuit et de légumes.

Remarques Il a été surnommé « le Lévrier en pyjama » pour l'extraordinaire richesse de sa robe soyeuse, qui doit être brossée et peignée très souvent. Il résiste bien à la chaleur et supporte dignement la pluie et le froid. Pour le maintenir en bonne forme, il faut lui faire accomplir de longues promenades chaque jour.

321 LÉVRIER PERSAN
Saluki

Nationalité Iranienne.

Origines Il est probablement le fruit de croisements entre des Lévriers égyptiens et des Lévriers asiatiques. Il porte le nom d'une cité arabe disparue, Saluk, et est considéré comme un don sacré d'Allah.

Standard Très harmonieux de ligne, mesurant de 58 à 71 cm et pesant de 13 à 30 kg. Il a une tête longue qui se rétrécit graduellement vers la truffe ; des mâchoires robustes ; des yeux grands et brillants, brun sombre ou clair ; des oreilles retombantes bien fournies de poils soyeux ; un cou élégant et souple ; un corps très allongé avec des épaules obliques et musclées ; une queue insérée bas et portée recourbée. Le poil de soie lisse, dans les couleurs : fauve, blanc, crème, doré, roux, gris et roux-feu, tricolore (blanc, noir et roux).

Personnalité Affectueux, sensible, réfléchi, ami des jeunes enfants.

Aptitudes Chasseur de gazelles dans son pays d'origine, il est aujourd'hui estimé comme gardien (il possède une ouïe très fine), et comme chien de compagnie sympathique, propre et calme.

Alimentation 400 à 500 g de viande par jour, avec du riz bien cuit et des légumes.

---

322 BARZOÏ
Lévrier Russe

Nationalité Russe.

Origines Importé d'Arabie vers 1600, par un noble russe, et ensuite croisé avec le Collie et des chiens de traîneau de Laponie.

Standard Taille moyenne du mâle : 75,5 cm. Il a une tête longue, droite, effilée ; un museau légèrement arqué ; une truffe noire ; des yeux oblongs et sombres ; des oreilles portées vers l'arrière, sur le cou ; un thorax étroit et un dos court ; une queue portée basse, en forme de cimeterre. Il a un poil long, ondulé ou à longues boucles, avec un manchon ample autour du cou. Les couleurs du manteau sont : le blanc, l'or dans toutes les nuances, le fauve ombré de noir, uni ou avec des taches sur fond blanc.

Personnalité Docile, réservé, pointilleux, silencieux, très fidèle.

Aptitudes Pour un temps féroce chasseur de loups ; en raison de sa distinction, il est devenu au XVIIIe siècle un noble chien de compagnie. Bien qu'il se soit parfaitement adapté à la vie à la maison, il faut lui faire accomplir assez souvent quelques longues courses à l'air libre.

Alimentation 600 g de viande par jour, avec 200 g de riz, de pain et de légumes.

323 LÉVRIER HONGROIS

Magyar Agar

Nationalité Hongroise.

Origines Importé au XIe siècle par les peuples asiatiques des Magyars. Dans les temps modernes, il a été amélioré avec l'apport de sang du Greyhound.

Standard Il n'indique pas la hauteur, mais le poids, qui est de 27 à 31 kg pour les mâles et de 22 à 26 kg pour les femelles. Il se présente avec une tête allongée ; un stop peu accentué ; une truffe noire ; des yeux au regard sincère ; des oreilles repliées vers l'arrière ; un cou long ; des membres fins ; des reins très musculeux et arqués ; une queue mince et recourbée. Le poil est ras et lisse et, pour cette raison, l'animal craint le froid. Les couleurs de la robe peuvent être : le gris, le noir, le tigré, tacheté de raies blanches.

Personnalité Docile, obéissant, affectueux et discret.

Aptitudes C'est un excellent chien pour la chasse à courre, au lièvre et au renard. Il est également utilisé à la chasse au lièvre mécanique dans les cynodromes.

---

324 LÉVRIER ARABE

Sloughi

Nationalité Incertaine (provient d'Afrique du Nord).

Origines Descend directement des chiens royaux égyptiens et peut être considéré comme le cousin du Lévrier Persan.

Standard Chien à l'ossature accentuée, de musculature fine, mesurant de 55 à 75 cm et pesant de 30 à 32 kg. Il a la tête modérément allongée et le museau légèrement pointu ; des mâchoires puissantes ; des yeux grands et sombres à l'expression un peu triste ; des oreilles retombant contre la tête, triangulaires et arrondies à l'extrémité. Le poil, ras, est fin. Couleurs de la robe : sable, fauve, blanc délavé, tigré, noir et feu. Les robes tachetées ne sont pas admises.

Personnalité Docile, obéissant, affectueux, discret.

Aptitudes Il est élevé dans certaines régions d'Afrique du Nord, où il est utilisé, spécialement par les nomades, à la chasse et à la garde. En Europe, et en Amérique, le Lévrier Arabe est employé dans les cynodromes et il est aussi estimé comme chien de compagnie. Sa diffusion est encore assez limitée.

Remarque L'hiver, il souffre du froid. En matière d'alimentation, il n'est pas très difficile.

GLOSSAIRE

agressivité C'est la propension de l'animal à assaillir et à mordre ses semblables ou l'homme. L'agressivité est souvent due à un trouble psychique.

allure C'est la manière plus ou moins caractéristique de marcher ou de courir d'un chien. Elle fait partie de la personnalité de l'animal. Elle est particulièrement importante pour les chiens de chasse, qui devront l'exprimer dans l'élan, la course, les bonds, particulièrement en terrain difficile.

aplomb C'est la verticalité qui est requise comme standard des membres antérieurs de beaucoup de races canines.

autochtone On dit d'une race qu'elle est autochtone lorsqu'elle s'est installée dans un territoire déterminé, où elle s'est formée et développée sans abâtardissement.

camus Se dit d'un museau de chien aplati ou écrasé.

chair Signifie de couleur rosée, délicatement carnée. Définit le nez du chien lorsqu'il est dépourvu de pigmentation. Le standard de certaines races prévoit un nez dépigmenté, c'est-à-dire de couleur chair.

chaleurs Ce mot définit la brève période « amoureuse » de la chienne. Elle se produit pour la première fois vers 8 ou 10 mois, et se répète en général deux fois par an.

clubs Associations d'amateurs, d'éleveurs, de sélectionneurs, qui développent la connaissance, l'amélioration et la diffusion d'une race déterminée. Habituellement la naissance d'un club d'amateurs de chiens coïncide avec la reconnaissance officielle d'une race.

cynophilie Amour et passion de la race canine et pour le chien. Intérêt actif pour l'élevage et l'amélioration des différentes variétés de races.

denture La denture d'un chien est complètement développée dès sa première année. Elle peut être en ciseaux, en tenaille, complète, incomplète, ou prognathe.

dressage C'est l'ensemble des notions particulières qu'un dresseur spécialisé enseigne au chien. Il faut pour cela que le chien ait des dispositions particulières. Ce dressage peut en faire un chien de défense et d'attaque, un chien de garde, de berger, de chasse, d'aveugle, d'armée ou de police, etc.

éducation Alors que le dressage implique l'apprentissage par le chien de l'exécution de travaux spécifiques et complexes, l'éducation concerne l'apprentissage de la pro-

Queue en anneau

en faucille

en écureuil

incurvée

prеté à la maison, à ne pas aboyer, à dormir dans la cuisine, à supporter le collier, la laisse, la muselière, etc.

élevage Lieu où on réalise des accouplements entre chiens de même race, dans le but d'en maintenir la pureté et de faire commerce des chiots ainsi obtenus. Il en existe partout dans le monde et leur adresse peut être obtenue auprès des associations nationales de cynophilie. Les éleveurs offrent normalement toute garantie à l'achat d'un chien, et fournissent un pedigree au moment de la livraison d'un chiot à son nouveau maître.

exposition Dans le monde entier, à la belle saison, se déroulent des expositions canines. Y participent les chiens inscrits au Livre des Origines, c'est-à-dire ayant un pedigree. Au cours de ces expositions, des juges compétents pour chaque race examinent à fond, sur la base des standards, chaque chien ; de la couleur de la robe à la consistance du poil ; de la denture à l'aplomb des membres ; de la couleur des yeux à la forme des oreilles ; du port à l'allure générale. Alors le juge exprime un vote pour chaque sujet. En totalisant les qualifications obtenues dans plusieurs expositions, le chien peut atteindre le titre envié de champion.

fanon Repli formé par la peau retombant vers la partie inférieure du cou. C'est un caractère typique de certaines races.

garrot Point du dos des quadrupèdes qui correspond en général à la première vertèbre dorsale. La taille d'un chien est toujours mesurée à partir du garrot jusqu'au sol.

gestation Période durant laquelle l'embryon se développe dans le corps maternel. Chez les chiennes, la durée de la gestation est de 58 à 65 jours et varie selon l'état de santé, l'âge, la race, l'environnement et le nombre de chiots.

hérédité Caractères biologiques transmis par les géniteurs à leur descendance. La transmission des caractères, d'une génération à l'autre, n'est pas une règle absolue et probante, car un chiot peut tout recevoir de son père, ou de sa mère, ou encore la moitié des caractères de chacun des deux ; de plus, dans ces caractères peuvent intervenir ceux des grands-parents et arrière-grands-parents. En outre, si les bons caractères peuvent être transmis, il arrive que des caractères déformés le soient également. Pour éviter cela, les éleveurs procèdent à des accouplements très surveillés, en excluant les

en tire-bouchon

érigée

frangée

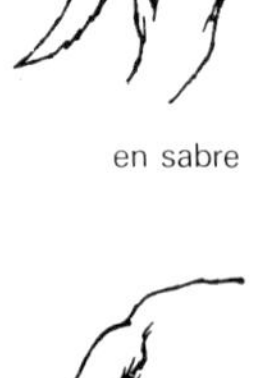

en sabre

de loutre

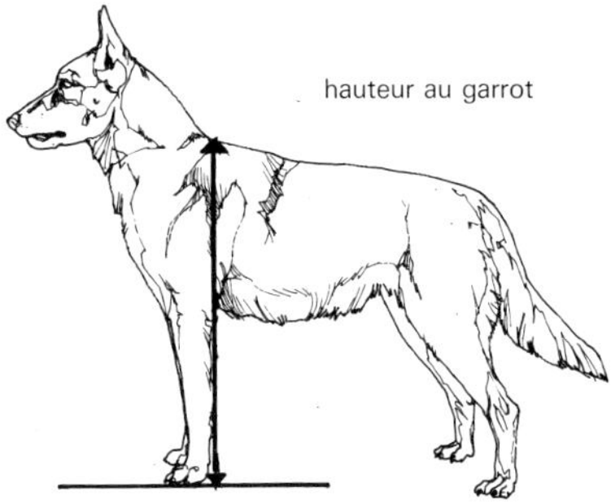

reproducteurs et les lices porteurs de défauts ou de caractère sournois.

hygiène Ensemble de normes qui contribuent à la propreté et à la santé d'un chien, comme le bain, le toilettage, le peignage, le brossage, le déparasitage, les promenades et l'exercice à l'air libre.

instinct Inclination naturelle et héréditaire, qui, indépendamment de la « raison » et de tout apprentissage, porte le chien à accomplir les actes de la chasse, de la garde, du contrôle du bétail. Un bon instinct facilite considérablement l'apprentissage.

jarret Point de l'articulation des membres postérieurs d'un chien, entre le tibia et le métatarse.

L.O.F. Le Livre des Origines français est tenu depuis 1885 par la Société centrale canine (215, rue Saint-Denis, à Paris). Y est enregistrée la naissance des chiens dont les géniteurs possèdent un pedigree.

membres Ce sont les appendices articulaires du chien destinés à la locomotion. Les membres antérieurs rectilignes et verticaux servent essentiellement à la sustentation, tandis que les membres postérieurs jouent un rôle important dans la propulsion. A l'acquisition d'un chiot, il est vivement conseillé d'examiner attentivement ses articulations. Si elles sont gonflées, cela peut être un signe de rachitisme.

mouchetis Très petites taches noires ou sombres, comme de petites mouches, sur une robe de teinte claire.

œil Selon les races de chiens, les yeux peuvent avoir des formes et des couleurs très variées. Ils peuvent être ronds, en amande, saillants, caves, obliques, etc., et de couleur allant du marron plus ou moins sombre au jaune, au roux, à l'ambre, ainsi qu'au bleu. La couleur des yeux est souvent influencée par la couleur de la robe.

oreilles Leur forme est prévue dans le standard de chaque race. Elles peuvent être courtes, longues, attachées haut ou bas, entières, amputées, en chauve-souris, repliées, retombantes, érigées, semi-érigées, en rose.

pedigree Terme anglais qui désigne la généalogie écrite du chien et du cheval. Dans ce document, fourni par la Société centrale canine, figure l'état complet des ascendants de l'animal, sur quatre générations inscrites au L.O.F. A l'acquisition d'un chiot de pure race, l'éleveur doit pouvoir remettre le pedigree au nouveau propriétaire.

pigmentation Coloration naturelle de la peau d'un animal.

prognathisme Se dit lorsque la mâchoire inférieure de l'animal est plus saillante que la supérieure et provoque ainsi une occlusion de l'arcade dentaire. Quand cette particularité n'est pas clairement indiquée dans le standard d'une race particulière, le prognathisme, qui est héréditaire, peut constituer un sérieux défaut.

oreilles de chauve-souris

queue La forme, la longueur et la manière de porter la queue font partie des caractéristiques particulières de chaque race. La queue d'un chien peut être courte (de naissance ou par amputation), longue, grosse, grêle, portée haute, basse, enroulée sur les flancs ou sur l'échine, en bannière, en trompette, en tire-bouchon, effrangée, en sabre, en faucille, etc.

repliées

race Par race, on désigne un ensemble d'individus possédant les mêmes caractéristiques, physiques, esthétiques et psychiques qui se transmettent, invariables, au travers des générations successives. La plupart des races de chiens sont le fruit de sélections artificielles opérées par l'homme.

retombantes

réflexe conditionné Phénomène physio-psychologique qui provoque une réaction déterminée chaque fois qu'intervient un stimulus donné. Le chien possédant une mémoire remarquable, il peut, dans un très court délai, établir une relation associative entre une parole, un son ou un geste et y répondre par une réaction précise. Par exemple, la vue d'une laisse correspond au plaisir de la promenade. La vue de la gamelle peut s'associer au plaisir de manger. L'utilisation des réflexes conditionnés est très importante au cours de la période de dressage.

érigées

robe L'un des caractères anatomiques les plus importants dans le standard d'une race est l'ensemble des poils qui recouvrent un chien. Le poil peut être ras, court, lisse, long, dur, épais, rêche, ondulé, laineux, soyeux, frisé, bouclé, feutré, etc. En outre, il peut être unicolore s'il n'a qu'une seule couleur ; bicolore lorsqu'il en a deux ; tricolore lorsqu'il en a trois. Il peut également être bringé, arlequin, moucheté, truité, etc.

rouan Qualifie un chien dont le manteau présente un poil clair, intimement mélangé à des poils noirs ou roussâtres.

rut Voir *chaleurs.*

semi-érigées

standard Ensemble de normes établies par les clubs promouvant l'élevage et la diffusion d'une race particulière, afin d'obtenir l'unification des caractéristiques physiques, psychiques et esthétiques de cette race. Chacune des races officiellement reconnues possède son propre standard. Le chien est ainsi décrit dans ses moindres détails : taille, poids, consistance du poil, couleur de la robe et des yeux ; conformation du squelette, longueur et port de la queue ; forme du crâne, du museau, des oreilles, des articulations ; musculature, allure, etc. Les caractères et les attitudes sont également précisés, avec les défauts qui peuvent entraîner des pénalisations dans les expositions.

en rose

stop Terme technique définissant la séparation fronto-nasale du museau du chien, c'est-à-dire la dépression plus ou moins marquée entre les yeux, le front et le museau. Le stop est déterminant pour la beauté du chien et son caractère (*cf.* par exemple le cas du Pointer).

stripping Terme anglais signifiant « dépouiller, dénuder ». Il désigne une sorte de toilettage particulier utilisé pour donner une belle forme aux espèces à poil raide (lorsque le standard le prescrit). Cette opération, effectuée par un spécialiste, consiste à ôter au chien le poil superflu, avec les doigts, ou à l'aide d'un instrument spécial. Le stripping s'effectue, en général, à la saison où, le poil étant « mort », l'opération n'est pas douloureuse.

toilettage Tonte du chien faite dans les règles de l'art, exécutée normalement selon les indications du standard.

toy Mot anglais signifiant « jouet » et qui en cynophilie désigne les plus petites tailles qui existent dans les races canines disposant de tailles plus grandes. Par exemple, le Caniche Nain est un toy, alors que le Chihuahua ne l'est pas, bien qu'il soit minuscule et entre dans la catégorie des chiens dits « jouets ».

travail En cynophilie, appartient à une « race de travail » tout chien qui seconde l'homme, essentiellement dans la garde des troupeaux et des propriétés.

truffe Terme largement employé en cynophilie pour désigner la partie terminale du museau du chien où aboutissent les narines. La couleur de la truffe, d'après les indications du standard, peut varier d'une race à l'autre, et se trouver influencée par la couleur du manteau.

truité Caractérise la robe du chien ou du cheval lorsqu'elle est parsemée de petites taches rouges ou rousses, semblables à celles de la truite.

zoonoses Maladies infectieuses des animaux en général et des chiens en particulier, qui, à certains stades, peuvent être transmises à l'homme.

INDEX ANALYTIQUE

Références photographiques

Introduction

Archives Mondadori, Milan : 14, 15, 17. - Ardea Photographics, Londres : Jean-Paul Ferrero : 41, 63 ; Su Gooders : 24. - Walt Disney Inc. : 35. - Marka Graphic, Milan : 23, 26, 33, 46, 49, 50, 55, 61 ; Vezio Sabatini : 19. - Jacana, Paris : Arthus-Bertrand : 47 ; Labat : 43 ; Lacz-Lemoine : 20, 21, 29, 39a, 54, 64d ; Rebouleau : 36 ; Trouillet : 30, 40, 44, 59, 60, 62 ; Varin-Visage ; 39b, 66. - Luisa Ricciarini, Milan : Osvaldo Langini : 34. - SEF, Turin : 27. - Snark International : Jean-Charles Bland : 31. - Vautier Reporter Photographe, Paris : De Nanxe : 69g, 65. - E. Zimen : 10-11.

Fiches

Creszentia and Ted Allen, USA : 101, 176. - American Kennel Club : 119. - Animal Photograph Ltd, Londres ; Sally Anne Thompson : 22, 23, 38, 103, 106, 113, 117, 125, 127, 139, 143, 165, 166, 192, 211, 212, 248, 259, 289b, 310 ; Willbie : 158. - Archives Mondadori, Milan : 39, 41, 116, 135, 136, 178, 181, 183, 184, 185, 191, 193, 201, 243. - Ardea Photographics, Londres : J.-P. Ferrero : 4, 20, 56b, 70a, 109b, 159a, 174, 214, 225, 238, 253b, 270, 274, 301, 308a ; Su Gooders : 257. - Art Centrum, Prague : 186, 236. - Marc Buzzini, Lorrez-le-Boccage : 13, 21, 34, 50, 71, 78, 81, 129, 155, 169, 202, 205, 290, 318. - Bob and Marge Calltharp, •USA : 282. - Walter Chandoha Photography. Annandale, New Jersey, USA : 260. - Club Portugués de Canicultura, Lisbonne ; R. Gonçalves Crespo : 33, 90, 162, 163, 164, 235 ; Oscar Coêlho da Silva : 91. - Bruce Coleman Limited, Middlesex : Jane Burton : 134 ; Nicholas De Vare : 73 ; Hans Reinhard : 1, 47, 156, 159b. - Dansk Kennel Club : 230. - John Davidson Dunlop, USA : 291. - Christopher Ebron, USA : 179. - Edoprando Riva, Milan : 268a. - Fotostampa di Embrione Leopoldo, Milan : 8, 16, 25, 27, 36, 37, 42, 79, 102, 108, 112, 118, 138, 147, 171, 172, 173, 206, 213, 237, 245, 265, 269, 283, 286, 323. - Free Lance Photographers Association South America : 204. - Joanne Glushien, USA : 48. - Stene Herd, USA : 137. - Jacana, Paris : 276 ; Arthus-Bertrand : 51a, 94b ; S. Chevallier : 94a, 96, 150, 210 ; M. Claye : 244, Frédéric : 61a, 220, 264 ; B. Josedupont : 69, 275a ; J.-M. Labat : 7, 209b, 222b, 242, 305 ; Lacz-Lemoine : 2, 5, 9, 10, 11, 12, 15, 26, 28a, 30, 32, 52, 55, 56a, 58, 61b, 62, 64, 66, 67b, 68, 70b, 74, 76, 97, 98, 99, 105, 107, 110, 111, 115, 123, 126, 128, 130, 131, 132, 148, 151, 153, 154, 167, 170, 188, 189, 208, 216, 219, 221, 222a, 223, 224, 227, 228, 229, 247, 250, 251, 252, 253a, 254, 256, 258, 268b, 272, 279, 281, 288, 293, 294, 295, 296, 304, 311, 313a, 315, 316, 317, 321 ; Pierre Pilloud : 122b ; B. Rebouleau : 6, 152, 187, 239b, 240 ; Trouillet : 3, 51b, 57, 60, 65, 72, 75, 87, 100, 109a, 114, 122a, 124, 195, 239a, 262a, 263, 280a, 284, 297, 298, 299, 308b, 320b, 322 ; Vala : 80 ; Varin-Visage : 53, 95, 121, 241, 280b, 306, 324 ; Michel Viard : 168 ; A. Whitworth : 319. - Ilias Kitsakis, Milan : 197. - G. Lacz-E. Lemoine, Paris : 17, 44, 45, 46, 190. - Giampaolo Malapelle, New York : 177. - Marka Graphic, Milan : 54, 157, 209a, 289, 320a ; William L. Hamilton : 271 ; Vezio Sabatini : 19b, 275a. - Sedyard Maynard, USA : 180. - Frieda Mazzone, USA : 40. - Nelson, West Footscray, Australie : 312. - NHPA, Westerham, Kent : E.-A. Janes : 29. - Tierbilder Okapia KG Francfort : 133, 278. - Orion Press, Tokyo : 86, 266 ; Shin Yoshino : 85, 88. - Österreichischer Kynologenverband, Vienne : Walter Poduschka : 82, 141, 146. - Photo Researches, USA : R. Kinne : 226. - Real Sociedad Central de Fomento de Razas Caninas en España, Madrid : 203. - Luisa Ricciarini, Milan : Osvaldo Langini : 234 ; P2 : 18b, 63, 67a, 93, 104, 149, 175, 218, 233b, 262b, 273, 277, 287, 307 ; Sandro Prato : 28b, 43, 161 ; A.-P. Rossi : 18a, 31, 120, 233a, 249, 255, 300 ; G. Tomsich : 24, 160b, 314. - E. Meriwether Schuler, USA : 77, 92, 261, 302, 303. - SEF, Turin : 19a, 59, 160a, 292. - Kim Stanley : USA : 285. - Ted Streshinsky, Image Bank, New York : 313. - D.-J. Whittington jr., USA : 49. - Ake Wintzell, Stockholm : 14, 35, 84, 89, 142, 194, 196, 198, 199, 200, 207, 215, 217, 231, 232, 246, 309. - Karl Wolffram, Innsbruck : 140, 144, 182, 267. - Zwiazek Kynologiczny v Polsce, Varsovie : 145.

Les photos couleur de tête de chapitre sont de : Jacana, Paris : Trouillet (p. 2, Introduction, les Chiens d'utilité, les Terriers, les Toys) ; Ardea Photographics, Londres : Su Gooders (les Chiens de chasse) ; Jacana, Paris : Lacz-Lemoine (les Chiens de compagnie) ; Marka Graphic, Milan (les Lévriers) ; Jacana, Paris : J.-L.S. Dubois (Glossaire) ; Jacana, Paris : D'Otreppe (Index analytique).

Achevé d'imprimer sur les presses d'Artes Gráficas Toledo, S.A. Espagne
Numéro d'editeur: 766
D.L.TO:2406-1988